文字烛照未来

TopBook

班布尔汗
——
著

元与世界

第一个“全球化”时代下
中国与世界
将产生怎样的碰撞与彼此影响

陕西新华出版传媒集团
陕西人民出版社

图书在版编目（CIP）数据

元与世界／班布尔汗著. —西安：陕西人民出版社，2022.9

ISBN 978-7-224-14537-3

Ⅰ.①元… Ⅱ.①班… Ⅲ.①中国历史—元代—通俗读物 Ⅳ.①K247.09

中国版本图书馆 CIP 数据核字(2022)第 078501 号

出 品 人：赵小峰
总 策 划：刘景巍
出版统筹：韩　琳
策划编辑：王　倩
责任编辑：关　宁
整体设计：哲　峰

元与世界

作　　者　班布尔汗
出版发行　陕西新华出版传媒集团　陕西人民出版社
（西安北大街 147 号　邮编：710003）
印　　刷　西安市建明工贸有限责任公司
开　　本　787 毫米×1092 毫米　1/32
印　　张　11.875 印张
字　　数　270 千字
版　　次　2022 年 9 月第 1 版
印　　次　2022 年 9 月第 1 次印刷
书　　号　ISBN 978-7-224-14537-3
定　　价　68.00 元

序　言

这是一本把元朝及与之相关的世界历史掰开不揉碎介绍给读者的书。

所谓掰开，是指并非笼而统之地讲述历史故事，而是从一些问题入手，分门别类介绍这段历史的一些细节。所谓不揉碎，即本书并非是小故事合集，只讲树木，不顾森林，每一个细节都是关系到时代大背景，算是以小见大。

元史在中国各断代史中，可谓“熟悉的陌生人”，凡听到“蒙古”“元朝”“成吉思汗”这些词，人们脑海中就会有许多金戈铁马、旌旗猎猎的画面，也会有对白骨露于野、血流漂橹的慨叹。然而，那个时代的细节，却大多数都晦暗不明，甚至还有很多以讹传讹者。

一段历史就如一个人，了解了这个时代发生的故事，只算是看清了这个人的轮廓，其眉眼、性格却还是无从所知，需要更深入一点，从细节进行了解，这样才能明白其真正的特色，明白那段历史留给我们些什么，需要我们记住的又是什么。

本书解析元朝及其时代一些历史细节：《射雕英雄传》中，郭靖与拖雷互称“安答”，肝胆相照，“安答”是否就是“结义兄弟”？风干牛肉被今人称为“成吉思汗军粮”，当时横扫欧亚的蒙古铁骑真是用牛肉干作为军粮吗？蒙古帝国为什么会在鼎盛之时分崩离析？三十六岁前默默无闻的忽必烈凭什么能够重整帝国，开创元朝？著名的蒙古四大汗国各有什么特色，他们对各自统治的区域有什么影响？元朝声势浩大的征服日本、安南(越南)之战，为何会在国力兵力占优的情形下屡屡失败，真的只是败于“神风”和水土不服吗？元朝给人留下“武功迭兴，文治多缺”的印象，那么元代读书人的生活究竟是何种情形？如果他们的境遇十分凄惨，为何元朝灭亡之后，在明朝却留下数量远超宋遗民的元遗民？近年来杰克·威泽弗德、杉山正明的书十分畅销，他们都在强调蒙古—元朝时代是第一个“全球化”时代，那么这个“全球化”有什么有趣而直观的表现？元朝灭亡后，元室北遁成为“北元”，这个政权几乎与明朝共始终，其原因又是什么？

对这些问题，书中会在各篇文章中进行分析和解释。

元朝是中国历史上一个空前大一统的多元复合的时代，上层政权封建贵族与皇权集权并行，社会治理重商宽纵，自由气息浓厚。其所处的世界也纷繁复杂，各个文明都在十字路口，准备着或正在选择下一步的方向。而各文明的交流也达到空前的程度，各种思想、信仰相互融合、碰撞，孕育着新的文明。这么混乱纷杂又充满生机的时代，绝非本书几篇文章可以说明，只能说，这本书只是一个引子，唤起读者对那个时代的好奇之心和了解的欲望，若能在此之余更有所得，则是笔者的意外之喜。

是为序。

目 录

盟友与盟臣
——成吉思汗的“安答”们

成吉思汗的崛起，与“安答”密不可分。

“安答”被译为“义兄弟”，不过，这个翻译并不准确。安答之间并无长幼之分，也并非“异姓兄弟”之意，而更像是一种朋友关系的升华版。在草原上，男人之间互称安答，是一种神圣的誓约，要守住“凡结为安答的，就是同一条性命，不得相互舍弃，要相依为命，互相救护”①的誓言，在紧要关头还可以将生命托付给对方。

也就是说，“安答”既是朋友，又是兄弟，也是盟友，一个人若是有了安答，便有了建功立业的基础。

父亲的“安答”脱斡邻勒

对成吉思汗帮助最大的，是他父亲的安答——克烈部可汗脱斡邻勒，也就是后世人们所熟知的王汗。

---

① 余大钧译：《蒙古秘史》第117节，内蒙古人民出版社2014年版，第162页。

在蒙古统一前的草原上，克烈部是首屈一指的大部族，属于突厥语系部族。他们最初居住在谦州，即叶尼塞河上游谦河流域。9世纪中叶，南迁到斡儿浑河、土拉河及哈剌和林(蒙古国后杭爱省额尔德尼召)一带，东接蒙古，西接乃蛮，北邻蔑儿乞，南接沙漠。10世纪时，克烈部接受了基督教支派聂斯托利派的传教，上层贵族及部分属民都成为聂斯托利教徒。

最初建立克烈部霸业的首领名叫马儿忽思。1092年(辽大安八年)，马儿忽思统一了克烈部，自称马儿忽思不亦鲁黑汗。

马儿忽思称汗后不久，辽国被金所灭。金国在降伏汪古部、塔塔儿部等漠南诸部之后，开始向漠北挺进。克烈部与蒙古部结成同盟，共同抵抗金国的征服。而金国利用塔塔儿部实行“以夷制夷”的策略，给克烈、蒙古两部造成很大的损失。马儿忽思与蒙古的俺巴孩汗一样，在一次战斗中被塔塔儿人俘获，送至金国后被处死。

马儿忽思死后，克烈部由撒里黑汗统辖。撒里黑汗死后，马儿忽思的长子忽儿札忽思继位，克烈部贵族随即发生了难以调和的矛盾。忽儿札忽思为了缓和家族矛盾，不得已进行分封，将克烈部一分为三，自己统领可汗斡耳朵，其余土地属民分成两部分，一部分由自己的弟弟古儿汗及自己的长子脱斡邻勒统治，另一部分由自己另外二子太帖木儿和余剌马忽思统治。

忽儿札忽思死后，脱斡邻勒继承汗位，并接管父亲的辖地。脱斡邻勒虽然成为克烈部可汗，但汗国的实际权力却掌握在他的母亲亦勒马合敦的亲信随从额勒只带手中。脱斡邻勒对此深为不满，联合太帖木儿和余剌马忽思夺回了权力。但在夺权之后，脱斡邻勒因为惧怕两个弟弟的势力，将二人击败并杀害。

脱斡邻勒杀害亲兄弟的行为遭到叔父古儿汗的反对，双方发生争战。脱斡邻勒战败，仅带一百人出逃，投奔了蒙古。

此时蒙古的首领，便是成吉思汗的父亲也速该，他是脱斡邻勒的安答。虽然脱斡邻勒杀害兄弟有错在先，但也速该仍然为安答出头，不但收留了脱斡邻勒，还出兵击败古儿汗，逼其逃入西夏，恢复了脱斡邻勒对克烈部的统治。

因为有这层情谊，当势单力孤，无力在草原上立足的成吉思汗向脱斡邻勒求助时，脱斡邻勒伸出了援手，因为“和父亲互称安答，那么也就如同父亲了”①。

可以说，在成吉思汗前期的创业中，几乎每一个成就，都离不开脱斡邻勒的鼎力支持。克烈和蒙古如同车的双轮，同进同退，共同发展壮大。克烈部成为草原上首屈一指的霸主，脱斡邻勒成为王汗，而蒙古也拥有了草原三分天下之其一。

但就像历史上上演过的无数次的故事一样，再坚定的盟友也会分离，因为谁也不愿意与他人分享利益。

随着蒙古部日益壮大，克烈部中以王汗儿子桑昆为首的势力开始处处提防成吉思汗，还暗下杀手。在征讨乃蛮部的战争中，克烈部第一次违背盟约，擅自撤出战斗，差点让成吉思汗陷入重围。

从这时开始，义父子间的嫌隙开始逐渐加大。

但此时的成吉思汗并没有足够的警觉，反而帮王汗击败了袭击他的乃蛮人，夺回其部众和财产。这次战斗后，王汗对成吉思汗感激涕零，重申父子之盟，表示：“（今后）咱俩若遭人嫉妒，

---

① 余大钧译：《蒙古秘史》第96节，内蒙古人民出版社2014年版，第127页。

若被有牙的蛇挑唆，咱俩莫受挑唆，要用牙用嘴互相说清，彼此信任。若被有牙的蛇离间，咱俩莫被离间，要用口用舌互相对证，彼此信任。”①

承诺虽然美好，但利益问题仍然无法解决，盟誓最终还会被撕得粉碎。重申父子之盟后不久，王汗便在儿子桑昆和一直在他麾下的札木合的挑唆下开始了针对成吉思汗的一系列敌对措施。他先是拒绝了成吉思汗联姻的要求，之后又打算以约婚之名骗杀成吉思汗，失败后，干脆发兵偷袭。

成吉思汗部本就处于人数上的劣势，又仓促应战，终于惨败。部众四散，其三子窝阔台和二弟哈撒儿的旁翼军队几乎全军覆没。当他撤退到哈拉哈河时，身边仅剩十九名将领和两千六百部众了。

这个打击确实很大，成吉思汗不但失去了众多部众和财产，还差点失去了最心爱的儿子。其三子窝阔台在战斗中颈部中箭，几乎丢了性命，“成吉思汗看到后，心里难过，流下眼泪”②。

但成吉思汗并没有颓废沉沦。他本就不缺少坚韧不拔的意志和反败为胜的智慧，现在，曾经的义父已经恩断义绝，他反而可以放下负担，充分展现自己的实力，败中求胜了。

首先，他要重振士气，鼓舞军心。在东乌珠穆沁旗东北部，今色也勒吉河、乌拉盖河附近的巴勒渚纳湖，他与跟随他的十九名将领一起盟誓，表示“至是以后，愿与诸人同甘共苦!”，重新凝聚了军心。之后，他率部沿哈拉哈河北上，到达贝尔湖以东驻扎，休养士马，其后又移驻于呼伦湖附近，养精蓄锐，伺机与王

---

① 余大钧译：《蒙古秘史》第164节，内蒙古人民出版社2014年版，第261页。
② 余大钧译：《蒙古秘史》第173节，内蒙古人民出版社2014年版，第283页。

汗决战。

与此同时，他还派人出使克烈部，向王汗表达了委屈和不解，如同没有做错事却受到父亲责罚的孩子，并表示自己要远走东部草原，不再与克烈部争雄，解除了王汗的戒心。

最后，他打出王牌，派弟弟哈撒儿以找不到大哥无处投奔为由向王汗投降，成为自己最强有力的内应。

之后的事情便毫无悬念。1203 年秋，恢复了元气的成吉思汗率部向克烈部发起突袭，哈撒儿从中响应，王汗父子毫无防备，被彻底击败。王汗在捏坤河被乃蛮守将所杀，桑昆则死在自己仆从手中，强大的克烈部骤然而亡。

不过，毕竟克烈部与蒙古部有过安答之情，成吉思汗并没有彻底拆分克烈部，而是保留其部落，将王汗弟弟札合敢不的女儿唆鲁禾帖尼嫁给自己的四子拖雷。这个女人日后生出蒙哥、忽必烈、旭烈兀、阿里不哥四个儿子，其中三人成为蒙古大汗，一位成为伊儿汗国开国之君，因此被称为“四帝之母”。

而克烈人也成为蒙古人的一部分，他们的后裔，便是在清朝以“万里东归”震惊世界的土尔扈特人。

相爱相杀的安答札木合

王汗脱斡邻勒作为父亲的安答，成吉思汗对其没有太多的感情投入，而成吉思汗自己的安答札木合则让他爱恨交加，情感备受煎熬。

在很多艺术作品中，札木合被描写得很不堪，显得阴鸷、残暴、虚伪。但实际上，其人“雄勇有大意，能用其民，时人以为贤，称之曰薛禅(睿智者)”①。在《蒙古秘史》这部蒙元时代密藏宫中，只有皇室子孙可阅看的“秘本”中，对他也没有贬低。

札木合是成吉思汗自幼便结拜的安答，二人之间有过真挚的友情。

成吉思汗十一岁时，“札木合送给铁木真一个狍子髀石，铁木真回赠给札木合一个灌铜的髀石，就互相结为安答。在斡难河冰上一起打髀石玩的时候，两人就互相称为安答了。

“第二年春天，两人在一起用木弓射箭玩时，札木合把他用两岁牛的两个角粘合成的有声的响头送给铁木真，铁木真把柏木顶的箭头回赠给札木合，(再次)互相结为安答。”②

童年的友谊最纯洁，将会影响人的一生。虽然日后他们分开了，但那份友情却始终在他们心中。

成吉思汗十七岁时，娶了与自己有婚约的孛儿帖为妻，可不到一年，孛儿帖便被仇家蔑儿乞部抢走了。

此时的成吉思汗，身边的部众只有几百人，根本无法与拥有数万骑兵的蔑儿乞部抗衡，他只好去寻求帮助。而与他有交情又有实力相助的，是克烈部与札木合的札答阑部。

克烈部的脱斡邻勒是成吉思汗父亲也速该的安答，受过也速该复国之恩。成吉思汗结婚之时，他将妻子的嫁妆，一件极为珍贵的黑貂皮皮袄送给了脱斡邻勒，并拜其为义父。对克烈部，成吉思汗可谓既有前恩，又有新缘，所以脱斡邻勒出兵两万相助。

可对于札木合，成吉思汗却没有父辈留下的恩情，也没有珍

---

① 屠寄著：《蒙兀儿史记》卷二十《王汗等传》，《元史二种》下册，上海古籍出版社2012年版，第230页。

② 余大钧译：《蒙古秘史》第116节，内蒙古人民出版社2014年版，第160页。

贵的礼物相赠，而且两人此时的身份也天差地别。成吉思汗的父亲也速该死后，蒙古各部各奔前程，而大部分部落都投奔在札木合麾下。此时札木合的札答阑部足可调用两万骑兵，是草原上的强部，成吉思汗却是个连妻子都保不住的弱小者。

成吉思汗能够凭借的，只有幼年时两人结为安答的情分。

札木合用行动证明了友情的可贵。他不但毫不犹豫地出兵一万相助，还做出了让人感动的表白：“得知安答的家被洗劫一空，我的心都疼了！得知他心爱的妻子被夺走了，我的肝都疼了！……我祭了远处能见的大纛，我敲起黑牤牛皮的响声鼕鼕的战鼓，我骑上乌骓快马，穿上坚韧的铠甲，拿起钢枪，搭上用山桃皮裹的利箭，上马去与蔑儿乞人厮杀。”①

札木合成为联军的统帅，击破了蔑儿乞人，为成吉思汗夺回了妻子。

后人看书觉得简单，但打仗不是游戏，谁也不能保证必胜，如果失败，后果可能极为严重。搭上自己一半的身家，为朋友去踏上未知胜负的战场，有几人能够做到呢？

在这之后，成吉思汗和札木合一起放牧，“重申安答之谊”，进行了第三次结拜。前两次结拜是在童年，这一次，则以成年人的身份来结拜，为的是友谊更为牢固。

然而，成年人的世界有太多的利益诱惑，要维持友谊远比童年时艰难。札木合麾下的部众，很多都是成吉思汗父亲也速该的旧部，成吉思汗想重振家业，就需要这些部众回到自己身边。但

---

① 余大钧译：《蒙古秘史》第105—106节，内蒙古人民出版社2014年版，第145—147页。

札木合无法坐视自己的实力被剥夺。这种矛盾无法化解。

终于有一天，札木合似乎不经意地对成吉思汗说："安答！靠近山扎营住下适于牧马，靠近涧水扎营住下适于牧羊。咱们在哪里扎营呢?"札木合的意思是，放羊人与放马人终究无法同路，我们还是不要凑在一起，还是各奔前程吧。

成吉思汗也明白，自己和安答分手的时候到了，便连夜率部离开了札木合。

此后，两人间的矛盾越来越深，从成吉思汗称汗札木合恶言相向，到札木合族弟因盗马被成吉思汗的部将所杀，直到双方对垒的"十三翼之战"。

不过，在一系列争斗中，两人都诸多容让。"十三翼之战"中，札木合取得胜利，但面对损失惨重、仓皇退入斡难河(鄂嫩河)以南哲列捏峡谷的成吉思汗败军，他并没有乘胜追击，斩尽杀绝，只是淡淡地说，"我们迫使他们躲避到斡难河的哲列捏峡谷里去了"，便撤军回营。而成吉思汗在获得众多贵族归附后，实力大增，却在长达三年时间里都没有厉兵秣马，对札木合予以报复。

虽然决战在所难免，但还是让它来得越迟越好吧。

到了1201年，该来的还是来了。

这一年，札答阑部、合答斤部、撒勒只兀惕部、塔塔儿部、朵儿边部、亦乞列思部、翁吉剌部、斡罗剌思部、蔑儿乞部、斡亦剌惕部、泰亦赤兀部等十一个部落首领在阿勒灰河立誓结盟，拥立札木合为"古儿汗"，也就是"众汗之汗"，准备向成吉思汗发起全面进攻。

如果札木合没有称汗，双方虽是敌人，却未必要生死相搏。但他和成吉思汗都成为可汗后，两位安答注定要有一个死在对方手里。

这次，札木合注定失败。他没有改变自己军队的组织方式，仍是贵族的松散联合。而成吉思汗则已打乱了原有的组织形式，排挤旧贵族，不论身份提拔将领，而且利用主宰战利品分配而加强了集权。两股势力角逐，胜利往往不取决于人多势众，而在于谁能更大程度地动员力量。札木合所部，贵族可以在战况不利时自行撤退，而成吉思汗的部队却在军令的制约下必须死战到底，战争的胜负就不再有悬念。何况，成吉思汗还有他义父克烈部脱斡邻勒汗的帮助。

在阔亦田(今内蒙古自治区呼伦贝尔市陈巴尔虎旗海拉尔河北岸支流莫尔根河之北的辉腾山及其附近辉腾村一带)，双方的激战很快见了分晓，札木合的十一部联军被彻底击溃，他也从古儿汗成为寄人篱下的流亡者。

但他毕竟是被称为“薛禅”(睿智者)的能人，即使失势仍会给成吉思汗带来无尽的麻烦。在他的运作下，克烈部与成吉思汗反目，成吉思汗遭到生平最惨重的失败；在他的怂恿下，蒙古高原西部的乃蛮部东进与成吉思汗争夺霸权，使得成吉思汗不得不在需要休整时发动决战。

可札木合是成吉思汗唯一看重的对手，他都未能摆脱局限而惨败，其他势力又能有什么胜算？札木合也看出大势已不可阻挡，于是他放弃了。在成吉思汗最后歼灭乃蛮部的战斗中，札木合在乃蛮部塔阳汗身边大肆夸耀成吉思汗的强大，使得乃蛮军心大乱，他自己却悄然离开。

走之前，札木合给成吉思汗送信：“塔阳汗听了我所说的话，已吓得发昏，惊奔高山上去。安答，你要坚定。他们并无迎战的气象。我已离开乃蛮部。”①也许，札木合是想给安答最后一份礼物，然后远遁隐居。

可性格决定命运，逃亡中的札木合仍然摆着贵族架子，结果遭到侍卫背叛，被绑送到成吉思汗面前。

面对着自己的安答和仇敌，成吉思汗说：“如今咱俩又相会了，咱俩仍还相伴为友吧？以前咱俩互相依靠，都是大车的一条辕，你却产生了分离的念头。如今咱俩可以在一起，互相提醒忘记的事。熟睡不醒时，可以互相唤醒。你虽离我而行，终究还是我的有吉庆的安答。”②

成吉思汗这番话毫无责备之意，更无胜利者对于失败者的傲慢和鄙夷，这时的他，只想重拾童年友谊，希望安答还是安答。

札木合的回答既没有不甘也没有愤恨，更没有失败者的卑躬屈膝：“想当年年轻时，咱俩互相结为安答。后来被外人挑唆，被他人离间，咱俩分离了。今安答你仍愿与我做友伴。但我以前当与你做友伴时，不曾与你做友伴，如今安答你已平定全国，兼并邻部，汗位已归属于你，天下已定，我与你做友伴又有何用？我若不死，只怕会使安答你夜里睡不安稳，白天不能安心，只怕会成为你衣领上的虱子，衣襟内的刺。……安答你降恩吧，令我速死，以安安答你的心。安答你降恩处死我吧，但愿不流血而死去就好。”③

在古今中外的历史中，很少有如成吉思汗和札木合一样，曾经肝胆相照，曾经生死相搏，而在一切尘埃落定时，仍能赤诚相

---

① 余大钧译：《蒙古秘史》第196节，内蒙古人民出版社2014年版，第336页。
② 余大钧译：《蒙古秘史》第200节，内蒙古人民出版社2014年版，第349页。
③ 余大钧译：《蒙古秘史》第201节，内蒙古人民出版社2014年版，第350—351页。

见的对手。最终，成吉思汗处死了札木合，并将他厚葬。

亦友亦臣的“安答”博尔术

无论是脱斡邻勒还是札木合，他们都有着称霸称王的雄心，成吉思汗与他们的情分，是受到权力干扰的。当安答之情被权力撕裂，曾经的誓言便会失去效力。

而另一位安答，却能与成吉思汗一生肝胆相照，且其子孙也与成吉思汗的子孙世代相守。之所以能够如此，便是因为他对成吉思汗既是友，又是臣。

这个人，便是成吉思汗“四杰”之一的博尔术。

博尔术出身蒙古阿鲁剌惕氏，与成吉思汗的孛儿只斤氏，都属于“尼伦蒙古”，也就是蒙古人中血统较为高贵的世系。

成吉思汗年幼时，父亲遇害，部众离散，与寡母弟妹相依为命。十五岁时，家中仅存的八匹马被盗马贼偷走，成吉思汗单身前往追赶。在路上遇到了年仅十三岁的博尔术。

面对素不相识的成吉思汗，博尔术主动帮忙，和他一起将马抢了回来。而当成吉思汗表示：“伙计，如果没有你，我怎么能找回这些马？咱俩分吧。你说要几匹？”博尔术却道：“我父亲是有名的纳忽·伯颜(富翁)，纳忽·伯颜的独生子就是我。我父亲所积累的财产，尽够我用的。我不要。不然我的帮助算什么帮助呢？”①

之后，博尔术邀请成吉思汗回家，享受了丰盛的宴席。博尔

① 余大钧译：《蒙古秘史》第92节，内蒙古人民出版社2014年版，第123页。

术的父亲也没有厌弃贫穷落魄的成吉思汗，反而嘱咐博尔术："你们两个年轻人，要互相照顾，今后不要相弃。"成吉思汗与博尔术从此成为安答。

回家后不久，成吉思汗便邀请博尔术做自己的"那可儿"。那可儿的职责是"平时充当主人的侍从、负责警卫"，而"战时为主人冲锋陷阵、策划攻战"。但那可儿不是首领的奴隶，他自愿效忠，发誓要忠于主人；主人也要保护他们的权利，予以他们尊重，爱惜他们的生命。俄国蒙古史学家符拉基米尔佐夫对那可儿有精确的定义："以战士的资格为氏族和部落首领服役的自由人，类似于亲兵或卫士"，"古代蒙古首领的那可儿与首领共同生活，同患难、共安乐，是他们的家人"，"古代蒙古的首领必须赡养他们的那可儿，供给他们以住所、食物、衣着和武器。"①

因此，那可儿是很适合博尔术这种富翁之子的。在得到邀请后，他"连自己父亲也没告诉"，便骑着马投奔了成吉思汗。

博尔术的投奔并非攀龙附凤，虽然成吉思汗出身于贵族，家世显赫，但毕竟现在太过孤微，而且仇人众多，随时有生命危险。博尔术当然想和成吉思汗一起打天下，但前景并不光明，首先要把自己置于高危之中。

与成吉思汗在一起的博尔术谨守自己的誓言。在蔑儿乞部袭击成吉思汗营地时，在"十三翼之战"中，博尔术与成吉思汗一起亡命，不离不弃；在与札木合决战时，成吉思汗中箭受伤，博尔术替他整顿军马，安定军心；在被王汗击败，几乎丢失所有财产，

① 符拉基米尔佐夫著，刘荣焌译：《蒙古社会制度史》，中国社会科学出版社 1980 年版，第 144 页。

不得不在旷野中宿歇时，日夜大雨不止，博尔术为了让成吉思汗安睡，自己拿着毡衫挡雨，站立一夜。

成吉思汗也从未只把博尔术看作麾下，认为他是“在我除了影儿外别无友伴之时，来做我的影子，使我心安”的安答。在与王汗的“合阑真沙陀之战”[①]中，成吉思汗战败，撤退中博尔术掉队，成吉思汗言道：“他们无论生、死，都不会相离的。”并下令驻扎下来等候。天亮时，战马被射杀的博尔术总算抢了一匹坐骑赶了回来，成吉思汗捶着胸说：“长生天知道！”[②]（意为长生天保佑）

统一草原后，成吉思汗分封九十五个千户，博尔术位居第二，其封地在阿勒台山（今阿尔泰山）附近。并任他为右翼万户长，管辖西至阿勒台山的地方，又享有“位于众人之上，九次犯罪不罚”的特权。

成吉思汗开国诸臣中，有他的亲兄弟，有他母亲的养子，有他的救命恩人，有他的外戚，有从父祖辈便效命于他家族的世袭家臣，还有他的救命恩人，而以安答身份在他身边的，博尔术是唯一一个。《元史》形容博尔术与成吉思汗的关系，是“义均同气”，即义气深重如同胞兄弟一般。

“安答”和“那可儿”都代表着感情、信任和羁绊。但安答关系中双方是独立的、平等的，那可儿关系中，臣子对于君主的服从和忠诚要高于人与人之间的感情。王汗不顾父子之情与成吉思汗反目，是因为他发现这个安答之子有统一草原的雄心，臣服或反

① 克烈部与成吉思汗反目后，双方在合阑真沙陀（今天内蒙古自治区锡林郭勒盟东乌珠穆沁旗北部中蒙交界一带）展开激战。成吉思汗本就处于人数上的劣势，又仓促应战，终于遭到惨败。部众四散，三子窝阔台和二弟哈撒儿的旁翼军队几乎全军覆没。当他撤退到哈拉哈河时，身边仅剩十九名将领和两千六百部众。

② 余大钧译：《蒙古秘史》第172节，内蒙古人民出版社2014年版，第281页。

目，自己只能选其一。札木合在日暮途穷之际，仍然拒绝成吉思汗“相伴为友”的请求，只求一死，就是因为他是成吉思汗的安答，不愿做那可儿。而博尔术从投奔成吉思汗的那一刻起，就已经不再是他的安答，或者说，安答只是他曾经的身份而已。

当成吉思汗生命中的安答们，或埋骨地下，或臣服麾下时，草原上曾如散沙般的部落也便获得了整合，蒙古人的铁骑开始走出草原，冲向世界了。

风干牛肉
——蒙古铁骑的给养与盛衰

风干牛肉是当今内蒙古最“老少咸宜”的商品，在人们的印象中，数百年前，“世界征服者”成吉思汗率领蒙古铁骑，就是一边嚼着牛肉干一边征战欧亚大陆。因为有牛肉干这种古代压缩饼干，蒙古骑兵才能“来如天坠，去如电逝”①，摆脱了给养辎重对行军速度的拖累，如狂风一般击溃了所有敌人。但实际情况真的是这样吗？

风干牛肉并非军粮主菜

现在的风干牛肉大部分都是块状，用手一捏还有弹性，咬在嘴里，虽然有些费牙，却绝对可以嚼得动。但是，这样的牛肉干中还有不少水分，在正常环境下，不过几天便会发霉。试想一下，当年的蒙古骑兵带着这样的军粮长途远征，没走几天便要吃长了

---

① 王国维笺证：《蒙鞑备录 黑鞑事略笺证》，文殿阁书庄 1935 年版，第 96 页。

毛的干肉，怕是不等到达目的地，就要承受大量的非战斗减员了。

当年蒙古人的风干牛肉，不是用来嚼，而是用来喝的。

他们将牛肉切成条，挂在用木条搭建的棚子中，利用草原上的风将其风干，一直干到如棉絮一般完全没有水分才算完成，然后将这些风干牛肉一层层压在皮囊之中。如果足够干，那么一整头牛的肉都可以装在随身携带的大皮囊中。

在行军中，人们要沿着水源地前进，只要有水，需要用饭时，取水煮开，然后从皮囊中揪出一点肉干，泡在开水里。已经纤维化的牛肉和开水混合成为一碗牛肉汤，喝下去自然解渴疗饥。

这样的牛肉干，确实如压缩饼干一般，是非常好的行军干粮，但它是以方便携带和充饥为目标，味道是顾不上的。若真将其原汁原味搬到现在，莫说游客，就是土生土长的蒙古人也难以下咽。

即使这样的牛肉干，急行军时也只能作为辅助性军粮，因为毕竟需要水，需要烧火，而这两点却是出其不意攻击敌人的最大障碍。要有水，就要沿着有水的路线前进，那么行军速度就要打折扣；为了食用肉干，还需要点火立灶，那么锅釜之类的器皿就是必备品，自然会增加行军负担。据古籍记载，当时蒙古军队是可以做到“屯数十万之师，不举烟火”①的，肉干明显不是军粮首选。

蒙古骑兵的主要军粮其实是乳制品。蒙古人在平日生活中，“每四季出行，惟逐水草，所食乳酪而已”②。牛奶酸化凝固，分离出奶油后，经过装模、硬化、晾干，便形成了奶酪，俗称奶豆

① 王国维笺证：《蒙鞑备录 黑鞑事略笺证》，文殿阁书庄1935年版，第32页。

② 叶隆礼撰：《契丹国志》卷二十二《四至邻国地理远近》，上海古籍出版社1985年版，第214页。

腐，分为酸味和无味两种。奶酪切割成小块，晾晒坚硬，便可随身携带。这样的乳酪，如果牙口够好，可以直接嚼着吃；如果不想费牙，含在嘴里慢慢软化也没有问题。奶制品营养价值高，很小的一块便会产生饱腹感，而且硬化晾干后不容易霉变，即使表面长出霉点，处理掉也不影响品质。

乳酪作为食物，饮水则靠马奶解决。蒙古骑兵作战，每人自行配备马匹，经常会带两匹甚至三五匹战马轮换骑乘，以保持较高的机动能力。而在挑选战马时，下过马驹的母马更受青睐，因为这样的母马奶水充足，可以随时供应奶水，“一牝马之乳可饱三人”①。蒙古马矮小敦实，脖子粗壮，腿短而粗，形象并不出众，但相比其他马种，却有惊人的忍耐力和环境适应能力。无论什么样的草料都可消化，恶劣的环境也不影响体质，最多一天可以奔跑八十公里。如果环境恶劣，无法觅得水草，马奶无法供应，骑兵还可以从坐骑颈部的血管里吸一点血解决干渴问题。而马匹只要不是过量失血，仍能坚持奔跑。

因此，蒙古骑兵赖以快速行军的法宝，是多匹可以换乘的马匹。行军的军粮主要是乳酪和马奶，至于牛肉干，只是调剂而已。

蒙古骑兵总被形容成“狂风”“狂飙”，似乎速度是其战斗的最大优势。但实际上，让部队快速投入战场，只是一种战术。在敌人意想不到的时间突然出现，打乱敌人的部署，摧折敌人的士气，这只需要少量部队便可完成。而大军团没有必要过于追求速度，只需比敌方军队快一些便可取得胜利。大军团的蒙古骑兵饮食相对丰富得多，虽然仍需要乳酪马奶，但干肉是可以经常享用的，

① 王国维笺证：《蒙鞑备录 黑鞑事略笺证》，文殿阁书庄1935年版，第32页。

而且还有新鲜肉食改善生活。

新鲜肉食的主要来源，其一是随军的牲畜，其二便是狩猎所得。蒙古大军出动时，以行李大车、驮载牲畜和畜群构成的辎重队相随，也就是“粮食固只是羊马随行，不用运饷……随行羊马自食”①。大量的牲畜跟随军队前行，只要有牲畜，新鲜的肉食随时可以提供。随军牲畜即将食用完，就需要狩猎来补充，“食羊尽则射兔、鹿、野豕为食”。蒙古人不仅是牧人，还是猎手，“自春徂冬，旦旦逐猎，乃其生涯”。在行军过程中，狩猎不但可以补充食物，也是作战的演习。

蒙古高原干旱缺水，自然条件恶劣，因此蒙古人养成了吃苦耐劳，不喜浪费的习惯。在行军中，他们对食物极为珍视，不会有丝毫浪费，“马肉、骆驼肉，甚至于狗肉，只要是肥壮的，都是他们的佳肴美味”②，而且“他们也把暂时来不及细啃的骨头放在袋子里，以便以后可以啃他们，不致浪费食物”③。

就是靠着这样的军队补给方式，再加上蒙古骑兵的忍耐力，成吉思汗时代的蒙古军团才能长途远征。一旦进入敌方国境，便会有另外一种补给方式，那便是“因粮于敌”。

所谓“因粮于敌”，便是在敌方国土收集粮草，对敌方百姓进行抢掠，“才犯他境必务抄掠”。历史记载中蒙古军十分残暴，所到之处破坏惨重，便是因为这种补给方式。这样不但能解决自己的给养，还能打击敌方经济，甚至可逼迫敌方野战而寻机歼敌，

① 王国维笺证：《蒙鞑备录 黑鞑事略笺证》，文殿阁书庄1935年版，第97页。
② 梁生智译：《马可·波罗游记》，中国文史出版社1998年版，第82页。
③ 余大钧、蔡志纯译：《普兰·迦儿宾行记 鲁布鲁克东方行记》，内蒙古大学出版社2009年版，第160页。

亦即“胜敌而益强”。当然，这种“因粮于敌”的补给方式，在古代世界无论东西方都差不多，之所以蒙古军显得最为可怕，不过是因为他们攻略的地方太多，影响最大。

吃什么不重要，组织力才重要

在人们的印象中，蒙古骑兵是靠着上述补给方式和骑兵的战斗力，才得以征服世界。但实际上，这样的补给方式以及作战方式，在草原上早已有之，草原游牧民也向来吃苦耐劳，为何只有成吉思汗能成为“世界征服者”？

所有的一切，必须借助于高效的组织力才能真正发挥威力。

成吉思汗的先祖们，已经建立了疆土主要包括斡难河、土拉河、克鲁伦河三河流域的蒙古汗国(第一蒙古汗国)。其建立者，成吉思汗的三世祖合不勒汗多次击败过欲图征服蒙古的金朝大军。但是，当时的蒙古骑兵只能进行反击战，只有在金军进入蒙古高原腹地时，才能依靠地利战胜。其余最多只能袭扰金朝边境，深入金朝国境绝无可能。成吉思汗的叔祖忽图剌汗是著名的勇士，他的传说如古希腊大力神赫拉克勒斯一般神奇。据说，他的声音非常洪亮，怒吼时即使隔七座山也能听到；他的食量惊人，一顿饭吃一整头羊、一大碗酸马奶都不饱；他的力量更是无与伦比，双手像熊掌一样有力，任何一个强壮的人在他面前都如木杆一样不堪一击，会被他轻易撕成两半。可即使这样的如天神般的勇士，也只能率领蒙古骑兵在金朝边境取胜后便撤退，并无继续进军的能力。

究其原因，便是当时的蒙古部，以及草原其他部族，都是贵族家族率领自己属民的松散联合，可汗于各部只有非常有限的指挥权，而无绝对的权力。这样的组织形式，草原上小规模的以争夺牧场财物为目的的战斗还可以应付，面对外来的征服军队，为了生存也可体现出勇敢坚韧。但若说长途远征，到数千里之外去作战，即使承诺会有极为丰富的战利品，仍无法有效组织军队。

成吉思汗打乱原有的组织形式，打压乃至诛杀旧贵族，不论身份提拔将领，并将原本的所有人各自收集战利品的规矩改为由可汗分配，从而加强了集权，使得所有人，无论贵族还是平民乃至奴隶都唯可汗马首是瞻。他对蒙古骑兵的组织力和动员力远超其祖先。正是靠着这一点，成吉思汗最终扫平群雄，统一了蒙古高原。

在对外扩张时，成吉思汗军队组织得更为严密。他对全体部众进行了分工管理，组成了一个强悍精干、忠实可靠的权力机构，分别掌管军事、兵器、乘骑、警卫、侦察、牧养牲畜和宫帐事务等。并按照十进制，设立万户、千户、百户、十户制度，以千户为主要单位，所有臣民重新整编，层层隶属于由自己提拔任命的官员，组织动员力更上了一个层次。各百户、千户听从大汗的命令出征，受大汗封授。其下部民向各自千户负责，受其管理。千户内从十四岁到七十岁的男子无论出身贵贱必须服兵役，随时奉命跟随各自的百户、千户出征作战。“上马则备战斗，下马则屯聚牧养。”①原本散沙化的草原游牧民从此成为可以任他如臂使指指挥的纪律化军队，再加上牧民原本具有的骑射本领和吃苦耐劳的

① 宋濂等撰：《元史》卷九十八《兵志一》，中华书局 2008 年版，第 2508 页。

素质，一支铁军便产生了。

就以后勤而论。成吉思汗时出现了名为“奥鲁”的组织。奥鲁，亦译为“阿兀鲁黑”，原译为“老小营”“营盘”等。在蒙古统一之前，军中就有奥鲁的形式存在，千户制形成以后，奥鲁成为千户制的重要组成部分。奥鲁类似于中原军队中的辎重营，但又不完全相同。中原王朝军队的传统是在作战时，只有军人出征，族属妻子不随军出征，辎重等物资由专门的军士运输补给。蒙古人则不同，军队出征作战，除辎重物资外，家属也随军移动，留在前线后方不远处，辎重家属所在便称为奥鲁。战士们的家属也承担各种职责，除了看守运输辎重外，男人们制造弓箭、帐幕、车子以及各种马具，而妇女们则挤奶、酿造奶油、缝制皮毛等。

可以说，成吉思汗的蒙古汗国，是一个完全的军事帝国，所有人都是这架军事机器的一部分，全力为战争服务。若非如此，蒙古人的便携式给养方式，以及快速机动的作战方式，最多只能自保，要想冲出草原去征服世界，是完全不可能的。

不过，虽然经过成吉思汗的集权化努力，蒙古汗国仍保留着较为浓厚的封建制度。成吉思汗消灭了旧贵族，但培养了以自己家族为核心的新的贵族集团。蒙古汗国“虽然形式上权力和帝国归于一人，即归于被推举为汗的人，然而实际上所有的儿子、孙子、叔伯，都分享权力和财富”①。这种封建制度终究难以维持庞大帝国的统一。待到成吉思汗去世，不过三十余年，蒙古汗国便分崩离析。而从蒙古汗国脱胎而来的国家，几乎都一步步走向更加集

---

① 志费尼著，何高济译：《世界征服者史》(上册)，内蒙古人民出版社 1980 年，第 45 页。

权的道路，可这也使得蒙古骑兵战无不胜的神话走向了终结。

成熟也意味着腐烂

蒙古汗国分裂之后形成了元朝与四大汗国，各个国家都在军制上进行过改革，使之更细化，更规范，更适合集权体制。在这方面，元朝走得最快。当其他汗国还在坚持成吉思汗时代的军制时，元朝的改革便已全面铺开，尤其是在后勤制度的改革上。

元朝建立以后，中央和地方与军事后勤相关的诸色机构先后建立，其名称和中原王朝的设置基本一样。与蒙古汗国时期相比，机构建置相当完备。

元世祖忽必烈至元七年(1270)，元朝设立吏、户、礼、兵、刑、工六部。其中，户、兵、工三部与军队后勤直接相关。户部职责为“掌天下户口、钱粮、田土之政令。凡贡赋出纳之经，金币转通之法，府藏委积之实，物货贵贱之直，敛散准驳之宜，悉以任之”。赋税、钱钞、府库等事皆由其节制。户部下辖各种库、仓、提举司、都漕运司、各路转运盐使司。军队的粮饷自然由户部调拨。兵部的职责是“掌天下郡邑邮驿屯牧之政令。凡城池废置之故，山川险易之图，兵站屯田之籍，远方归化之人，官私刍牧之地，驼马、牛羊、鹰隼、羽毛、皮革之征，驿乘、邮运、祗应、公廨、皂隶之制”，军队的调拨完全由中央管理。而工部的职责则是“掌天下营造百工之政令。凡城池之修浚，土木之缮葺，材物之给受，工匠之程式，铨注局院司匠之官”。[①] 那么军队所需要的工

① 宋濂等撰：《元史》卷八十五《百官志一》，中华书局2008年版，第2140—2143页。

匠等等，便由工部负责。

除这三部之外，元朝还设立武备寺、太仆寺、尚乘寺、度支监、军储所等机构。武备寺是专门管理武器生产、贮存和发放的机构，下辖造作军器的局院，包括军器人匠提举司和杂造局、甲局、弓局、箭局等制造武器的机构。太仆寺掌管军马。尚乘寺掌管制造鞍辔舆辇等各种马具以及马匹、骡、驴等牲畜的调拨。度支监掌管给战马及各种牲畜的草料。而军储所掌管漕运以及转运军粮。

元朝的军制，尤其是后勤，改变了蒙古汗国时期兵民一体的格局，迅速规范化、细密化，这完全符合集权帝国的需要。可是，这样一来，原本以快捷轻便为追求的蒙古军队，与曾被他们击败的中原军队一样，开始被给养的运输所拖累。

至元二十四年(1287)，元世祖忽必烈发动了对安南王国(今越南北部)的征伐。安南的军队无力正面迎击，却采取坚壁清野的游击战。元军难以“因粮于敌”，而从国内运输的粮草，却在押粮渡海时，在绿水洋被安南水军拦截，负责押粮的将领无奈之下将粮食全部沉于海底。结果元军无法得到给养，除了仰天长叹“地热水湿，粮匮兵疲”之外，拿不出任何办法。最终这次征伐惨败而归。

到了元朝第二代皇帝元成宗铁穆耳时，一连几场战争都因给养问题而失败。元大德四年(1300)，为了反击多年来的侵扰，元军西北最高统帅、元成宗的侄子怀宁王海山发动了对中亚窝阔台汗国、察合台汗国的进攻。十八岁的海山与窝、察联军会战，原本已经取得胜利，但后方辎重却被敌方袭击，导致军粮不济，未能乘胜扩大战果。而与此同时，在南方，元成宗发动了对泰国北部八百媳妇国（在今泰国北部，又称为兰那泰王国。）的征伐。为保障元军吃饭问题，民夫负粮食辎重辗转于丛林溪谷之中，每运送一次要几十天才能到达，民夫“死者亦数十万人”。又因“溪涧险恶，无木牛流马可运”，所以“率一斗粟数十倍其费始达”①，耗费钱粮无以数计。最终，未能攻下八百媳妇国，云南本地土司倒因为供给元军给养负担过重而掀起反旗，导致云南战乱达数年之久。

元朝在灭亡南宋后，在战争方面确实乏善可陈，无论是需要海军的征日本、爪哇，还是陆战为主的征安南、八百媳妇国，哪怕是与中亚的兄弟汗国进行骑兵军团的较量，都是败多胜少。

曾有人说这是蒙古人汉化之后武力削弱的表现，其实这与吸收什么文化并无关系。蒙古汗国时期，国家是为战争服务的，也可说是为军队服务的，一切制度以战争需求为最优先。而到元朝时，战争已经不再是首要问题，为了维护皇权稳固，必须设立层层制约的制度，军队的战斗能力和效率居于其次。元朝的皇帝们未必不知道祖先们是如何使用军队的，但他们无法效仿。

由军事汗国走向帝国，这是成熟的表现，但成熟也意味着腐烂。想在稳定中保持军队的野性活力，这是多少帝王的梦想。可惜，这只是梦想而已。

---

① 吴澄：《元故荣禄大夫江西等处行中书省平章政事李公墓志铭》，《全元文》第十五册，江苏古籍出版社2005年版，第635页。

“库里勒台”的失败
——大议会为何会让帝国走向分裂

公元1206年，成吉思汗统一草原，建立“大蒙古国”，即后世所称的蒙古汗国。五十四年后，公元1260年，处于鼎盛时期的帝国分崩离析。

自古以来，游牧帝国不够稳定，其兴也勃，其亡也忽，但在军事力量天下无敌，没有任何外来打击的情况下四分五裂，在历史上也是极为罕见的。

那么，蒙古汗国的问题出在哪里？——恐怕不得不归因于“库里勒台”，也就是大议会制度。

有“民主”无“机制”

“库里勒台”是蒙古语，意为“大聚会”“大朝会”或“大议会”。

作为游牧民族的蒙古人，在其形成“第一蒙古汗国”时，便实行“库里勒台”制度，凡有大事，如推举可汗继任人选、对外征伐、贵族犯罪处理、祭祖祭天，都要召开贵族的“库里勒台”来商定。这是原始氏族社会的遗存，也是草原封建制的必要手段。所有贵族均有参与国家大事的权利和义务，这才能保证他们对国家的忠诚，维系彼此间的团结。毕竟，游牧生活是难以将各部落长时间聚集在一起的，如中原王朝一般实行君主集权，并衍生出适合集权的复杂官僚制度，也力有不逮。

“库里勒台”最重要的一项职能便是选举可汗。周良霄先生总结了蒙古选汗“国礼”的整个程序和仪式：“在全体贵族参加的库里勒台上，公推大汗。被推选者照例再三辞让，然后表示接受。君臣之间确立盟誓，履行传统的宗教仪式，由贵族中之代表按一定仪式拥新汗登上皇位。最后是新汗大行赉赏，全体参加者欢宴庆祝。”①

前任可汗可以指定自己心仪的继承人，但这个继承人若要即位，必须得到“库里勒台”上全体贵族的拥戴才行。因为可汗要治理国家，要保护贵族们的利益，一个能力不足或是得不到大多数人认可的可汗很可能造成国家的动乱甚至分裂。前任可汗心仪的人，未必能获得所有人的认可。

在“第一蒙古汗国”时期，可汗的继承很少是父死子继。继任者常常是前任可汗的弟弟或侄子，总之要保证成年且有能力者成为可汗。比如合不勒汗去世后，其堂弟俺巴孩汗继任；俺巴孩汗去世后，其侄子忽图剌汗继任；忽图剌汗去世后，其侄子也速该继任。

成吉思汗建立蒙古汗国后，在他所制定的《大札撒》(《大法

① 周良霄：《蒙古选汗仪制与元朝皇位继承问题》，《元史论丛》第3辑，中华书局1986年版。

典》)中规定，“如果任何人由于骄傲，自行其是，想要当皇帝，而不经过诸王的推选，他就要被处死，决不宽恕”①，明确了“库里勒台”选举可汗的权力。

不过，成吉思汗虽然没有削夺“库里勒台”选汗的权力，但对其也做了一些规定，要求所有贵族宣誓保证自己选定的继承人继承汗位，并定下铁律，“非黄金家族不得称汗”，也就是说，只有“黄金家族”，即成吉思汗家族的男子才有竞争汗位的资格。

成吉思汗在建国过程中，清除大量旧贵族，打散原有部落体制，加强了集权。但在这个过程中，他也建立了由自己儿子、兄弟、重臣、姻亲所组成的新的贵族集团。贵族们仍然坚持着黄金家族共产观念和传统贵族共治原则。蒙古汗国的政治制度，“虽然形式上权力和帝国归于一人，即归于被推举为汗的人，然而实际上所有的儿子、孙子、叔伯，都分享权力和财富”②。“库里勒台”不仅有选举可汗的权力，国家重大的军政要务决策，特别是涉及诸王属地属民事务时，也需要举行“库里勒台”与诸王共议决定。

可以说，蒙古汗国的最高权力并不属于可汗，而属于“库里勒台”。甚至有学者指出蒙古称为帝国或者汗国并不准确，而要称之为“贵族共和国”。即使是成吉思汗也无力更改千百年的传统。从他开始，历任可汗都在不断用兵，四处扩张，这虽然是出于对领土财富的追求，恐怕也有保持国家的军事体制，以便让作为可汗的自己掌握更多独断权力的用心。

---

① 道森著，吕浦译，周良霄注：《出使蒙古记》，中国社会科学出版社 1983 年版，第 25 页。

② 志费尼著，何高济译：《世界征服者史》(上册)，内蒙古人民出版社 1980 年版，第 45 页。

不过，“库里勒台”制度虽有“民主”“共和”的味道，但大议会的议事却无完善的机制。看似所有贵族重臣都有发言权，但要真正拥有发言权且能保证议事走向，往往取决于贵族家族的军事实力，只要几个掌握重兵的大家族保持一致，那么即使议题违反了众意，也可被通过。久而久之，“库里勒台”也就成为军事实力的隐形较量所，看似民主的议会，往往伴随着场外的血腥杀戮，故而也被称为“流血的民主”。

这么一来，由“库里勒台”选举而出的可汗，无论在法统（先可汗指定）上还是在民意（议会选举）上，合法性都不那么充足，权力的传承还是要依赖武力。

成吉思汗去世后，蒙古第二任大汗窝阔台的即位，便已经暗含危机。

窝阔台的艰难即位

公元1227年，蒙古汗国的缔造者成吉思汗病逝。他在生前已让所有的儿子和重臣认可了自己所定的继承人，这个继承人文韬武略均属上乘，能力与威望都毫无问题，这便是成吉思汗的第三子窝阔台。

按照传统，大汗即位应该召集所有宗王召开“库里勒台”，虽然成吉思汗生前已定下了继承人，这个规矩也必须遵守。而在“库里勒台”召开之前，按照“幼子守灶”的规矩，成吉思汗的第四子拖雷出任监国。

成吉思汗去世三年后，1229年8月初，在怯绿连河（今克鲁伦河）的曲雕阿兰之地，蒙古汗国决定第二任大汗的“库里勒台”

召开了。成吉思汗诸弟、诸子、各大家族的贵族以及众多重臣都参加了大会，在三天的欢庆和盛宴之后，大会正式开始讨论立汗问题。

按说，继承人为成吉思汗生前所定，只要大会一开，窝阔台应该很顺利地成为大汗才是。但是这个大会竟然开了四十天都没有结果，贵族们“每天都换上不同颜色的新装，边痛饮，边商讨国事”①，好像光专注于吃喝，就是不决定谁来继位。

而原本应该当仁不让的窝阔台，面对诸多宗王的推戴，也在大会上一再推辞：“尽管成吉思汗的命令，实际上是这个意思，但是有长兄和叔父们，特别是大弟拖雷汗，比我更配授予大权和担当这件事，因为按照蒙古人的规矩和习俗，幼子乃是家中之长，幼子代替父亲并掌管他的营地和家室……我怎么能在他活着时，当着他的面登上合罕之位呢？”②

当年成吉思汗确定窝阔台为继承人时，不但术赤和察合台公开宣布愿意服从窝阔台，拖雷更是表示：“我愿在父汗指定继位的兄长身边，把他忘记的事情告诉他，在他睡着时叫醒他。做应声的伴从者，做策马的长鞭。应声不落后，前进不落伍。我愿为他长途远征，愿为他短兵搏战。”③完全没有以幼子的身份争夺储位的意思。怎么到了这个时候，窝阔台反而会说拖雷更有资格即位呢？

窝阔台并不是真的谦虚，而是看出了大会上的诡异气氛，那

---

① 志费尼著，何高济译：《世界征服者史》(上册)，内蒙古人民出版社 1980 年版，第 217 页。

② 拉施特著，余大钧、周建奇译：《史集》第二卷，商务印书馆 2014 年版，第 28 页。

③ 余大钧译：《蒙古秘史》第 255 节，内蒙古大学出版社 2014 年版，第 468 页。

个曾经表示无条件支持自己的弟弟拖雷已经变了，享受了三年至高权力的他已对窝阔台的即位持保留态度了。而宗王们也“多归心拖雷”，所以才会四十多天不能议定。窝阔台只能以退为进，用谦逊来稳住局势，同时，他请父亲的老臣耶律楚材出面去说服拖雷。

耶律楚材是成吉思汗的近臣，专司问卜，成吉思汗对他非常信任，不直呼他的名字，而是以“吾图撒合里”，也就是“长胡子”的昵称来称呼他。虽然他此时还算不得位高权重，但成吉思汗的儿子们都很尊重他，也敬畏他能够预测天意的本事。

耶律楚材也知道，再这么拖下去弄不好会酿成大乱。他秘密会见了拖雷，对他晓以利害：“此宗社大计，宜早定。”拖雷还是不太情愿，推托说：“事犹未集，别择日可乎？”耶律楚材道：“过是无吉日矣。”①

同时，耶律楚材又面见了成吉思汗的次子察合台。此时，成吉思汗的长子术赤已经去世，蒙古汗国第二代贵族中察合台地位最尊，获得他的支持，对窝阔台即位至关重要。耶律楚材对察合台道：“王虽兄，位则臣也，礼当拜。王拜，则莫敢不拜。”察合台本就和窝阔台亲密，听到此言“深然之”。

终于，出于对天命的恐惧，也因为二哥察合台属意于窝阔台，拖雷放弃了争夺汗位的企图，主动迎请窝阔台即位。“察合台汗拉着窝阔台合罕的右手，拖雷汗拉着左手，他的叔父斡赤斤抱住他的腰，把他扶上了合罕大位。”②也就是说，窝阔台的即位，是在“库里勒台”上，察合台家族与窝阔台家族合力，又联络成吉思汗

① 宋濂等撰：《元史》卷一四六《耶律楚材传》，中华书局2008年版，第3457页。
② 拉施特著，余大钧、周建奇译：《史集》第二卷，商务印书馆2014年版，第28页。

诸弟家族，压服了拖雷家族才完成的。

虽然并无公开激烈的冲突，但即位的困难让窝阔台深为忌惮拖雷，原本“有宽宏之量，忠恕之心”的他开始暗中谋划，终于在三年后以自己生病，需要有亲人代死为借口，逼杀了拖雷。

随着拖雷的死，成吉思汗一力维持的黄金家族的亲情友爱便荡然无存，代之而起的，是权谋、武力和杀戮，帝国的根基已经崩坏。

未遂的内战与血腥的清洗

1241 年，五十六岁的窝阔台汗去世，大蒙古国新一轮的权力角逐拉开帷幕。

窝阔台汗有七个儿子，长子贵由，次子阔端，三子阔出，四子哈剌察儿，五子合失，六子合丹，七子灭里。前五个是嫡子，按照蒙古传统最具有继承权的，应该是长子贵由和幼子合失。

但是，窝阔台汗也和父亲成吉思汗一样，并不属意于长子和幼子，而是最喜欢第三子阔出，“这个儿子很聪明，生来是个幸运儿，合罕有心让他做自己大位的继承者”①。可惜，阔出年寿不永，先于父亲去世了。悲痛之余的窝阔台汗爱屋及乌，将阔出的儿子失烈门养在身边，准备立为继承人。这一安排，“诸王百官皆与闻之”，但并没有如成吉思汗立窝阔台那样正式宣布。没有正式宣布，便不算是圣旨，当窝阔台汗暴死之后，隐患就出现了。

窝阔台去世后不久，他的第一皇后木格皇后也随之病死，按

---

① 拉施特著，余大钧、周建奇译：《史集》第二卷，商务印书馆 2014 年版，第 9 页。

照在新大汗确立前由长妻主政的传统，第六皇后脱列哥那皇后主持政务。《世界征服者史》记载道："脱列哥那哈敦(哈敦是蒙古语，意为皇后)原来是一个非常机智能干的女人……当木格哈敦不久步合罕的后尘后，用巧妙和狡猾的手腕，她控制了一切朝政，并且施给各种小恩小惠，请客送礼，赢得了她的族人的欢心，顺从她和愉快地听着她的吩咐和指令，而且接受她的统治。"①

在掌控了朝政后，脱列哥那皇后否定了窝阔台汗生前的决定，否定了失烈门继位，也排除了窝阔台汗另一个很有能力的儿子阔端的继承权，于1246年主持"库里勒台"，将自己所生的长子贵由推上汗位。

贵由成为第三任大汗，是母亲脱列哥那皇后运用权谋而成，但他的即位有一个重大的缺陷，便是没有得到成吉思汗长子家族——术赤家族的支持。术赤家族此时的大家长是术赤的次子拔都。拔都与贵由矛盾很深，因此始终没有参加"库里勒台"。他给出的解释是自己"身体不好和腿病"，但人们都知道，真实的原因是"由于某种原因生他们的气"②，也就是不愿意承认贵由的合法性。

因为拔都缺席，原本应该立即举行的"库里勒台"推迟了三年，最终贵由登上汗位后，很快便发兵西进，准备讨伐拔都。所幸贵由在途中暴病而死(也有说法是被拔都派杀手暗杀)，一场规模巨大的内战才没有爆发。

贵由汗暴死，脱列哥那皇后又先于他去世，这使得窝阔台家

---

① 志费尼著，何高济译：《世界征服者史》(上册)，内蒙古人民出版社1980年版，第282—283页。

② 拉施特著，余大钧、周建奇译：《史集》第二卷，商务印书馆2014年版，第220页。

族陷入了混乱。虽然贵由汗的皇后斡兀立皇后也效法自己的婆婆在丈夫死后摄政，打算将窝阔台汗所指定的继承人失烈门扶上汗位。但是，贵由汗的几个弟弟，窝阔台家族最有实力的阔端、最善于打仗的合丹，以及哈剌察儿、灭里等人，都已经倒向了拖雷家族，暗中准备支持拖雷的长子蒙哥。而贵由汗的三个儿子，长子忽察与次子脑忽都认为应该由自己继承汗位，他们完全无视斡兀立皇后的权威，各自为政，自行其是；三子禾忽则知道自己没有争位的希望，也倒向拖雷家族了。

窝阔台家族这种四分五裂的局面，给了拖雷家族充分的机会。拖雷的遗孀唆鲁禾帖尼先后拉拢了术赤家族、察合台家族和成吉思汗诸弟各家族，形成了强大的政治联盟。

1251 年，在斡难—怯绿连地区召开的大蒙古国第三次选汗的“库里勒台”，完全是拖雷家族的主场。支持拖雷家族的拔都开宗明义：“宗王们之中，只有蒙哥合罕耳闻目睹过成吉思汗的札撒和诏敕，只有立他为合罕，才有利于兀鲁思、军队和我们这些宗王们！”①各家宗王也都群起附和，窝阔台家族毫无话语权。

此时，窝阔台汗的老臣、札剌亦儿部贵族额勒只带站了出来，说道：“你们曾全体一致决定并说道：‘直到那时，只要从窝阔台合罕诸子出来的，哪怕是一块臭肉，如果将它包上草，牛不会吃那草，如果将它涂上油脂，狗不会瞧一眼那油脂，我们仍要接受他为汗，任何其他人都不得登上宝位。’为什么你们另搞一套呢？”

拖雷的四子忽必烈回答：“是有过这样的约言，但你们首先违

① 拉施特著，余大钧、周建奇译：《史集》第二卷，商务印书馆 2014 年版，第 244—246 页。

背了约定、诺言和古札撒……窝阔台合罕生前就曾说过，要让失烈门为君，你们为什么热衷地把君权交给了贵由汗？”拔都更是断然回绝：“既然对此已有成言，就无论如何也不能取消他了。”额勒只带知道自己的抗辩于事无补，只好叹道：“是啊，真理在你们方面。”不再多言①。

于是，拖雷的长子蒙哥成为蒙古汗国的第四任大汗。蒙哥即位后，处死了斡兀立皇后、窝阔台的孙子失烈门及其母亲，流放了贵由的儿子忽察和脑忽，更先后处死支持窝阔台家族的重臣勋贵百余人，进行了大蒙古国立国以来从未有过的政治大清洗，这才勉强维持住了政局稳定。而且，蒙哥为了酬谢拔都的支持，给予他最大的自治权，刻意形成了术赤家族和拖雷家族东西呼应的政治格局。拔都“与所有宗王比起来，是除了他所必须服从的皇帝外，最强大的一个”②。这在实际上，已经将国家二分。

蒙古汗国的汗统从窝阔台系转移到拖雷系。这次改宗，为蒙古汗国的最后分裂钉下了最后一颗钉子。待到蒙哥去世，各大家族各自为政，封疆自治，将蒙古汗国一分为五，那已经是早就注定的结局了。

---

① 拉施特著，余大钧、周建奇译：《史集》第一卷，商务印书馆 2014 年版，第 155 页。文中的“合罕”即“可汗”，均是蒙古最高统治者尊号的音译。

② 格列科夫、雅库博夫斯基著，余大钧译：《金帐汗国兴衰史》，商务印书馆 1985 年版，第 58 页。

1258，巴格达之战
——哈里发的陨落

公元1258年2月，一支蒙古大军开到了巴格达城近郊。他们扎下营寨，休整军马，打造攻城器械，有条不紊地做着攻城准备。

大军的统帅，是此时世界上最强大帝国的君主，蒙古汗国大汗蒙哥的弟弟，现年四十一岁的旭烈兀。

为了光大父祖的功业，为了消灭威胁自己的敌人，更是为了证明自己，公元1252年，蒙哥汗展开了蒙古汗国历史上最大的一次对外征服："秋七月，命忽必烈征大理，诸王秃儿花、撒立征身毒(古印度别译)，怯的不花征没里奚(即亦思马因人)，旭烈(即旭烈兀)征西域素丹诸国。"①

蒙哥汗的弟弟中，最受他信任的，除了三个同母弟之外，就是异母弟末哥。忽必烈已经南下征服大理国，阿里不哥作为幼子要留守都城，末哥要作为副将协助自己攻打南宋，那西征只能由旭烈兀来完成。

---

① 宋濂等撰：《元史》卷三《宪宗本纪》，中华书局2008年版，第46页。

1253年，旭烈兀的先头部队两万骑兵开拔，正式开始了征程。后人津津乐道于蒙古汗国时期蒙古骑兵战斗力惊人，说旭烈兀西征，率领着两万人马便横扫西亚。实际上，当时帝国幅员辽阔，动员力惊人，蒙哥汗绝不会仅给弟弟这么点人马，即使笃信弟弟的能力和蒙古军的战斗力也不会。蒙哥汗不像查士丁尼大帝，对为自己开疆拓土的将军吝啬得要命，他给了弟弟所能给的全部支持。

旭烈兀所率的直属部队，是原镇戍克什米尔和印度的蒙古探马军两万人。在蒙哥汗的命令下，一直留镇在阿塞拜疆的拜住和绰儿马罕的西征军约三万人也归旭烈兀调遣。

同时，按照传统，成吉思汗诸子、诸弟和诸侄也派部队组成从征军。成吉思汗次女扯扯干别吉派出自己的儿子不花帖木儿和大将阔阔亦勒该率部队作为西征军右翼，察合台汗国的台古歹儿斡兀立率军组成左翼。金帐汗国别儿哥汗也派出自己的两大藩属部队：白帐汗斡儿答之子忽里，蓝帐汗昔班之子八剌海、秃歹儿斡兀立率大军帮助。此外，蒙哥汗还为旭烈兀准备了一支由汉人组成的炮手、弩手、火焰喷射手千人队。旭烈兀西征可以调动的军队达十五万之众。

各路大军陆续开拔，分路进击，在消灭里海以南山区的亦思马因派宗教国之后，会师于巴格达城下。

哈里发的强硬

巴格达，意为“神的馈赠”，是阿拉伯帝国阿拔斯王朝的首都。四百九十二年前，阿拔斯王朝的实际奠基者，被誉为“常胜者”的曼苏尔哈里发征集十万建筑工匠，历时四年，花费四百四十八点三万迪尔汗（阿拉伯银币）将一座小城镇建设为王朝的新都。从那时起，这里一直被称作伊斯兰世界的中心，是与君士坦丁堡、长安齐名的国际大都市。

在穿梭于东西方的商人口中，在无数典籍的记载中，巴格达是梦幻之城。它横跨底格里斯河两岸，分为东西两部分，河中的中央大桥宽阔雄伟，来自世界各地的船舶从桥下驶过。这里是聚集着世界所有美物的商业巨埠，盛产丝绸金锦和奇丽织物；这里是学术之城，坐落着“智慧馆”“科学馆”、尼扎姆学院这样巨大的图书馆和学校，让无数学者、科学家、诗人、建筑师流连忘返；这里常年居住着一百五十万乃至更多的人口，哈里发的众多宫殿金碧辉煌，国库里有数不清的奇珍异宝。

然而，在攻城大军的统帅旭烈兀眼中，这座城市却远没有传说中的那么雄伟壮丽。曼苏尔哈里发修建的以“永恒宫”为中心的西巴格达已经基本荒废，只在荒野中散布着一些孤零零的、有墙环绕的坊市，巴士拉门住宅区的曼苏尔大清真寺是旧城仅存的遗物。第十六任哈里发穆太迪德将宫殿迁到东巴格达，但现在只剩下了哈里发宫，曾经的“王冠宫”和“七暇宫”已荡然无存。“哈里发宫”周边还算繁华，但北部的老区，沙马西耶、路撒发、穆赫利姆已成废墟。

传说和现实总是相距遥远。阿拔斯王朝经历了太多风雨，皇室内斗、突厥禁卫军乱政、教派争端、奴隶起义，再加上洪水等天灾，巴格达这座名城早已不复当年产生“一千零一夜”故事时那么光芒万丈。就连居住在哈里发宫中的哈里发，也早已失去了曼苏尔时代的雄姿英发，三百年来，他们的身份一直是神圣的傀儡。

作为蒙古帝国缔造者成吉思汗的孙子，旭烈兀和他的父祖辈们对这种反差早已习以为常。成吉思汗曾认为统治中原的金朝皇帝是无比英明强大的“天上人”，可当铁蹄南下之时，遭遇的却是一触即溃的庸主弱兵。蒙古帝国第一次西征时，花剌子模帝国的苏丹被称为“世界征服者”，可在战场上却昏着连连，成了“被征服者”。在第二次西征中，基辅罗斯的基辅城被称为“帝王之城”，可统治那里的罗斯王公却不战而逃。而由旭烈兀为统帅的这第三次西征，面临的第一个对手是“暗杀之国”亦思马因派宗教国，据说他们曾暗杀了无数名人，而且还派出四百人的刺客团想要刺杀蒙哥汗。可当蒙古大军杀到之时，他们也只能龟缩在一座座城堡中等待灭亡。

但让旭烈兀困惑的是，残破的巴格达、早已沦为傀儡的哈里发，面对自己的大军时，却显现出早已久违的强硬。

五年前，当旭烈兀率军开拔之时，蒙哥汗曾嘱咐说，如果哈里发“打定主意效忠听命的话，就不要以任何方式得罪他。而如果他骄傲自大，心中想的、说的不一致，那就把他归入并到其他敌人中”[①]。旭烈兀照此执行，当攻打亦思马因派宗教国的各个城堡时，他曾派人给哈里发送信，请他派兵前来。虽然这是要求对方臣服，可毕竟亦思马因派宗教国的刺客曾经刺杀过两任哈里发，此时对蒙古军提供支援也不算太丢人。可哈里发始终没有派一兵一卒。

攻陷了亦思马因派宗教国最后一个城堡后，旭烈兀驻扎大军，再次给哈里发写信。信中写道：“尽管你的家族古老而伟大，但是

---

① 拉施特著，余大钧、周建奇译：《史集》第三卷，商务印书馆2014年版，第31页。

月亮的光辉只存在于灿烂夺目的太阳躲藏起来的时候。你应该已经听说，从成吉思汗时代以迄于今，由于长生天的力量，花剌子模家族、塞尔柱家族、迭亦列木篾力、阿答毕等家族，这些家族的威武伟大的君主，他们全都辱没身份到何种地步。我们曾经劝告过你，现在再对你说：不要和我们敌对，不要以拳击箭，不要用泥巴去涂抹太阳，这只能是自讨苦吃。你可以毁掉城墙，填平壕沟，前来见我们，如果自己不愿意来，可以派宰相前来。如果你服从我们的命令，那就不要和我们敌对，国土、军队、臣民仍将留下给你。如果你不听我的劝告，想反抗我们，那就部署军队，指定战场吧，我倒要看看神的意志究竟如何。"①

这封信送到巴格达，哈里发迅速给了回信，如同长者教训孩子一般说道："你这个没有经验的年轻人啊，自认为已取得胜利并公之于世，你把你的命令指为不可改变的命运和不可动摇的判决，你从我这里得不到你所要找的任何东西。王子你大概不知道，从东方到西方，从帝王到乞丐，凡是为神效劳，信奉宗教的老老少少，他们全都是这座殿堂的奴隶和我的军队。若你打定主意要打仗，那么不要迟延，不要逃跑，顷刻也不要驻扎在原地；如果你决定厮杀，我有能征惯战的百万步骑，一旦激发起仇恨，他们将翻江倒海。"②

话说到这个份儿上，已经没有转圜余地。旭烈兀长鞭所指，1257 年 11 月，蒙古大军兵分三路攻向巴格达。

---

① 拉施特著，余大钧、周建奇译：《史集》第三卷，商务印书馆 2014 年版，第 48—49 页。

② 拉施特著，余大钧、周建奇译：《史集》第三卷，商务印书馆 2014 年版，第 49—50 页。

教宗可降，皇帝不可降

此时在巴格达城中的哈里发，是阿拔斯王朝第三十七任哈里发谟斯塔辛。他这种令人难以理解的强硬不仅让旭烈兀，也让后世史家困惑不解，因为他们并没有强硬的资本。

从公元 847 年开始，阿拔斯王朝进入衰落期。先是突厥禁卫军专权，掌握了废立哈里发的权力。之后，帝国分裂，北非建立了法蒂玛王朝，西班牙建立了科尔多瓦王朝，三大哈里发并立，哈里发不再独一无二。再然后，以里海南岸德莱木部落为主体的一个部落联盟建立了布韦希王朝。布韦希人赶走了突厥禁卫军，成为巴格达的真正统治者，时间长达一个世纪之久，直到 1055 年塞尔柱突厥人在其首领突格里勒率领下攻进了巴格达，结束了布韦希人的统治，哈里发又在塞尔柱人的控制下，仅保留了宗教的权威。

弱势了这么久，面对无坚不摧的蒙古军，且不说旭烈兀首先表达了臣服即可获得平安的态度，就算对方没有这种表示，处于弱势的哈里发难道不该主动联系，来保全自己和巴格达吗？就如天主教第四十五任教皇利奥一世，在面对横扫欧洲的匈人王阿提拉时，于 452 年主动率罗马使团前往联系劝说，保全了意大利和罗马；之后又在 455 年游说入侵意大利的汪达尔人，虽然未能使罗马免于劫掠，但也保住了教会的财产和包括自己在内的众多教徒的性命。

在蒙古铁蹄四处征伐的时代，很多宗教领袖都做出了和利奥一世一样的选择。全真教掌教丘处机、禅宗高僧海云法师、藏传佛教萨迦派教主萨迦班智达、龙虎山天师张宗演都用主动联系投效的方式护教安民，从而使他们自己获得保全，宗教也得到了延续和发展。如果蒙古军真能进入西欧，兵临罗马城，罗马教皇即使不如利奥一世那么出色，怕也不会盲目地表现强硬，招来无妄之灾。

那为何伊斯兰教的神权象征哈里发却会有完全不同的选择？

大约是因为哈里发不仅是教皇，还是皇帝，虽然数百年只能做教皇，可对于皇帝的身份他们从未放弃。

伊斯兰教的创立和发展史，也是阿拉伯帝国的建立和扩张史。哈里发的意思是“代理人”或“继承者”，是伊斯兰教先知穆罕默德的继承者。穆罕默德之后的四大哈里发时期，阿拉伯帝国还是贵族共和政体，带有阿拉伯人氏族制度的遗存。到伍麦叶王朝时，虽然哈里发的继承制度确立了世袭的原则，但王朝的君主专制制度还不够完备，贝都因人的部落领导方式一直存在于阿拉伯贵族阶层之中。哈里发的权威，更多的是依靠宗教的力量。

直到阿拔斯王朝，在吸收了波斯帝国的政治文化后，阿拔斯人建立了一套完整的中央集权制度。哈里发更为重要的身份是皇帝，而并非教宗。宗教给予哈里发神性，“真主的宏福无边，使哈里发做众生的领袖；又赐哈里发以光明，让它普照黑暗的人间”①。而同时，哈里发维持帝国稳定和臣民服从的，却不再是宗教，而是严密的制度和强大的武力：“哈里发作为政府的首脑，是一切政权的源泉，他能够把民政权委托大臣（维齐尔），把司法权

① 艾哈迈德·爱敏著，纳忠译：《阿拉伯—伊斯兰文化史》（黎明时期），商务印书馆 1982 年版，第 11 页。

委托法官(嘎迪)，把军事职权委托司令(埃米尔)，但是，哈里发仍然是征服一切事物的最后决定者。”这种至高权力在哈里发委任官员时的诏令中体现得淋漓尽致：“穆罕默德·伊本·白尔兹是我在全国各地人民中的代表，因此，谁服从他，谁就是服从我，谁服从我，就是服从真主；谁服从真主，谁就要升入天堂。谁违抗他，谁就是违抗我，谁就是违抗真主；谁违抗真主，谁就要坠入地狱。”①

可世俗权力是会被挑战的，随着被剥夺了世俗权力，宗教权威也难以维系。困扰阿拔斯王朝的什叶派与逊尼派的争端，哈里发便无力以教宗的身份予以敉平，哪怕双方混战让巴格达沦为战场，哈里发也只能在深宫中无所作为。

衰落期之后的历任哈里发，没有一任自甘于做教宗，总是谋求夺回世俗权力。在不断的失败之后，到第三十四任哈里发纳绥尔时有了一点曙光。穆斯林英雄萨拉丁统一了埃及和叙利亚，命令埃及和叙利亚各地在金曜日的祈祷词中一律改用阿拔斯哈里发的名字，而塞尔柱苏丹也被中亚花剌子模帝国击败，彻底崩溃。哈里发家族竟然夺回了巴格达的统治权。于是，纳绥尔“曾做过一次微弱的、最后的尝试，企图多少恢复这个哈里发王朝过去的一点光荣”②。——注意，他要恢复的仍是世俗权力，而不是宗教权威。如果是为了后者，那么萨拉丁的作为本是很好的机会，可哈里发错过了。

---

① 菲利普·希提著，马坚译：《阿拉伯通史》(上册)，新世界出版社2008年版，第288—289页。

② 菲利普·希提著，马坚译：《阿拉伯通史》(上册)，新世界出版社2008年版，第438页。

最终，哈里发的政令仍然出不了巴格达，可皇帝梦依然做着，一直传到了三十七任哈里发谟斯塔辛。

面对蒙古军的威胁，教宗可以低头，可皇帝无法低头，除非山穷水尽。看看金朝末代皇帝金哀宗，南宋末代皇帝宋恭帝以及花剌子模帝国的扎兰丁，谟斯塔辛的强硬也就不难理解了。

血与火中的巴格达

在蒙古三路大军的猛击之下，阿拔斯军纷纷溃败。很快，蒙古左路军便占领了罗耳大部分地区，右路军也渡过了小达曷水（通幼发拉底河和底格里斯河之渠）。

旭烈兀率领的中路军到达后，再次遣使召哈里发来营投降，谟斯塔辛仍然坚持，见面可以，但蒙古必须退兵。旭烈兀大怒，下令决堤放水，巴格达城外的阿拔斯军统帅哈剌辛豁儿和一万余名士兵被淹死，副掌印官艾伯克率领残军退入城中。

随后，旭烈兀在底格里斯河两岸筑堡、修渠，封锁了巴格达的水陆交通。1258 年 1 月 29 日，蒙古军对巴格达发起全面总攻，谟斯塔辛征集城中能战之兵死守，双方反复绞杀，战况激烈。经过数日战斗，阿拔斯军损失惨重，渐渐不支。

就在阿拔斯军难以为继之际，旭烈兀派出汉人千人队开始轰击。蒙哥汗调拨给旭烈兀的汉人千人队主要是炮兵和火焰喷射兵，按照近代西方学者弗兰克和尼德汉姆的研究，他们操作的投石机，其投射力重可达二百五十磅，远可抵一百六十七码。在如此重炮的轰击下，东西两座城楼轰然坍塌。而攻城武器中射程达两千五百步的火箭和石油燃烧瓶也射入城中，引起熊熊大火。

这时候，谟斯塔辛才想起自己的宗教身份，派大臣前往旭烈兀军中，请求和谈，指出哈里发是神在人间的代表，“如果杀害哈里发，全宇宙就要陷入紊乱，太阳就不露面，雨水就要停止，草木就不再生长”①。

旭烈兀对这样的威胁毫不在意，继续挥师猛攻。

2月10日，阿拔斯军伤亡几尽，蒙古军蜂拥而入。谟斯塔辛无奈，只得带领儿子、官员、贵族三千人出城投降，旋即被监禁起来。2月13日，蒙古军入城，旭烈兀纵兵大掠，阿拔斯王朝积蓄近五百年的奇珍异宝各种财富被抢掠一空，巴格达人头翻滚，血流成河。

2月20日晚，哈里发谟斯塔辛及其长子等人在瓦里甫村附近被装进口袋内驱马踏死——这算是旭烈兀对哈里发的尊重，按照蒙古习俗，高贵的血液不能见于光天化日之下，只能不流血而死。

阿拔斯王朝的覆灭，标志着“阿拉伯人的领导权就永远消失了；真正的哈里发帝国的历史，也就结束了”②。哈里发之死导致伊斯兰世界失去精神领袖，这给伊斯兰的政治和宗教造成了重大的打击。对穆斯林来说，这是一个世界的终结，“伊斯兰没有遭受过比这更大的灾难”。尤其是，这场攻城战“结束了阿拉伯人在伊斯兰教这个阿拉伯人的宗教中的主宰地位，在这一点上，它具有持久的意义”。③ 日后，奴隶出身的马木留克王朝只是将哈里发作

---

① 菲利普·希提著，马坚译：《阿拉伯通史》(上册)，新世界出版社2008年版，第443页。

② 菲利普·希提著，马坚译：《阿拉伯通史》(上册)，新世界出版社2008年版，第441页。

③ 托马斯·李普曼著，陆文、岳英珊译：《伊斯兰教与穆斯林世界》，新华出版社1985年版，第166页。

为牌位囚禁在深宫中，而继之而起的奥斯曼土耳其帝国的苏丹，更是直接自任哈里发。

阿拉伯哈里发的历史结束了。不过，虽然旭烈兀没有遭到太阳消失、雨水停止、草木不生的天谴，但哈里发家族确实用另一种方式向他复了仇。

旭烈兀西征时，本部人马只有两万人，而蒙古帝国各大家族都奉大汗蒙哥之命向他派遣了援军。其中，金帐汗国可汗别儿哥在派遣援军的同时，还向旭烈兀提了一个请求。因为别儿哥已经皈依伊斯兰教，故而请他在攻陷巴格达后，不要杀害哈里发。

可旭烈兀在处死谟斯塔辛的时候，完全忽视了堂兄的嘱托，别儿哥因此深恨旭烈兀。再加上旭烈兀拒绝和金帐汗国分享夺取的土地，两家从而成为世仇。蒙古帝国崩溃后，金帐汗国与旭烈兀的伊儿汗国相互征战近一个世纪，谟斯塔辛死后九十七年，伊儿汗国最终被金帐汗国灭亡。

只是，伊儿汗国灭亡之时已经是完全的伊斯兰国家，其皇族对宗教的虔诚程度早已超过了金帐汗国。

在历史长河中，胜与负，怕是谁也说不清楚。

三十六岁宅男的逆袭
——忽必烈的挑战

在当今社会，一个男人如果三十六岁时还一事无成，基本上就会被视之为“废宅”了。而在平均寿命也不过就三十五六岁的古代，这个岁数无所建树，更会被认为人生已经结束。大元皇朝的开创者忽必烈，便是这么一位三十六岁前毫无建树的“宅男”。

1215年，成吉思汗讨伐金朝的战争取得了决定性的胜利，金朝的首都中都城(今北京)被成吉思汗攻破。就在攻陷中都不过百日之后，成吉思汗又有喜事临门，他的四子拖雷给他添了一个孙子，取名忽必烈。

虽然已经有了很多孙子，但此时已经五十三岁的成吉思汗听说家族添丁仍然很高兴，特地前来看望。可当抱起这个孙子时，成吉思汗却发现：“我们的孩子都是火红色的，这个孩儿却生得黑黝黝的，显然像他的舅父们。”①忽必烈的母亲是克烈部人，克烈部是突厥人后裔，以皮肤黝黑著称。成吉思汗对忽必烈的肤色不

---

① 拉施特著，余大钧、周建奇译：《史集》第二卷，商务印书馆2014年版，第289页。

满意，所以忽必烈没有得到祖父的喜爱。

不但没有祖父的垂青，忽必烈在兄弟中也常被忽视。他不是长子也不是幼子，既不能如长子般因为第一个出生而备受重视，也不能如幼子般因为最后一个出生而备受宠爱。

所以，忽必烈从出生到三十六岁，历史上很少看到他的身影，听到他的声音。

1235年，继承成吉思汗事业的窝阔台汗发动了针对欧洲的“长子西征”，成吉思汗四个儿子的家族都派出精兵强将。率领拖雷家族军团的，是忽必烈的大哥蒙哥，而副将则是忽必烈的异母弟拔绰，忽必烈此时已经二十岁，却没有参与这次重要的征战。可见，莫说在整个黄金家族，就是在拖雷家族中，他也并不显山露水。

那么，忽必烈是如何实现“逆袭”的呢？

暗中蓄力

身份地位不显山露水，也许反而是个好事，这使得忽必烈从小养成了沉稳、不张扬、爱用智谋的性格。这样的性格，在忽必烈第一次在历史上亮相时便展现得淋漓尽致。

1224年，忽必烈九岁。这一年，成吉思汗结束了对中亚花剌子模帝国的西征，返回蒙古草原。归途路过爱蛮-豁亦(今新疆额敏县附近)之地，在这里举行了一次狩猎。忽必烈与时年七岁的弟弟旭烈兀一起迎接祖父，并平生第一次参加了狩猎。两个孩子成绩不错，旭烈兀射杀了一只山羊，忽必烈射杀了一只兔子。按照蒙古传统，孩子第一次狩猎，长辈要在他们的拇指上擦拭油脂作为祝福。成吉思汗不顾征途劳累，亲自为两个孙子拭油。孙子见到祖父总要表示亲昵，但表示的方式可就大相径庭了。旭烈兀狠掐了祖父的拇指，让身经百战的成吉思汗疼得叫出了声，而忽必烈只是轻轻地抓住成吉思汗的大拇指。

一个九岁的孩子，在和祖父一起享受天伦之乐时仍然谨慎小心，日后心中会有什么样的城府也就可想而知了。

堂兄弟们在金戈铁马四处征战的时候，忽必烈虽然从未出现在历史前台，但在一些不引人注意的地方，他却展现了远见卓识，默默地为自己的未来夯实根基。

1242 年，禅宗高僧海云法师北上蒙古草原传法，受到窝阔台汗在内的蒙古贵族的礼遇。贵族们都在为听法师讲经传法而忙碌，时年二十七岁的忽必烈却注意到了法师身边的一位沙弥。

这位沙弥法名子聪，比忽必烈小一岁，虽为佛门中人，但却器宇不凡，学识广博。忽必烈与之深入交谈，发现他于天文、地理、律历、占卜无不精通，对天下事了如指掌。忽必烈于是向海云法师请求，将子聪留在自己身边作为近侍。这位子聪，便是河北邢州(今河北邢台)人刘秉忠，字仲晦，是日后为忽必烈出谋划策，对他建国称帝有着重要帮助的谋臣。

1247 年，河东交城(今山西交城县)人张德辉被三十二岁的忽必烈揽于麾下，这位“博学有经济器”的贤才也从此成为忽必烈的重要谋臣。1250 年，河南许州(今河南许昌)人姚枢也在忽必烈的寻访之下来到忽必烈身边，用自己的“王佐略”为忽必烈服务。

这些儒生，为忽必烈讲述了“马上取天下，不可以马上治之”的道理，告诉他所谓金朝因为崇儒才灭亡的说法是没有道理的，金朝勋贵掌权，儒者难以施展抱负，亡国的责任不该由儒者承担。

还让他明白，治国平天下的要义，就在于做好“修身、力学、尊贤、亲亲、畏天、爱民、好善、远佞”这八件事。

别人在忙着打仗，忙着建立军功，而忽必烈却在忙着招揽人才，忙着丰富自己的人才库。别人对汉法儒生不屑一顾，他却将他们引为心腹，旦夕不离。别人对汉地历史茫然不知，他却将唐太宗李世民看作自己的偶像：“在潜邸也，好访问前代帝王事迹，闻唐文皇为秦王时，广延四方文学之士，讲论治道，喜而慕焉。”①

他的名声逐渐传扬各地，一大批“亡金诸儒学士及一时豪杰知经术者”纷纷向他投效，为他“论定大业”。

后人在看到忽必烈这些作为时，因为知道日后历史的走向，所以会认为是理所应当，而其实，这种观点是后见之明。此时的蒙古帝国，国势蒸蒸日上，军力天下无敌，无论儒家文明还是西方的伊斯兰文明、基督教文明，对蒙古人来说至多只有“器物”上的可取之处，而绝无意识形态和政治架构方面的学习必要。在当时蒙古帝国的大多数人眼里，忽必烈这是在浪费时间。

孙中山先生曾说过，人分为三种类型，先知先觉、后知后觉、不知不觉。忽必烈在当时的蒙古贵族中无疑算是先知先觉者，他已看出从窝阔台汗时代开始，蒙古传统的种种制度已经不适合统治一个如此巨大的帝国，要想延续辉煌，必须采用其他方式。究竟是什么样的方式，忽必烈心中已经隐隐有了答案。

1251 年，忽必烈的大哥蒙哥在诸王的推戴下，成为大蒙古国

---

① 徐世隆：《翰林学士承旨王文康公墓碑》，《全元文》第二册，江苏古籍出版社 2005 年版，第 439 页。

第四任大汗。打仗亲兄弟，上阵父子兵。在蒙哥继位的“库里勒台”上，几个弟弟包括忽必烈在内负责维持秩序，监视宗王和将领。待到仪式结束，大局已定，蒙哥将几位弟弟都安排到要害地区掌握实权。忽必烈是弟弟们中最年长有力者，被委派掌管漠南汉地，以金莲川作为治所。

金莲川地处今天的内蒙古锡林郭勒盟正蓝旗闪电河(也称滦河)沿岸，原名为曷里浒东川。其地“龙冈蟠其阴，滦江经其阳，四山拱卫，佳气葱郁”，辽代时便是皇帝和达官贵族们游猎避暑之地。到金代，金世宗完颜雍选择夏宫时，来到此处，看到茂盛的金莲花“花色金黄，七瓣环绕其中，一茎数朵，若莲而小，六月盛开，一望遍地，金色灿然”①，故将“曷里浒东川”更名为金莲川，在这里修建了凉陉离宫。

忽必烈为什么选择金莲川作为自己幕府所在地？当然不是因为这里风景优美，气候宜人。而是因为这里“控引西北，东际辽海，南面而临制天下”②，可以直接与大蒙古国东道宗王以及“五投下”军团取得密切联系。

所谓东部宗王，是指成吉思汗四位弟弟(二弟哈撒儿、三弟合赤温、幼弟帖木格以及异母弟别里古台)的封地。东道诸王的封地在东北西部草原地区，外兴安岭以南，大兴安岭南北，嫩江流域，以及洮儿河及东流松花江以北地区。因为地处帝国东部，因此其王被称为东道宗王。

这四大家族都是和成吉思汗同甘共苦创建帝国的至亲，实力

---

① 金志章：《口北三厅志》卷五《物产》。

② 虞集：《贺忠贞公墓志铭》，《全元文》第二十七册，江苏古籍出版社2005年版，第510页。

极为雄厚，足可和西道宗王，也就是成吉思汗诸子家族(长子术赤、次子察合台、三子窝阔台以及蒙哥汗所代表的四子拖雷)相抗衡。

而“五投下”军团则是成吉思汗最信任的智将木华黎的札剌亦儿家族，成吉思汗岳丈弘吉剌家族，成吉思汗亲家亦乞烈家族，以及曾在蒙古帝国建立过程中立有巨大功勋的兀鲁兀、忙兀家族。大蒙古国分封给宗室、功臣的人口、土地，蒙古语称为“爱马”，汉译为“投下”。这五大家族的封地在西拉木伦河流域南北，直到今辽西大凌河中游地区，其麾下有大蒙古国除汗廷直属军团外最为精锐的军团。

如果看地图，人们就会发现，忽必烈所选择的金莲川，与东道宗王、“五投下”的联络很是近便，尤其是比处在漠北的帝国首都哈剌和林近便得多。

虽然史籍中没有详细记载忽必烈是如何拉拢东道宗王和“五投下”军团的，但从结果来看，当他起而争位之时，这些人成为他最坚定的支持者。尤其是东道宗王，作为黄金家族的重要组成部分，是忽必烈日后有底气召开“库里勒台”的重要保障。而东道宗王、“五投下”军团中的名将，如移相哥、霸都鲁等则成为忽必烈日后击败内外敌人、奠定帝业的重要助手。

招贤纳士

在受命管理漠南汉地之前，忽必烈就已经四处寻访人才，纳入自己的幕府。前文所说的姚枢、张德辉、刘秉忠便是他着意招揽的幕僚。而到蒙哥称汗，忽必烈出镇漠南汉地后，他既是大汗的弟弟，又是出镇的宗王，权力巨大，有充分的资源招募更多人才为己所用。无论是忽必烈本人还是身边的谋臣们，都开始加大积蓄力量的力度。尤其是对于人才，更是四方延揽，不遗余力。很快，在藩邸旧臣的基础上，大批汉人文士聚集在金莲川，形成了忽必烈私人人才库“金莲川幕府”。

被忽必烈招入金莲川幕府的人士，可以考证的有六十余人。除了先前所说的刘秉忠、张德辉、姚枢外，又有赵璧、王鹗、张文谦、窦默、许国桢、郝经、许衡、商挺、刘肃、宋子贞、王恂、李昶、徐世隆、李德辉、张易、马亨、赵良弼、赵炳、张惠、李冶、杨奂等等。再加上一直充任忽必烈王府宿卫的廉希宪、董文用、董文忠、贺仁杰、阿里海牙、谢仲温、姚天福、高天锡、谒只里、昔班、阔阔等，形成了文武兼备的人才库。

其中，姚枢、刘秉忠、张德辉、张文谦不但学识广博，而且足智多谋，是忽必烈的智囊；廉希宪、阿里海牙有勇有谋，是纵横战场的将才；赵璧、郝经、马亨善于理财，帮助忽必烈掌管钱袋子；王鹗、徐世隆文采飞扬，作文倚马可待，是忽必烈倚重的笔杆子。有他们在身边，忽必烈想不成就一番大事业也难。这些人日后在大元朝廷中“布列台阁，分任岳牧”，成为大蒙古国向大元皇朝过渡时期的主要政治班底。

依靠这些人才，忽必烈开始着手治理久被战祸荼毒的中原地区，派杨惟中、高挺、史天泽、廉希宪分别管理邢州、河南、陕西等地，“如邢州、河南、陕西皆不治之甚者，为置安抚、经略、宣抚三使司。其法选人以居职，颁俸以养廉，去污滥以清政，劝农桑以富民。不及三年，号称大治”①。

“金莲川幕府”中除忽必烈完全掌控的人才库外，还有一批看似不为其掌控，实际上已经成为他政治、军事班底的人物——汉地世侯。

所谓“世侯”，是指汉人地方实力派。在蒙古不断打击金朝，金人节节败退，迁都汴梁(今河南开封)之后，金中央朝廷逐渐失去了对各地的控制。地方上的一些豪门大户或者地方官员，便以“保卫桑梓”为名组织私军，割据一方。

成吉思汗时代，命智将木华黎为太师国王经略中原。木华黎是成吉思汗麾下“四杰”之一，不仅勇猛善战，而且“沉毅多智略”。他深知只用纯粹的军事手段无法征服中原，必须任用汉地豪杰，才能真正建立统治。于是，他对各地私兵将领和豪族首领释放友好信息，规定凡是纳土归降者，便任命为原地的地方长官，授予行省、领省、都元帅、副元帅之类的高官之职，后又授予万户长、千户长、百户长之类的蒙古官职，并且可以世袭。

各地土豪多接受了这种招降。于是，西京刘黑马、真定史天泽、顺天张柔、东平严实、济南张荣、益都李全、大名王珍、中山邸顺、河东李守贤、太原郝和尚、巩昌汪世显等人成为大蒙古国的新贵。这些人无不是统兵数万、辖地千里、专制一方的“土皇帝”，因为其爵位可以“父死子继，兄终弟及”，便被称为“世侯”。

按照法律，这些世侯要效忠于蒙古大汗，在封地收取的税款有相当部分要上缴汗廷，军队也要随时听从大汗调遣。而忽必烈向蒙哥汗要了便宜治理中原的敕旨后，也就有了和世侯们交往，

① 宋濂等撰：《元史》卷一百五十八《姚枢传》，中华书局2008年版，第3714—3715页。

将之纳入自己麾下的机会。

这些世侯虽然在蒙古人治下享受荣华，但毕竟还是汉人，忽必烈这个对汉法、儒生极为感兴趣的蒙古王爷对他们来说无疑较为亲近。何况，县官不如现管，忽必烈是直接和他们打交道的皇亲，且为掌管漠南汉地的最高长官，是不能怠慢的。于是，世侯们与忽必烈的关系逐渐紧密，对他们来说，忠于汗廷还是忠于忽必烈，是很明显的选择。

而当忽必烈开始全面实行以汉法治汉地政策后，各地世侯成为在各地施政的主力。到最后，他们和忽必烈形成了利益共同体，忽必烈的荣辱直接关系他们的前途命运。日后，当忽必烈与阿里不哥争位之时，两人都知道控制中原汉地是胜败的关键，几乎同时派出使者宣谕中原、关中、巴蜀，汉地世侯纷纷向忽必烈宣誓效忠，而阿里不哥宣谕各地的使者却被扣押处死。忽必烈获得了汉地的物资和兵员保障，这是他能够轻松击败阿里不哥的关键原因。

建立军功

以军功为最高荣誉的大蒙古国，一个贵族即使有崇高的官衔和地位，如果没有军功，还是无法得到普遍的尊敬，其权势也如建在沙滩上的城堡一样，脆弱不堪。

积聚了大量人才的忽必烈自然明白这一点，因此在做好一切准备之后，便积极寻求建立军功的机会。

蒙哥汗二年(1252)，蒙哥汗委派忽必烈南下攻打大理国。

大理国的疆域，以今云南为中心，包括贵州、四川西南部，以及缅甸、老挝、越南北部部分地区，于公元 937 年由白族段思平建立。大理国地处偏鄙，并不值得大军攻取，蒙哥汗的目的，是取大理之地以战略包抄南宋。因此，这次南征声势浩大，名将速不台之子兀良合台统领西路军，诸王抄合，也只烈统领东路军，忽必烈统领中路军并担任总指挥，三路大军共十万之众。而忽必烈也将自己金莲川幕府中的核心人物姚枢、刘秉忠、张文谦、廉希宪等人带在身边参赞军务。

大理国立国三百余年来，推崇佛教，保境安民，很少对外扩张，在内部也往往被权臣制约，甚至一度被篡位，远没有金庸先生“射雕三部曲”描绘的“南帝”那么威风。到忽必烈准备兵威相加之时，大理国主是段兴智，但他是傀儡，真正的当家人是权臣高祥。君臣二人都没什么才能，国家衰弱不振，内忧有丽江的摩些蛮割据和建昌府段氏自立府主不听调遣，外患则有云南西部和缅甸腊戎一带的金齿诸国逐步蚕食国土。本来已应接不暇，蒙古大军又压境而来。

蒙哥汗三年(1253)十月，忽必烈的中路军和兀良合台的西路军进入大理国境，来到金沙江畔。权臣高祥坚决主战，于是战争爆发。大理国连内部叛乱尚不能敉平，自然难以对抗蒙古军。大理军在金沙江周边诸多城寨中英勇抵抗，却无法阻挡蒙古军前进的马蹄。十二月，忽必烈的中路军抵达大理国都大理城下，兀良合台西路军在攻破龙首关后在城下与忽必烈会合。

到了这个地步，要么投降，要么凭借点苍山与洱海的大理城防负隅顽抗，可高祥却选择了最为愚蠢的方式，在斩杀了忽必烈派来招降的三个使者后，与自己的弟弟高和挟持段兴智率军出城决战。一战之下，大理军几乎全军覆没，高祥、高和兄弟与段兴智逃走，忽必烈趁机发动攻城战，原本固若金汤的大理城一夜之间被蒙古军占领。

在搜索典册图籍的过程中，三个使者的尸体被发现，忽必烈勃然大怒，想要屠城。张文谦、姚枢、刘秉忠等人急忙劝谏："杀使拒命者，其国主耳，非民之罪。"①忽必烈于是下令不许军队进城抢掠，大理国三百年的文明精华才算得以保存。

国都拿下了，可国主和权臣还没有抓获。这时，东路军也赶到了，于是忽必烈派大将也古率军追击大理国君臣，在姚州(今云南姚安)斩杀高祥、高和兄弟，段兴智逃到陪都鄯阐(今云南昆明)。

1254年春，忽必烈留兀良合台继续追击段兴智和征讨不愿臣服的部落，任命刘时中为宣抚使治理民政，自己率主力北返。是年秋，兀良合台攻陷鄯阐，俘虏段兴智，将之送回漠北草原面见蒙哥汗。蒙哥汗念其早有降意，赐其金符送回云南。段兴智回国后全力帮助蒙古军平定云南各地，蒙哥汗大喜，赐他"摩诃罗嵯"(此为梵语，意思是"大王")称号，并让他管理云南各族。从段兴智之子段实开始，段氏从"大理皇帝"成为"大理总管"，掌管大元云南行省的大理路，成为云南中西部地区的实际统治者。

大理既平，对于南宋的战略包围也就达成了，忽必烈在此役中是总指挥，自然是头号功臣。以前忽必烈被视为只重文治没有武略，现在可说事实胜于雄辩了。因此战功，蒙哥汗让忽必烈在关中、南京(汴梁)选择一处做自己的封地，在姚枢的建议下，忽

① 李谦：《中书左丞张公神道碑》，《全元文》第九册，江苏古籍出版社2005年版，第104页。

必烈选择了关中。之后，蒙哥汗又把怀孟封给他。忽必烈的汉地封户达到四万四千户，而且拥有了“天府陆海”的关中，实力大大增强。

在此次南征途中，忽必烈又将当时蒙古一流名将家族速不台家族揽入麾下，兀良合台、阿术父子日后都成为忽必烈的攻伐利器。而破大理不嗜杀，也让忽必烈获得了大理民心。云南遂成为他的另一块根据地，日后他总是说“大理朕手定，深爱其土风”，可见云南对他的重要性。

平定大理，让忽必烈获得了军功的“加持”，他先前经营的势力使他几乎成为蒙哥汗之下、万人之上的人物。虽然很快他便因遭人控告“多擅权为奸利事”而遭到蒙哥汗打击，但其基本盘已经稳固，蒙哥汗只能暂时将他置之闲散，却无法动摇他的根本势力。

1258 年，蒙哥汗南征南宋，原本不愿忽必烈参与，但由于其他将领消极怠工，遂不得不起用忽必烈作为东路军统帅，与自己的西路军齐头并进。1259 年蒙哥汗暴崩于金剑山温汤峡(今重庆北温泉)后，忽必烈接到消息却并不着急马上回师，他对自己争夺大位充满信心。

事实也确实如此，忽必烈的弟弟阿里不哥虽然因“幼子守灶”而获得父亲拖雷遗产的最大份额，且在蒙哥汗南征时留守都城，实际控制着大蒙古国的核心，还有蒙哥汗诸子、重臣以及术赤家族、察合台家族的支持，看似占有极大优势，但面对忽必烈却是屡战屡败，最后不得不缴械降服。

可以说，当忽必烈南征大理成功之后，蒙哥汗除非将之肉体消灭，已经无法改变自己身后忽必烈夺取汗位的结局了。这也是忽必烈“厚积薄发”，先蓄力后建功策略的厉害之处。

四大汗国原本只该有三个
——计划外的“窝阔台汗国”

成吉思汗的大蒙古国作为一个统一的政权，仅仅持续了五十四年。随着第四任大汗蒙哥去世，帝国四分五裂，形成了元朝、金帐汗国、察合台汗国、窝阔台汗国、伊儿汗国五个国家。而金帐、察合台、窝阔台和伊儿四个汗国被后世称为“蒙古四大汗国”。

不过，按照成吉思汗生前的安排，窝阔台汗国是不应该存在的。因为窝阔台是成吉思汗指定的继承人，他的封地仅是大蒙古国最高君主的私人领地，无论如何也不该成为一个独立的封国，更不可能在日后成为一个独立的汗国。

而窝阔台汗国的实际创立者，窝阔台的孙子海都，也不会承认有什么窝阔台汗国。他称的汗，不是窝阔台汗国之汗，而是大蒙古国之大汗。

被篡改的遗嘱

《蒙古秘史》中记载成吉思汗选定窝阔台为继承人时，窝阔台和父亲成吉思汗有过这么一番对话：

窝阔台说：“如果今后我的子孙中出了尽管裹上草牛也不吃，裹上油脂狗也不吃的不肖子孙，出了麋鹿敢在他面前穿越、老鼠敢跟在后面走的无能子孙，那又怎么办？”

成吉思汗的回答是：“窝阔台的子孙中如果出了即便裹上草牛也不吃，即便裹上油脂狗也不吃的不肖子孙，难道朕的子孙中连一个好的也不会有吗？”①

这番对话，成为日后拖雷家族抢夺汗位的合法性基础，既然圣祖成吉思汗都说，如果窝阔台的子孙中没有成器的，可以从其他子孙中选出大汗，那么在窝阔台家族人才凋零之际，拖雷家族挺身而出，岂不是遵照祖训，顺理成章吗？

不过，仅从《蒙古秘史》看来，托雷家族的做法没有什么问题，但如果参照其他史书，问题就出来了。

在《史集》中，有多处记载与《蒙古秘史》不同，尤其在写到蒙哥继承汗位时，忠于窝阔台家族的札剌亦儿部贵族额勒只带的质疑，更是与《蒙古秘史》完全相反。

在看到诸多宗王推举蒙哥为大汗，额勒只带站出来反对，说道：“你们曾全体一致决定并说道：‘直到那时，只要从窝阔台合罕诸子出来的，哪怕是一块臭肉，如果将它包上草，牛不会吃那草，如果将它涂上油脂，狗不会瞧一眼那油脂，我们仍要接受他为汗，任何其他人都不得登上宝位。’为什么你们另搞一套呢？”虽然蒙哥的支持者们对这样的指责不以为意，但也承认额勒只带的

① 余大钧译：《蒙古秘史》，内蒙古大学出版社2014年版，第468页。

话是真实的，忽必烈便回答："是有过这样的约言……"①

也就是说，在窝阔台汗登基之时，各家族宗王所发下的誓言，是要保窝阔台家族汗位永固。虽然也要有"库里勒台"选举可汗，但候选人只能在窝阔台的子孙中找，成吉思汗其他儿子的子孙并无参选权。

《史集》的作者拉施特是波斯人，是拖雷之子旭烈兀在波斯建立的伊儿汗国的宰相，虽然伊儿汗国与元朝休戚与共，但毕竟相隔遥远，也就没有为尊者讳而故意篡改历史的必要，所以能够记载下对拖雷家族不利的"证言"。

以此为证，我们可做如下推理：

首先，额勒只带作为臣子，绝不敢在各宗王面前伪造成吉思汗的遗训，忽必烈更不会承认，因此可以推定，额勒只带的话是真实历史的反映。

其次，如果额勒只带所言为真，那么《蒙古秘史》中的记载便是错误的。因为如果成吉思汗指出，可以由其他家族的子孙来代替窝阔台家族，那么所有宗王在窝阔台登基时所发的誓言便是违背圣祖遗训，这对视成吉思汗为神明的蒙古人来说是不可想象的。

再次，窝阔台汗即位时，其实力与拖雷相比处于劣势，他绝不敢，也没有力量让所有人违背成吉思汗的遗训来向自己发誓。

于是，可以得出结论，成吉思汗原本希望汗位始终传承于窝阔台一系。《蒙古秘史》中成吉思汗指认继承人的记载，是遭到篡改的，篡改者应该是夺取了汗位的蒙哥。

---

① 拉施特著，余大钧、周建奇译：《史集》第一卷，商务印书馆2014年版，第155页。

《蒙古秘史》的最后一章写道，“汇聚一起举行了极为隆重盛大的最高国事会议后，鼠儿年七月……写毕此书”。这个鼠儿年，曾被认为是1240年，也就是窝阔台汗去世的前一年。但这一年大蒙古国并无大事发生，拔都的西征大军还远在欧洲，根本不可能召开国事会议。那么，还比较符合条件的鼠儿年便只有1252年了。此时正是蒙哥为汗的年份，在他登基的“库里勒台”结束后，《蒙古秘史》也结束了。为了彰显自己政权的合法性，蒙哥篡改了记载祖父言行的史书。

书面的东西可以篡改，可以蒙蔽千百年之后的人，可当时的人却了解真相。海都便以这个真相为旗帜而崛起。

海都的崛起

海都是窝阔台汗嫡幼子合失的儿子。合失出生时，正值成吉思汗征服西夏。蒙古人称西夏为“唐兀惕”，而汉语则称西夏为“河西”，蒙古人则误读为“合失”。为纪念胜利，成吉思汗为这个孙子取名为合失。合失因为酗酒而早逝，成为孤儿的海都在成吉思汗身边长大。

成吉思汗很看重子孙们的长相，忽必烈就因皮肤黝黑而未得宠爱。据记载，海都“在外表上无异于典型的蒙古人”①，应该能够得到曾祖父的喜欢。因此，他是在无忧无虑、高高在上的环境中长大的。成年后，他参加了窝阔台汗发动，由拔都率领的“长子

① 巴托尔德著，张锡彤、张广达译：《蒙古入侵时期的突厥斯坦》(下册)，上海古籍出版社2011年版，第570页。

西征”，更锻炼了自己的才干，终于成了一个“很聪明、能干而又狡猾的人”。

若是窝阔台家族能够一直保持大位，海都应该在更多的战争中崭露头角，成为诸多蒙古名将中的一个，并以亲王之尊获得一块封地，享受荣华，了此一生。

然而，贵由汗死后蒙哥夺位，不但使得窝阔台家族发生惨变，也让海都的命运跌到了谷底。他被分封到海押立（今哈萨克斯坦塔尔迪库尔干与中国伊犁一带），虽然名为分封，但一无兵马，二无治权，与流放无异。

在大势已定的情况下，窝阔台系其他宗王只求自保，不敢反抗。而海都却桀骜不驯。对他来说，蒙古大汗只应该属于窝阔台家族，拖雷家族违背誓言夺取汗位，这是严重的背叛行为。因此，在被迁到海押立之后，海都暗中联络同系宗王，随时准备掀起反旗。

但是，蒙哥汗是一个“刚明雄毅”的君主，在位时牢牢掌握整个帝国，海都的反叛只停留在计划上，没有机会实施。他必须和当年的拖雷家族一样，默默忍耐，等待对手出现变故和分裂。

1259年阴历七月，大蒙古国第四任大汗蒙哥在南征南宋时暴死于四川金剑山温汤峡（今重庆北温泉），随即，他的二弟忽必烈与幼弟阿里不哥开始了汗位争夺战。

蒙古本土已经打成了一锅粥，对于中亚的管控自然放松了。海都立即开始了自己的行动，“设法从各处征集了二三千军队”①。

这点军队实在太过弱小，但海都并不完全依靠武力，他施展

① 拉施特著，余大钧、周建奇译：《史集》第二卷，商务印书馆2014年版，第12页。

了外交手段，说服了自己的叔叔，封地在叶密立的禾忽倒向自己。

禾忽是贵由汗三个儿子中唯一没有遭到蒙哥汗处置的，而且成为窝阔台家族的大家长。当忽必烈和阿里不哥开始争斗时，禾忽本来打算投归忽必烈，但海都说服了他，让他与自己一起支持阿里不哥。

从支持阿里不哥之事中，也可看出海都的战略眼光。窝阔台家族的兵马如果支持忽必烈，便形成了东西两路夹击阿里不哥的态势，阿里不哥很可能迅速败亡，那海都还有什么机会呢？而支持阿里不哥，则会延长拖雷家族内讧的时间，海都也就可以从容布局了。

果然，阿里不哥在战场上不是忽必烈的对手，屡战屡败，但因为有西方诸王的支持，还是和忽必烈拉锯四年之久。在这四年中，海都“通过施展奸谋、夺取政权和征战，将窝阔台合罕的一部分兀鲁思抓到了自己的手中”。所谓的一部分，就是除了河西的阔端(窝阔台次子，封地在凉州)、哈剌和林的原属窝阔台的封地之外，窝阔台家族在西方的各处封地，如别失八里地区(今新疆吉木萨尔境内)、也儿的石河地区(今新疆北部流入哈萨克斯坦的额尔齐斯河地区)，尽为海都掌握。

海都的创业并非一帆风顺，蒙哥汗死后，趁势而起的不仅有他、忽必烈和阿里不哥，察合台家族的察合台汗国、术赤家族的金帐汗国等各方势力，都在为自己的利益最大化而奋斗，之间的争斗也是纷乱复杂。

为了和忽必烈抗衡，阿里不哥将与自己亲厚的阿鲁忽(察合台第六子拜答儿之子)派回察合台汗国，夺取了察合台汗国的汗位。然而阿鲁忽并非甘居人下、不识大势的人，当他看到阿里不哥斗不过忽必烈时，便又倒向忽必烈，发兵吞并了支持阿里不哥的金帐汗国在中亚的领地。

海都开始在封地谋划叛乱时，最大的幕后支持者便是金帐汗国，金帐汗别儿哥在阿里不哥和忽必烈的争位战争尚在相持阶段时，便与海都常有使臣往来。如今河中领土沦丧，自己无法亲征，而海都急于扩充势力，正好可以利用。于是，别儿哥派人给海都送去大量给养辎重，请他出兵攻打阿鲁忽。

在得到补给后，海都迅速采取行动，向阿鲁忽背后狠刺一刀，发兵猛攻察合台汗国。阿鲁忽还没从捡便宜的喜悦中缓过神来，便遭到打击，恼怒之下率军迎击，与海都大战两场，先败后胜，算是打成了平手。

1264 年，阿里不哥拜服于忽必烈军门，大蒙古国双汗并立的局面结束，但各大汗国自立的趋势也越发明显。1264 年至 1267 年之间，金帐汗别儿哥、伊儿汗旭烈兀和察合台汗阿鲁忽相继病逝，时间差不超过一年。他们的位置分别被别儿哥的侄子忙哥帖木儿、旭烈兀之子阿八哈和阿鲁忽继子木八剌沙所继承。除了阿八哈，其他的人都不愿服从忽必烈。

为了彰显自己的权力，忽必烈从离得最近的察合台汗国下手，派自己身边的察合台次子莫阿秃干之孙八剌，回察合台汗国夺取木八剌沙的权力。而八剌是一个堪比海都的枭雄，在夺取察合台汗国之后，立即唯我独尊，先是夺取了元朝西北重镇斡端(今新疆和田)，后又向海都宣战。

海都在木八剌沙统治察合台汗国时，欺负其无能，先后占领了察合台汗国阿力麻里、塔剌思、肯切克、讹达剌等锡尔河东岸地区，实力愈发壮大。见八剌前来挑衅，立即出兵迎击。双方战于锡尔河畔。海都在木八剌沙执政时期占足了察合台汗国的便宜，没把八剌放在眼里，岂料八剌用计设伏，一举把海都所部打得大败亏输。

在主力损失惨重的情况下，海都只得向金帐汗国求援。金帐汗忙哥帖木儿本就对察合台汗国蚕食自己中亚领土极为不满，现见自己的盟友海都战败，察合台汗国锋锐更盛，哪里还能坐视，立即派自己的叔叔别儿哥只儿率大军五万前来助拳。

而这次援助，最终造就了窝阔台汗国。

“塔剌思联盟”

金帐汗国的五万生力军前来助拳，海都立即扭转了不利局势。八剌没有想到金帐汗国会这么快派来援军，双拳难敌四手，被打得大败，“军队死伤了许多人”，沿着锡尔河沿线以西一泻千里，一直退到阿姆河以西，才“重新聚集起溃散的军队”①。

海都失败了可以向金帐汗国求援，可八剌失败了却无法向元朝求援，因为他曾抢夺了元朝的斡端，而且就算元朝不咎既往，现在它正在全力南征，以图消灭南宋，也没有多余的力量来帮助他。眼看就要遭受灭顶之灾，八剌决定破罐破摔，命令对撒马尔罕(今乌兹别克斯坦撒马尔罕)、不花剌(今乌兹别克斯坦布哈拉)等大城市进行彻底的破坏——避免这些富庶之地落入海都、忙哥帖木儿之手。

听闻八剌竟然要推行焦土政策，海都连忙制止了要继续进兵

① 拉施特著，余大钧、周建奇译：《史集》第三卷，商务印书馆2014年版，第112页。

的别儿哥只儿："如果他（指八剌）获悉了要去追他、把他驱逐走的消息，他会及早动手，造成更大破坏。我们不如派遣急使去劝告他，同他讲和。"于是，海都派自己的弟弟钦察（窝阔台第六子合丹之子）向八剌表达了"和平团结"之意，约他和谈。八剌正处在困境，有这么好的机会自然不会拒绝，当即满口答应。

借助于钦察的穿针引线，1269 年春，八剌、海都还有代表金帐汗的别儿哥只儿在窝阔台汗国的塔剌思河流域的塔剌思、肯切克草原①举行会盟，召开了没有拖雷系参加的"库里勒台"。术赤、察合台、窝阔台三家签订盟约，瓜分阿姆河以北地区，并立誓维护蒙古传统，反对背弃了传统的忽必烈以及伊儿汗阿八哈。这便是世界史上著名的"塔剌思联盟"。

除了宣示和平团结，三方还划分了势力范围。阿姆河以北的河中地区，八剌得三分之二，忙哥帖木儿和海都一起分得三分之一。海都获得了最大的好处，他占据的土地在会议上得到了承认，他本人被推举为盟主，获尊称"阿合"，也就是大哥。海都自此正式称汗，后世所说的"窝阔台汗国"就此建立。而且，海都此时作为联盟盟主而称汗，等于是被拥立为大蒙古国大汗，与忽必烈分庭抗礼。大蒙古国在忽必烈、阿里不哥之后，再次出现"双汗并立"格局。

之后，海都利用察合台汗八剌攻击伊儿汗国失败的机会，逼死八剌，又先后处死两任察合台汗，最后扶立完全听命于自己的八剌之子笃哇为察合台汗，控制了察合台汗国，从而成为"中亚细

① 塔剌思即唐代之怛罗斯，地处锡尔河流域与碎叶川之间，又为流经此地的河名。此河在汉代为康居部牧地，称都赖水，为一条内陆河。

亚事实上的合罕和真正的主人”[①]，并以两国之力不断东进，向忽必烈发起挑战。

忽必烈在西北地区打造了铜墙铁壁一般的防御体系，使海都屡屡铩羽而归，始终无法越过伊犁河谷。但元朝毕竟内部问题很多，效法汉法建立的集权统治，与蒙古传统的贵族封建难以调和，因此接连发生宗王的大规模叛乱。先是1276年爆发西北镇守宗王群起叛乱的“昔里吉之乱”[②]，后又有1287年成吉思汗诸弟家族的“乃颜之乱”[③]。海都与之联络呼应，使得忽必烈顾此失彼，西北防线步步后退。1282年时元军的前哨后退到斡端一带，塔里木西部已被海都控制。1289年海都更是一度占领了蒙古故都哈剌和林，已经七十四岁的忽必烈不得不御驾亲征，与海都进行了“尸陈如山，血流成河”[④]的血战，才最终收复哈剌和林。

1294年，元世祖忽必烈病逝于大都，临终仍念念不忘那个不听话的侄子海都对于自己的威胁，新继位的元成宗铁穆耳改变了世祖时四处用兵的政策，对于安南、日本的攻略都停了下来，终于可以全力用兵西北。1299年，元成宗命自己的侄子海山出镇漠北，驻地为按台山(今阿尔泰山地区)，筹划反攻事宜。

海山是元成宗二哥答剌麻八剌之子，也是日后元朝的第三任

---

① 勒内·格鲁塞著，龚钺译:《蒙古帝国史》，商务印书馆1996年版，第261页。

②“昔里吉之乱”，是指1276年(元至元十三年)冬，元朝在西北防备海都的几位宗王以蒙哥汗之子昔里吉为首发动的叛乱，在后文“从漠北皇帝到安南俘虏”一章中有详细介绍。

③“乃颜之乱”，是指在1287年(元至元二十四年)，元朝东部宗王之长、成吉思汗幼弟帖木格后裔乃颜发动的叛乱。成吉思汗诸弟后裔均参加了此次叛乱，元世祖忽必烈亲征讨伐，用五年时间方才将之平息。而海都趁机东进，占据了很多土地。

④ 梁生智译:《马可·波罗游记》，中国文史出版社1998年版，第284页。

皇帝元武宗。此时他年仅十八岁，血气方刚，于1300年出兵西征，与窝察联军会战。海山虽然击退联军，但却被海都夜袭辎重，导致军粮不济，未能乘胜扩大战果。成宗于是派大哥晋王甘麻剌取代海山指挥元军。

见元朝转守为攻，海都不得不以攻代守。1301年，他召集窝阔台、察合台两系诸王四十多人，统领大军二十余万，发动了规模最为庞大的一次东征。枕戈待旦的元军也进行了强有力的反击，双方展开了著名的“帖坚古山会战”。

这场会战，终结了海都与元朝数十年的拉锯，改变了当时的世界格局，也结束了海都的生命和他矢志不渝的大汗之梦。

和平即灭亡

当海都率兵猛攻元朝戍北大本营按台山时，元军也在甘麻剌、海山等人的指挥下展开反击。双方在帖坚古山(今蒙古巴彦乌列盖省德龙以西图格雷格)一带展开鏖战。

因为笃哇驻地遥远，海都率军到达帖坚古山时，笃哇所部还未赶到。海都首战与元军大将床兀儿交锋，因为兵力不足，被床兀儿突破阵型，海都受了伤，被迫后退。二日后，笃哇率军赶到，窝察两军回军力战，元军失利。危急关头，海山“挥军力战，突出敌阵”①，并在混战中箭伤笃哇，终于保护主力后撤。

三日后，窝察联军再次西进，与元军战于兀儿秃之地，元军大将床兀儿“独以其精锐驰入敌阵，戈甲戛击，尘血飞溅，转旋三

① 宋濂等撰：《元史》卷二十二《武宗本纪一》，中华书局2008年版，第477页。

周，所杀不可胜计”①，海都、笃哇没能挡住这位猛将的突击，只得后撤。

经此大战，双方兵马损失都相当之大，元军虽小胜，却也无力再战，在甘麻剌、海山率领下撤退。而海都、笃哇虽都在战斗中负伤，但为了能重创元军，仍忍痛率军兜后追击，一度逼近哈剌和林。但窝察联军也已到了强弩之末，未能进攻哈剌和林便撤退了。

帖坚古山会战至此结束，双方互有胜负，都未能取得实质性的胜利。元军还可整顿兵马准备再战，而海都却没有机会了。在回军途中，已经六十八岁的海都离世。

关于海都的死因，《史集》所言前后矛盾，有伤重不治和因病而死两种说法；《元史》中仅说其“不得志”而死；《瓦撒夫史》和《完者都史》②则记载他是因病而死。以当时海都的年龄来说，他即使不受伤，鞍马劳顿，也有可能因病而死。俄罗斯著名学者巴托尔德在自己的《七河史》中，认为海都应该是得病而死；日本的加藤和秀、中国的刘迎胜等学者也都持此说。

海都去世前，将后事托付给了自己半生的盟友和附庸、察合台汗国大汗笃哇。海都也许认为，笃哇与自己并肩作战近三十年，

① 虞集：《句容郡王世绩碑》，《全元文》第二十七册，江苏古籍出版社2005年版，第233页。

②《瓦撒夫史》是伊儿汗国史学家舍剌甫丁·奥都剌所撰写的史书，原名《土地之分割与世纪之推移》，《瓦撒夫史》是其通称。书中记载了从志费尼的《世界征服者史》(1257)到伊儿汗不赛因时代(1328)的史实。《完者都史》是伊儿汗国史官哈沙尼所撰写的史书，全名为《世界及宗教之拯救者赛夷国王穆罕默德塔牙卜剌麻儿合歹完者都算端史》，通称《完者都史》，书中记载了伊儿汗国及当时世界的历史。两部史书都是研究蒙古史的重要史料。

生死与共，祸福同享，既是同志又是战友，是可以信任的。

然而海都却忘了，自己与笃哇有着杀父之仇、夺国之恨，笃哇的父亲八剌正是在自己的逼迫之下一命而亡，而察合台汗国也完全被自己控制，予取予求，形同奴仆。笃哇对他的顺从，不过是“十年生聚十年教训”的忍辱负重，现在他将国家托付给笃哇，无异于开门揖盗。笃哇否决了海都最有才能的儿子的继承权，反而拥立才能有限而且身体不佳的海都长子察八儿为汗，并借机控制了窝阔台汗国。

扶立察八儿后不过两个月，笃哇便裹挟察八儿遣使向元廷求和。元成宗铁穆耳大喜，厚赐以金币，并派出使臣和窝、察两国使臣一起前往西方面见伊儿汗和金帐汗，希望各国全部罢兵修好。

1304 年 9 月 19 日，三国使臣到达伊儿汗国陪都蔑剌哈(伊朗东阿塞拜疆省马腊格)，向伊儿汗完者都宣读约合诏书，完者都也积极响应。次月，完者都在阿塞拜疆的木甘草原会见金帐汗脱脱的使臣，两国罢兵修好。

于是，由大蒙古国脱胎而出的五个国家实现了和平，元成宗铁穆耳也完成了爷爷忽必烈所未能完成的任务，在名义上成为所有蒙古国家的宗主。

和平之下，各国都喜气洋洋，但窝阔台汗国却开始走向灭亡。

因为海都称汗，是挑战忽必烈合法大汗地位，既然各国约和，也就是大家都承认了忽必烈及其子孙的大汗地位，海都称汗的基础已不复存在。于是，约和各方都守约不再兵戎相见之际，元朝与察合台汗国却开始启动灭亡窝阔台汗国的步骤——对他们来说，这不是毁约，而是窝阔台汗国本就没有在合约中占有一席之地的资格。

1306年7月，元成宗派海山率军从按台山方向威胁窝阔台汗国的侧背，察八儿率十万大军从也儿的石之地出动，到按台山与之对峙。海山曾与海都作战，常有斩获，察八儿远不如乃父，如何是海山的对手？很快便一败再败，最后十万大军溃散，察八儿仅率数百骑逃走。而与此同时，察合台汗笃哇不断蚕食窝阔台汗国领地，先后夺取河中地区至哥疾宁之地(今阿富汗加兹尼)。

到1307年，笃哇在阿力麻里附近的忽牙思草原召集“库里勒台”，当着与会宗王三百六十余人之面，列数察八儿之“罪状”，宣布废黜他，另立海都次子阳吉察儿为窝阔台汗国之汗。这种废立程序实在司空见惯，不过是为彻底吞并做个铺垫而已。

然而，笃哇最终并未能将窝阔台汗国消灭，废黜察八儿不过几个月后，笃哇病逝。他死后，其子宽阇仅在位一年即去世，旁系宗王塔里忽篡夺了汗位。而笃哇另一子怯别在贵族们的支持下与塔里忽争位，察合台汗国发生内乱。

本已对前途不抱希望的察八儿看到了机会，联合一些贵族发动对怯别的攻击，打算一举攻灭察合台汗国的核心力量，光复故国。

然而，察合台汗国国势正在蒸蒸日上，虽然内乱，却并没有伤筋动骨。怯别很快攻杀了塔里忽，并正面迎战察八儿，将之击败。

如此，察八儿已经穷途末路，再留下来只有死路一条，无奈之下只得前去投奔元朝。

出发之前，察八儿也撺掇自己的二弟、被笃哇所立的窝阔台汗国之汗阳吉察儿和自己一起出逃。阳吉察儿也认为在察合台汗国这头猛虎之侧是无法安睡的，于是和察八儿一起，于1309年率七千余人归附元朝。

察八儿和阳吉察儿这一走，窝阔台汗国本已所剩不多的领土——也儿的石河以西之叶密立、阿力麻里附近和塔剌思河流域，被察哈台汗国彻底并吞，窝阔台汗国灭亡。其国祚如果从海都起兵的 1260 年开始算起，是四十九年，若从塔剌思联盟海都称汗算起，则只有四十年。

海都作为继阿里不哥之后对忽必烈发起挑战的人物，从只有“二三千兵马”到成为中亚霸主，以蒙古大汗自居，让忽必烈寝食难安数十年，勒内·格鲁塞评价他“在整个亚洲，他是唯一能够左右忽必烈命运的人，忽必烈甚至在其权力的鼎盛时期也没有战胜他”①。相对于起点比他高出不知凡几，却仅四年便兵败投降的阿里不哥，海都足以自傲，足以告慰自己的先祖了。

① 勒内·格鲁塞著，蓝琪译：《草原帝国》，商务印书馆 1998 年版，第 426 页。

俄罗斯人的得与失

——金帐汗国给俄罗斯带来了什么

作为蒙古四大汗国之一的金帐汗国，统治俄罗斯达二百四十年之久。

对金帐汗国的统治，俄罗斯的评价是逐渐变化的。早期是完全否定，被征服时的毁灭与屠杀自不必说，其长时间的统治更被视为“鞑靼桎梏”，认为俄罗斯落后于西欧，全是因为金帐汗国的统治，“蒙古王朝的统治……曾在将近两个半世纪中成为俄罗斯的灾难和苦痛”①。而随着时间的推移，俄罗斯对于金帐汗国的看法又有所改变，认为俄罗斯能够从松散的城邦国家变成日后的大一统帝国，恰恰得益于金帐汗国。“正是金帐汗国的汗给了俄罗斯诸

---

① 格列科夫、雅库博夫斯基著，余大钧译：《金帐汗国兴衰史》，商务印书馆 1985 年版，第 5 页。

公爵将四分五裂而相互敌视的世袭领地得以统一的可能”①，俄罗斯帝国疆域的拓展，都取决于俄罗斯民族和草原民族的“良性互动”，这是金帐汗国的遗产。

当然，对于这个遗产，俄罗斯也并非全然褒扬，有人认为，与统一和疆域扩展同行的，还有来自东方的专制主义，金帐汗国给俄罗斯带来了集权皇权，使得俄罗斯帝国走上了不同于欧洲其他国家的发展道路。

被邀请的王——基辅罗斯

俄罗斯本是斯拉夫人的土地，但其第一个王朝的建立者，却是来自北欧的维京人。

早期的俄罗斯，“在政治上分成各个多少有独立性的地区，各个地区的政治和经济中心都是一个大的商业城市，这些商业大城起先是罗斯政治生活的组织者和领导者……主要的政治状况是各地区政治上的分裂，各自处在城市的领导之下”②。这些城市有很多，如基辅、梁赞、诺夫哥罗德、切尔尼戈夫等，而后来的俄罗斯帝国首都莫斯科，此时还只是个微不足道的小市镇。

---

① 此语出自苏联作家普拉东诺夫，与之有共同认识的，还有苏联历史学家列·尼·古米廖夫等人。古米廖夫在其《古代突厥人》《中国的匈奴人》《寻找虚构的王国》《古罗斯与大草原》等专著中，提出14—16世纪莫斯科公国的建立以及之后俄罗斯帝国疆域的拓展，都取决于俄罗斯民族和草原民族的“良性互动”，是成吉思汗及其继承人留下的遗产。这种观点长时间被苏联史学界视为异端，但在20世纪90年代后，已成为越来越多史学家的共识。

② 瓦·奥·克柳切夫斯基著，张草纫等译：《俄国史教程》第一卷，商务印书馆1992年版，第27页。

城市的管理机构，称为“维彻”，即市民大会，通常由城市公社中的大地产主、富裕阶层的市民及商人组成，共同协商来解决城市最重大的问题。这样的组织方式，有利于商业发展和保证市民自由，但面对外敌入侵时，往往难以聚集力量。8、9 世纪时，罗斯诸城邦总是受到自海上而来的维京海盗的骚扰掠夺，需要有专业的武装力量来保卫自己，于是便有了“邀请瓦良格王公”之举。

俄罗斯编年史记载，公元 862 年，因“内乱不断”，人们决定“还是得为自己找一个王公，来负责管理并主持公道。于是便去找海外的瓦良格人”。使节们对瓦良格人说道：“我们的土地辽阔富饶，却漫无秩序。请到那里做王公和管理我们吧。”瓦良格人的三兄弟首领留里克、西涅乌斯、特鲁沃接受了邀请，于是成为王公①。

瓦良格人也被称为罗斯人，是维京人的一支，原来居住在北欧斯堪的纳维亚半岛，后逐渐沿着商路来到东欧平原。因为他们成为罗斯各地的统治王公，因此其地才被称为罗斯。而罗斯人与斯拉夫人、钦察人融合，形成了今天的俄罗斯人。

留里克兄弟建立了俄罗斯历史上第一个王朝留里克王朝。879 年，留里克死后，其族亲奥列格继承大公之位，于 882 年征服了以基辅为中心的第聂伯河到伊尔门湖之间的土地，并将首都迁到基辅，建立了基辅罗斯公国。

不过，基辅罗斯公国大公的权力非常有限。因为他们是作为居民和国境的保卫者受邀前来保护当地居民和抵御外敌的，其权力依据是自己的高贵血统，而更重要的则是“维彻”的授权。王公

---

① 拉夫连季编，朱寰、胡敦伟译：《往年纪事》，商务印书馆 2011 年版，第 14—15 页。

即位时，要向市民宣誓后才能行使自己的权力。如果王公严重侵害了市民的权利，维彻有权力也有能力提出反对，甚至可将王公驱逐。在12世纪，赶走和邀请王公几乎是通行的做法。

同时，王公的权力还受到波雅尔贵族的限制。所谓“波雅尔”，其词来源于斯拉夫语“将领”、冰岛语“贵族”和突厥语“富人”，一般指大贵族或世袭贵族。波雅尔贵族的来源有两类，一类是“地方波雅尔”，也就是基辅罗斯建立之前的地方贵族，他们有的是原来的部落首领后裔，有的是拥有财力足以建立武装的大商人；还有一类是军事波雅尔，来自王公自己的武装亲兵，这些亲兵跟随王公一起来到基辅罗斯，是以武力效忠王公的自由武士，他们与王公以契约的方式联系在一起，互相信任、彼此敬重，王公尊重他们的权益，而他们则以武力回报王公。这些人为王公效力获得赏赐，从而拥有了领地，成为地方上的大土地所有者。

波雅尔贵族是国家的武力基础，但他们对于王公并无绝对服从的义务，尤其是军事波雅尔，他们享有很大的自治权力，如果王公违背了双方的契约，他们便会离开，另投明主。因此王公在行使权力时，必须考虑波雅尔们的意见。

这样的国家组织，使得基辅罗斯是一个松散的以自由为基础的城邦制国家。虽然从奥列格开始，历经伊戈尔、奥尔加、斯维雅托斯拉夫一世、弗拉基米尔一世等大公，基辅罗斯不断扩张，吞并了周围的各斯拉夫人城邦，形成以东斯拉夫人为主体的国家。但这种统一，不过是因为基辅大公拥有较强的武力，各城邦因此对基辅大公宣誓效忠，缴纳贡赋，而城邦内部仍是自治的。不但基辅大公难以对各城邦拥有真正意义上的统治权，就是各城邦内部，也是王公、维彻、波雅尔各自拥有权力。

因此，从地图上看，鼎盛时基辅罗斯幅员辽阔，但如拼图一般，只是靠着脆弱的接口勉强拼凑起来，并无稳固的统一基础。到了 11 世纪中期，基辅罗斯的大公已经无法维持统一。12 世纪 30 年代，统一的基辅罗斯公国不复存在，分裂为以城邦为中心的一个个小公国，其中较为强大的有弗拉基米尔公国、梁赞公国、诺夫哥罗德公国、切尔尼戈夫公国、佩列亚斯拉夫公国等十三个公国。而弗拉基米尔公国取代基辅公国成为各公国名义上的共主。

政治上不统一的基辅罗斯各城邦难以集中人力物力来对付来自南俄草原上游牧民族的侵袭，先是佩切涅格人，然后是波洛夫齐人，最后，是蒙古人。

蒙古征服

1219 年春，成吉思汗发动了蒙古的第一次西征，目标是中亚强国花剌子模。在二十万蒙古军的重击之下，外强中干的花剌子模帝国轰然坍塌。

战争结束后，成吉思汗分封有功之臣，其长子术赤因为攻下的城池最多，获得最广大的封地——“也儿的石河和阿勒台山一带的一切地区和兀鲁思以及四周的冬、夏牧地”，也就是占据了额尔齐斯河以西，咸海、里海以北的钦察、花剌子模和康岭等古国的领土，这块封地被称为“术赤兀鲁思”，也就是术赤汗国。

成吉思汗率大军东返，下令让术赤继续向西征服俄罗斯等地。不过术赤在获得封地后不久便一病不起，于 1225 年去世，未能执行父亲的命令。

1235 年，蒙古第二任大汗窝阔台汗召集“库里勒台”，打算发动第二次西征，因为成吉思汗曾命令术赤家族为西征统帅，因此这次西征的最高领导者，便是术赤的继承人，其次子拔都。

术赤有十四个儿子，长子是斡儿达，次子是拔都。按说，术赤死后，应由长子斡儿达继承汗位。但是，次子拔都“势力很大，能力极高”，在术赤诸子中“享有极大的荣誉和尊敬”。而斡儿达也不是一个心胸狭窄的人，他自知能力不如二弟，于是支持拔都，“让拔都登上了父亲之位”①。

此次西征，拔都为统帅，下辖四个军团。第一军团是术赤家族军团，由拔都亲自率领，他的长兄斡儿达、五弟昔班和六弟唐兀惕各领一军；第二军团是察合台家族军团，由察合台的长孙不里为统帅，察合台的六子拜答儿为副将；第三军团是窝阔台家族军团，由窝阔台汗的长子贵由为统帅，窝阔台汗六子合丹为副将；第四军团是拖雷家族军团，由拖雷长子蒙哥为统帅，拖雷七子拔绰为副将。四个军团总计共十五万之众。

同时，窝阔台汗还命成吉思汗时代的老将速不台为大军的总参谋长，这位速不台是成吉思汗“四獒”之一，勇猛善战，在成吉思汗西征之时，为了追击花剌子模苏丹摩柯末，曾经进入罗斯境内，大败罗斯诸公国联军，降伏阿塞拜疆、格鲁吉亚等国，有在欧洲作战的丰富经验。

各路大军都由成吉思汗四子家族中的长子或长孙带领，因此这次西征又被称为“长子西征”。

1236 年冬，集结完毕的蒙古军首先击破了罗斯诸公国的东部屏障保加尔。1237 年夏，又击败罗斯诸公国的南部屏障钦察诸部

① 拉施特著，余大钧、周建奇译：《史集》第二卷，商务印书馆 2014 年版，第 117 页。

落，顺利打开进入罗斯的大门。

最先面对蒙古大军的是梁赞公国。梁赞大公尤里·伊戈列维奇表现出了非凡的勇气，断然拒绝了拔都的劝降："如果我们都战死了，那么，一切都将归于你们！"他知道仅凭自己是无法取胜的，于是向弗拉基米尔公国和切尔尼戈夫公国求援，但这两个公国拒绝派出一兵一卒。1237 年 12 月 16 日，蒙古大军围攻梁赞，经过六天激战，梁赞陷落，大公战死，居民死伤殆尽，梁赞城被大火烧成废墟。

接着遭到打击的是弗拉基米尔公国，当初它拒绝了梁赞的求援，而当面对敌人时，他也孤立无援。1238 年 3 月 4 日，弗拉基米尔大公尤里·弗谢沃洛多维奇率军在锡季河与蒙古军苦战，全军溃散，大公战死，公国全境沦陷。弗拉基米尔公国的灭亡，宣告北罗斯被蒙古征服。

拔都继续挥军向诺夫哥罗德公国前进，但因为气候转暖，道路泥泞，蒙古大军被迫转道，进入钦察草原休整。之后再次进入罗斯，灭亡佩列亚斯拉夫公国，于 1240 年夏进抵基辅城下。

基辅是罗斯最美丽宏伟的城市，拔都受其吸引，不愿将其毁掉，派使者前往劝降。此时基辅大公米哈伊尔已经逃走，城中军民杀死了蒙古使者，从斯摩棱斯克公国请来一位贵族执政，领导军民抗战。可是，加利西亚大公丹尼尔却想趁机控制基辅，派遣自己的将领德米特尔将那位贵族赶走，自任执政，这一内讧使得基辅军心浮动。

拔都见劝降无效，下令攻城。此时四大军团主力齐聚，蒙古大军四面攻城，用投石器击毁城墙，蜂拥而入。基辅军民在城中建起城寨，节节抵抗，最后退入教堂死守，直到教堂因为人多沉重而垮塌，军民死伤无算，这才停止了抵抗。德米特尔伤重被俘，拔都感念他的勇敢，将其赦免。但基辅遭此兵灾，城毁大半。

基辅陷落是在 1240 年 12 月 6 日。不过月余，1241 年初，拔都率军挺进加里西亚，加里西亚大公丹尼尔弃城而逃，加里西亚也拜倒在蒙古铁蹄之下。至此，南罗斯宣告平定。

金帐下的罗斯

拔都在征服罗斯城邦之后继续西进，先后占领波兰、匈牙利全境。而当蒙古军准备继续前进时，窝阔台大汗去世，各家贵族要回蒙古本土选举新任大汗，蒙古军因此退兵。

参战的蒙古四大家族获得了丰厚的战利品，而收获最巨的是术赤家族，拔都将父亲留下的领地扩展了将近一倍。

为了更好地管理和控制西部疆域，拔都将统治中心向西迁移，在伏尔加河下游，今天俄罗斯的谢里特连诺耶修建了一座城市作为自己的都城。这座城市名为“萨莱”，意为宫殿。因为日后还有一座名为“萨莱”的城市兴起，后世人们称这座城市为“拔都萨莱”。从这时起，人们所熟悉的“金帐汗国”才算正式建立。

不过，金帐汗国的国名其实并不准确。拔都继承父亲的遗产并使之发扬光大，他没有必要另立国号，改朝换代。在他和以后汗国统治者心中，“术赤汗国”是国家永远的名字，而“金帐汗国”，不过是被其统治了二百四十年的罗斯诸城邦对作为宗主的术赤汗国的称呼。

金帐汗国名称的由来有多种说法。

有的说，成吉思汗西征返回时，曾在钦察草原搭起大金帐，金帐自此被看作是蒙古统治者的象征。

有的说，金朝强盛时，皇帝被边远民族称为“金汗”，这个名称传到罗斯，成为强有力统治者的称谓。

而最合理的说法则是，罗斯诸城邦的大公们按时向可汗缴纳贡税和述职时，都要在草原上的金顶大帐中拜谒可汗，金顶大帐给他们的印象刻骨铭心。久而久之，“金帐汗”便成了拔都以后所有可汗的通称，“术赤汗国”也在俄罗斯编年史中成了“金帐汗国”并一直流传至今。

金帐汗国对于罗斯城邦的统治，是一种遥控和直接管理并行的方式。在拔都时代，各城邦王公继续统治各自的领地，但他们必须承认金帐汗的宗主权。每位王公即位时，都必须获得金帐汗的特许状，由金帐汗的使者郑重地宣布他可以即位。如果金帐汗怀疑王公的忠诚，那么他可以随时撤销王公的特许状，将之废黜。

而为了“以夷制夷”，金帐汗国还进行“弗拉基米尔及全罗斯大公”的册封，也就是由金帐汗来选定一个城邦的大公来做名义上的“全罗斯的统治者”。对金帐汗无条件完全服从，所做之事完全符合金帐汗利益是选择的唯一标准。同时，金帐汗还向罗斯各地派驻两种官员，一为“达鲁花赤”，一为“巴思哈”。达鲁花赤是负责“登记人口，征收贡税，并将贡税送交宫廷”的官员，巴思哈是“控制被征服居民”的军事长官①。大公们的行政、财政、军政事务无不受到达鲁花赤与巴思哈的制约。

到了14世纪上半叶，“达鲁花赤”和“巴思哈”之职被取消，

---

① 格列科夫、雅库博夫斯基著，余大钧译：《金帐汗国兴衰史》，商务印书馆1985年版，第106—107页。

罗斯所要缴纳的贡税由王公们自己负责征收。金帐汗虽然放松了对王公的控制，但王公自此要直接作为金帐汗和民众之间的媒介，为了权位，他们只能谄媚金帐汗而盘剥民众，而面对民众的反抗时，又不得不更加依赖金帐汗。

金帐汗统治下的罗斯地区，不再是之前的“以城市为中心的各个领区”，而是“分成各个王公的封邑”。过去的格局完全被打破，曾经和王公鼎足而三的维彻和波雅尔衰落了。

在蒙古征服罗斯诸城邦时，各个城邦都遭到极大的打击，受创最深的是城市商人、富户和手工业者，他们是构成维彻的主要成员。待到局势稳定下来，各城邦的维彻依然存在，但权力几乎被剥夺殆尽。曾经，王公的合法性来源于维彻授权，现在却由金帐汗册封，王公自不再拿维彻的权益当回事了，反而要依靠金帐汗镇压维彻。在金帐汗国统治期间，各城邦维彻反抗金帐汗的聚敛时，王公作为金帐汗的代理人予以镇压；而反抗王公的聚敛时，金帐汗则会出兵帮助自己的代理人进行镇压。当初王公需要向维彻宣誓效忠，维彻可以驱逐不合意王公的状况一去不复返。

同时，波雅尔也再无风光。过去罗斯王公所依靠的军事力量——亲兵，在金帐汗国入侵时大量死去，众多波雅尔家族绝嗣，很多城邦的波雅尔“没有任何一个姓氏的子孙是拔都入侵前知名的”。蒙古入侵前，波雅尔在一定程度上保有自由服役的权利，即当他们对自己的王公不满时，他们可以选择为其他王公服役，而且不会失去自己的田产，他们手中的田产不是采邑而是世袭领地。但到此时，波雅尔贵族地位急剧下降，幸存的老波雅尔实力遭重创，而新兴的波雅尔基本靠王公扶持才有地位，他们失去了自由服役的权利，经济地位也大不如前。

维彻和波雅尔衰落更重要的原因在于金帐汗国改变了罗斯的征兵制度。征服罗斯后，金帐汗国对罗斯进行过三次大型的人口普查，并以普查的数据作为征税的基础，同时也作为征兵的依据。在蒙古征服前，罗斯军队由王公亲兵和城镇民兵组成，前者要依靠波雅尔，后者则要依靠维彻，战时不动员乡村居民，农民不参加战斗。而这种普遍征兵制使得王公获得了对领地上所有人员尤其是农民的征兵权，其武力不再需要波雅尔和维彻支持了。

王公一家独大，专制制度的萌芽初现，这对日后俄罗斯帝国的形成有着至关重要的意义。

统一的格局

各城邦王公逐渐实现了自己领地内的集权，虽然他们还要对金帐汗俯首称臣，但在内部已经算是一个个的专制君主了。可要说这样就必然会出现日后皇权集权的大一统俄罗斯帝国，却还差得远，还需要其他几个要素。

首先，足以统一的经济基础。

蒙古入侵前，基辅罗斯相当繁华，手工业发达，贸易活跃。而入侵带来了巨大破坏，大量城市被毁，人口因战争和屠杀锐减，东西商路也一度中断。独树一帜的手工业遭到重创，罗斯人引以为傲的珐琅制造工艺失传，之后的产品再无法和先前相比。金银装饰品的生产停滞了一个世纪之久，之后还是在中亚影响下才重新恢复，而彩色陶瓷釉的生产则再没能恢复。

不过，在金帐汗国的统治下，罗斯地区的经济很快复苏，还有了先前所没有的发展——全国范围的统一市场。

罗斯城邦之前虽然繁荣，但各城邦都以自身为单位发展经济，开展对外贸易。金帐汗国使罗斯地区成为一个完整的经济体，从拔都开始，历代金帐汗都大力维护驿站和商路，并把重商作为基本国策，保护过往商队，让“从克里米亚到中国的道路完全畅通，没有危险”①。在月即别汗统治时期(1312—1341年)，金帐汗国成为沟通东西方间最重要的商业大国，来往的商队“止则有馆舍，顿则有供帐，饥渴则有饮食”②。从欧洲到元朝的首都大都，一个商队仅需二百七十到二百七十五天，这其中包括货物在旱路水路来回装卸的时间。其中经金帐汗国之路最为便捷，“沿驿道，随邮差而行，五六阅月即可抵此(指中国)”③。一路上，“平安无事，毫无惊险风波”，而且“不需为马匹携带饲料，也不需为跟随商队同行的人们携带粮食。此外，商队不带向导，因为草原与农业地区有着人烟稠密的畜牧业和农业居民点，只需付出若干报酬即可获得一切必需物资”④。

繁荣的商贸使得金帐汗国众多城市崛起为人口众多、百业兴旺的大都市，以罗斯地区为盛。乌马里所撰写的《眼历诸国记》中记载，罗斯地区“有许多繁荣和居民众多的城镇。那儿的山上绿树成荫，土地也很肥沃，农业繁荣，牧业兴旺”。大量的商品在罗斯地区汇集，后世的考古学家考古发掘发现，罗斯地区不仅有中国的丝绸，西亚的大马士革刀，中亚的彩釉瓷等奢侈品，玻璃、珍

---

① A. Evans, La Pratica della mercatura, Cambridge: The Medieval Academy of America, 1936, pp. 21—23.

② 宋濂等撰:《元史》卷一百一《兵志四·站赤》，中华书局2008年版，第2583页。

③ 张星烺编注:《中西交通史料汇编》(第一册)，中华书局1977年版，第221页。

④ 格列科夫、雅库博夫斯基著，余大钧译:《金帐汗国兴衰史》，商务印书馆1985年版，第221页。

珠、贝壳和黄杨梳等等日用品在整个罗斯的农村地区都有出土，这证明在金帐汗国时期的罗斯农民实际上与国际市场有着密切联系。

四通八达的商路打破了罗斯各城邦曾经的藩篱，而为了进行国际贸易，各种经济互补互助，货币实现统一。无论是"以城市为中心的各个领区"还是"各个王公的封邑"①，都因共同的经济利益而重新整合。

其次，政治上出现稳固的核心。

如果金帐汗一直是从不同的城邦选出"弗拉基米尔及全罗斯大公"，那罗斯城邦的统合也难以完成。但金帐汗犯了一个低级错误，月即别汗在 1328 年选定莫斯科公国大公伊凡·达尼洛维奇(伊凡一世)为全罗斯大公，并由其掌握从罗斯各地收缴贡税的权力。从此莫斯科便垄断了全罗斯大公之位，政治上的统合开始了。

金帐汗国统治下的罗斯各公国，王公政权能否保住，在于是否得到金帐汗的认可和批准。各王公为争夺大公之位，积极充当金帐汗国的代理人。到莫斯科王公完全把持大公之位时，这种合法性基础一方面限制了莫斯科王公的权力，莫斯科公国被认为是金帐汗的附庸；另一方面，借助金帐汗的意志，莫斯科王公的地位高居其他所有罗斯公国之上。

以莫斯科为中心，罗斯地区逐渐形成一个统一的政治实体，而最终是莫斯科领导着罗斯各城邦摆脱了金帐汗国的控制。

最后，思想上的统一。

---

① 瓦·奥·克柳切夫斯基著，张草纫等译：《俄国史教程》第一卷，商务印书馆 1992 年版，第 31 页。

虽然金帐汗国的统治者皈依了伊斯兰教，但他们仅把宗教当作自己的信仰而非治国的理念。在整个汗国，历任金帐汗仍然坚持成吉思汗《大札撒》(即《大法典》)中所规定的宗教宽容政策，允许各宗教自由发展。而对于信奉东正教的罗斯地区，金帐汗还特别对东正教会予以扶持。

早期的罗斯东正教会是依附于王公的宫廷附属机关，主教由王公推荐委任，王公有权罢免。城市的维彻也对教会有一定的影响，可以像大公那样随意提升或撤换主教和修道院长。

而到了金帐汗国时期，东正教会拥有金帐汗所赋予的种种特权，免赋税、纳贡、服役，免人口登记，而且有相当程度的司法自治权。这些特权使得东正教会吸引了更多的农民为其耕种，大量的手工业者也托庇于教会，教会的经济地位大为提升，从而刺激教会大力吸收乡村异教徒。基辅罗斯时代，虽然社会上层和城镇居民已经实现了基督教化，但是在广大农村地区许多农民都是信仰多神教的异教徒。随着教会的扩张，到金帐汗统治末期，罗斯地区基本上是一个完整的东正教教区了。“蒙古人不但彻底改变了教会的命运，而且从此教会成为了俄国人生活的中心——政治，经济，文化——通过教会它极大地改变了俄国社会。”①

东正教会受到金帐汗的扶持，将罗斯人变成了自己的教众，而且摆脱了王公的挟制，“罗斯教会在这一时期比历史上任何一个时期都较少依附于王权”②。但教会并不对金帐汗感恩戴德，因为

---

① Charls J. Halperin. *Russia and the Golden Horde*: *the Mongol impact on medieval Russian history*. London: I. B. Taurs & Co. Ltd. , 1985. p. 114.

② Grorge Vernadsky. *The Mongols and Russia*. New haven. London: Yale University Press. 1953. p. 377.

金帐汗是异教徒，宗教人员虽然借助金帐汗获得了巨大的利益，但在精神上十分压抑。于是，作为罗斯人的精神代言人，他们还是选择和反抗金帐汗的王公合作，共同推翻金帐汗的统治。

东正教会也完美地解决了罗斯人推翻金帐汗后大公的合法性问题。当大公不再由金帐汗册封，曾经的维彻授权也不再适用时，东正教会作为上帝的代表承认大公“君权神授”，将可汗册封改为上帝授权，君主的神圣性和合法性更为确定。

经济、政治、思想都已整合，金帐汗国崩溃后，俄罗斯帝国便瓜熟蒂落。

得失之间

所谓金帐汗国给俄罗斯带来了东方专制主义的说法其实并不准确。金帐汗国本身是一个典型的草原贵族封建帝国，其可汗对于内部无法做到真正的集权。按照成吉思汗的《大札撒》，大贵族们有权力监督可汗。如果可汗违背了大部分贵族的意愿，便有可能在“库里勒台”上遭到废黜。这种贵族封建制困扰着蒙古帝国分裂后形成的各个国家。即使对皇帝集权最为追求的元朝，也因为这个“漠北旧制”而始终未能完成皇权集权。

金帐汗国对俄罗斯的影响，是破坏了其原有的王公、维彻、波雅尔三足鼎立的格局，又促成了各城邦在经济、政治、思想上的整合。但仅是如此，俄罗斯虽然会走向统一，却未必会走向皇权集权，其结果关键还在于俄罗斯人自己的选择。他们其实早已接受了皇权至上、君权神授的理念，只是没有机会实现，是金帐汗国给了他们机会。这些理念来自拜占庭(东罗马帝国)。

早在6世纪中叶，随着《查士丁尼法典》《学说汇纂》《法理概要》和《新法典》的颁布(统称《罗马民法大全》)，拜占庭就开始确立“君权神授”和“皇权至上”、国家权力至上的原则。查士丁尼大帝反复宣称：人世间没有任何事物能比皇帝更高贵更神圣，因为皇帝是代表上帝管理人间的事务。马其顿王朝时期，瓦西里一世立法加强皇权，颁布四十卷的《法理草稿》、六十卷的《法律详解》和四十卷的《法律介绍》，这些法卷在东欧地区广为流传，对于政治制度尚未定型的基辅罗斯来说，其中的理论符合大公对权力的渴望，这也是罗斯接受拜占庭国教东正教的重要原因。

摆脱金帐汗国的控制后，俄罗斯君主立即以“第三罗马”自居，认为自己是拜占庭帝国的继承人。到著名的伊凡雷帝时，更是加冕为“沙皇”，也就是罗马皇帝“恺撒”。伊凡雷帝在写给瑞典国王的信中宣称：“朕乃奥古斯都大帝之嫡系。”拜占庭对俄罗斯的影响可见一斑。因此史家伯恩斯明确断言，俄罗斯专制统治最早“可追溯到拜占庭的影响”，也就是说，“蒙古体制是专制统治高效的工具，但不是专制存在的原因”。

俄国文学家普希金说，“蒙古人使俄国错过了文艺复兴”，认为蒙古人切断了俄罗斯与西方基督教文明的联系，造成俄国文化落后的现实，这种说法并无根据。文艺复兴是西方天主教世界内部的思想文化运动，可俄罗斯从未融入中世纪的天主教世界中。而且选择了东正教—拜占庭文化的俄罗斯文化对天主教天然带有一种明显的敌意。说蒙古人切断了俄罗斯与西方基督教文明的联系，造成俄国文化落后的这一观念是站不住脚的。何况，从14世纪晚期开始，金帐汗国已经难以完全控制俄罗斯，到1480年俄罗斯彻底摆脱金帐汗国的统治。如果俄国有意去学习文艺复兴，时间是完全来得及的。之所以没有，还是俄罗斯自己的选择。

金帐汗国使俄罗斯失去了很多，也得到了很多，而得与失，更多还是取决于俄罗斯自己的取与舍。正如推翻元朝的明朝，抛弃的是元朝的对外开放的海外贸易，兼收并蓄的文化政策，宽纵放任的民间管理，而加强的却是皇权至上、思想管制和锁国之策，得失取舍皆从本心，怕是不能说是被强加的。

共有变独有
——伊儿汗国大改革后的崩溃

在蒙古四大汗国中，伊儿汗国最为年轻，当其他汗国已经传了数代，在领地内站稳脚跟的时候，它才刚刚诞生。

它又是最短命的，除了早期便被兄弟国家吞并的窝阔台汗国外，金帐汗国国祚长达二百六十七年，察合台汗国虽然屡屡分裂，但竟绵延四百五十三年之久，相对而言，伊儿汗国仅存续九十一年，太短了。

年轻而早夭，后世的评价一般不会太好。但伊儿汗国却被后世史家称为“蒙古统治的最优秀的典范”①。伊朗史学家所著的《伊朗通史》中也认为伊儿汗国是可以和上古波斯帝国、萨珊波斯帝国一样被承认的政权，是“伊朗诸朝代中的一个组成部分”②。

既然统治优秀，何以短命？优秀与短命之间，有何关系呢？

① 加文·汉布里主编，吴玉贵译：《中亚史纲要》，商务印书馆1994年版，第155页。
② 阿宝斯·艾克巴尔·奥希梯扬尼著，叶奕良译：《伊朗通史》下册，经济日报出版社1997年版，第536页。

旭烈兀的意外建国

公元 1252 年，蒙古第四任大汗蒙哥汗展开了大蒙古国历史上最大的一次对外征服，时年三十七岁的旭烈兀被委以西征重任。

旭烈兀与蒙哥汗、忽必烈、阿里不哥是同母兄弟，虽为一母所生，性格却千差万别。蒙哥汗刚明雄毅，忽必烈度量弘广，阿里不哥倔强而有计谋，旭烈兀则最具军人气质，刚勇果决，还有一点鲁莽。

蒙哥汗的弟弟中，最受他信任的，除了三个同母弟之外，就是异母弟末哥。忽必烈已经南下征服大理国，阿里不哥作为幼子要留守都城，末哥要作为副将协助自己攻打南宋，那西征只能由旭烈兀来完成。

但蒙哥汗对旭烈兀还是不放心，出征前，他对旭烈兀进行了语重心长的教导，要他“对顺从你的命令和禁令者要赐予恩惠、礼物，而对于固执顽抗、桀骜不驯者，要把他们连同妻妾、全家老少和族人一起推倒在受暴力压制和屈辱的沙漠中……你还应在一切事情上以真知灼见为准绳。在一切情况下都要警惕、慎重”。而且，蒙哥汗并没有在旭烈兀征服西亚后便把那里赐封给他的打算，他叮咛旭烈兀：“你完成这些大事后，就返回本土来吧。”①

1253 年，旭烈兀大军开拔，向西方前进。在他之前，成吉思汗的西征已经打通了东西通道，他在征服的土地上分封了长子术

---

① 拉施特著，余大钧、周建奇译：《史集》第三卷，商务印书馆 2014 年版，第 31—32 页。

赤、次子察合台两大封国，并留下众多镇戌军。窝阔台汗时代，派绰儿马罕西征，再次巩固了占领地，并在各地设立了行省。因此，旭烈兀最初的进军如外出旅游一样轻松惬意。

在阿力麻里(今新疆伊犁哈萨克自治州霍城西)，他受到察合台汗国统治者兀鲁忽乃监国的热情款待；在别失八里(今新疆吉木萨尔)等处，行尚书省行政长官马思忽惕以及诸将军也前来拜见，赠送礼物。

两年后，大军抵达渴石(今沙赫里夏勃兹)，阿姆河等处行尚书省阿儿浑及呼罗珊(意为“太阳升起的地方”，大部分在今伊朗境内，一部分在阿富汗赫拉特一带和土库曼斯坦境内的马雷一带)诸将军夹道迎接。

直到1256年，旭烈兀率大军渡过阿姆河，战斗才真正开始。

第一仗，旭烈兀的对手是亦思马因派宗教国。亦思马因派是伊斯兰教什叶派的一个分支，教义十分极端。其教长哈桑·萨巴赫于1090年在里海以南山区险隘处筑百多座城堡，形成一个与世隔绝、防范严密的宗教王国。这个宗教国以暗杀之技名扬天下，塞尔柱王朝的宰相、阿拔斯王朝的哈里发都曾被其杀手所暗杀，甚至著名的穆斯林英雄、阿尤布王朝的创始人萨拉丁都两次险些命丧杀手刀下。而此时的亦思马因杀手甚至想刺杀蒙哥，派出四百人的刺客团进行行刺，将蒙哥汗弄得卧不安席。

然而，刺客之国虽然暗杀之技天下无双，但要明刀明枪地两军对垒，如何是蒙古大军的对手？在蒙古军先进犀利的攻城器的打击下，一个个城邦相继陷落，亦思马因派末代教长鲁克赖丁·库沙投降，刺客之国灭亡。

紧接着，旭烈兀向着阿拔斯王朝的首都巴格达挺进，第三十七任哈里发谟斯塔辛傲慢地拒绝了旭烈兀的劝降，结果巴格达被攻陷，哈里发家族被彻底毁灭。

巴格达的陨落让叙利亚的阿尤布王朝肝胆俱裂，苏丹纳昔儿派使臣到旭烈兀行营请求臣服。但旭烈兀要求纳昔儿纳土归降，纳昔儿无法接受只得聚兵相抗。

蒙古军于1259年9月进入叙利亚，到1260年4月占领阿尤布王朝首都大马士革，纳昔儿逃奔埃及马木留克王朝，叙利亚全境平定。

现在，蒙古军已经站在亚洲和非洲的路口上，再往前，便要进入非洲，将蒙古帝国变成“横跨欧亚非三洲的帝国”了。为了扫除后顾之忧，旭烈兀派军扫荡小亚细亚，击败巴尔干诸国联军。同时，命汉将郭侃渡海，攻陷富浪(即塞浦路斯岛)。

然而，正当旭烈兀准备跨过西奈半岛，进入非洲的前夜，帝国的中心传来消息——蒙哥大汗在攻打南宋时去世。

作为前方统帅，又是蒙哥汗的亲弟弟，旭烈兀立即下令班师回国，只留下两万军队交给大将乞忒不花，镇守叙利亚，并负责攻略巴勒斯坦和埃及。

然而，当他进入伊朗的时候，得到消息，他的两个兄弟，忽必烈和阿里不哥已经分别称汗，并且已经两军对垒，打得不可开交。在此大乱之际，各个家族都在试图建立自己的地盘，原本是蒙古帝国封国的各贵族领地纷纷谋求成为独立的汗国。

面对晦暗不明的东归前景，旭烈兀审时度势，做出了明智的抉择——驻兵伊朗，静观其变。

在西征的时候，蒙哥汗给了旭烈兀相当丰厚的军事资本，而在1256年他正式开始战斗的时候，已经以“伊儿汗”为名义发号施令，伊朗、阿塞拜疆、小亚细亚的总督和将军们都服从于他，“其势足以自帝一方”①。虽然他正式获得伊儿汗册封要在四年之后，但伊儿汗国的雏形已经出现，原本应该远征后回乡的旭烈兀，从此再未能东归。

尴尬的政权

旭烈兀于1260年开始在伊朗“自帝一方”，到1264年，忽必烈战胜阿里不哥后，正式派使者册封旭烈兀为伊儿汗：“从质浑河岸（即中亚阿姆河）到密昔儿（即埃及）的大门，蒙古军队和大食人地区，应由你，旭烈兀掌管，你要好好防守，以博取我们祖先的美名。”②伊儿汗国算是正式建立。

虽然建了国，但伊儿汗国在当时蒙古各汗国中是十分尴尬的，在获得册封之前，旭烈兀割地自雄，本就是破了蒙古帝国的规矩，因为他所统治的地区并非是名正言顺的封地。即使得到忽必烈的册封，术赤、察合台、窝阔台等家族也并不承认，因为他们连忽必烈的地位都不承认。

所以，伊儿汗国长期陷入其他各汗国的围攻之中。1262年，旭烈兀便与术赤家族的金帐汗国爆发了战争。1265年，旭烈兀去世。金帐汗国又挑起战火，骚扰伊儿汗国西北边陲。1270年，察合台汗国又大举进攻，被旭烈兀之子阿八哈所击败。

伊儿汗国北有金帐汗国，南有埃及马木留克王朝，东有察合

---

① 郝经：《复与宋国丞相论本朝兵乱书》，《全元文》第四册，江苏古籍出版社2005年版，第123页。

② 拉施特著，余大钧、周建奇译：《史集》第二卷，商务印书馆2014年版，第309页。

台汗国，可谓四面皆敌，不得不总是保持战争状态。

旭烈兀西征时，其部队是个大杂烩，他自己的直属部众并不多。主要组成部分，是留镇在阿塞拜疆木干草原的拜住和绰儿马罕的西征军、原镇戍克什米尔和印度的蒙古探马军，以及成吉思汗诸子、诸弟和诸侄的从征军。这些军队在蒙古帝国时期，分别隶属于“印度斯坦·克什米尔镇守府”“阿哲拜尔占军政府”“呼罗珊总督府”等军事机构，而内部又包含蒙古各部落家族的人马，如成吉思汗二弟的哈撒儿家族，成吉思汗四杰之一木华黎的札剌亦儿部，以及八邻部、弘吉剌惕部、雪尼惕部、斡勒忽纳兀惕部、斡亦剌惕部、亦儿都斤部、晃豁坛部等大约十八个部落。

这些机构和部落，在伊儿汗国内部仍保持着原有的建制，他们在伊儿汗国获得封地和官位，自然要以旭烈兀家族为核心紧密团结在一起抵御内外敌人。但同时，他们也都有相当的独立性，其权力不容染指。严格来说，旭烈兀家族是来到西亚的蒙古人的代表，负责大家的生存、安全与荣华富贵，虽然其家族的领导权不容置疑，但如果哪位伊儿汗做不到让贵族们满意，其地位是堪忧的。

因此，从旭烈兀开始，历任伊儿汗对于蒙古人众原有的建制都予以承认和维护，让他们分镇各地，既是自己统治国家的助力，也着力维系其权利，换取他们的支持。而在中央层面，伊儿汗廷则大量起用当地精英为宰相(维齐尔)，比如波斯人苫思丁·志费尼、撒都剌丁·曾札尼、火者撒都丁、犹太人撒菲·倒剌等。不过，这个宰相并非如中国历史上的宰相是一人之下万人之上，总理全国政务的最高政务官。其主要的职责其实是管理财政，为汗廷理财，地位还不如掌管军事的万户长、千户长重要。而且，蒙古贵族即使触犯了伊儿汗，只要不是谋反，也很少会被处死，而宰相如果得罪了蒙古贵族，往往会被处以极刑。

伊儿汗的继承制，也要受到蒙古贵族的制约。虽然旭烈兀及其子孙非常注重中央汗廷也就是元朝的册封。比如旭烈兀之子阿八哈，在旭烈兀死后只是以“摄政”为名君临伊儿汗国。直到五年后，元朝皇帝忽必烈的特使抵达伊儿汗廷，“带来了赐给阿八哈汗的诏旨、王冠、礼物，让他继承自己的光荣的父亲成为伊朗地区的汗，沿着父祖的道路前进”①，才正式举行登基大典。阿八哈之子阿鲁浑也是担任“摄政”两年，在得到元朝册封谕旨后，才正式称伊儿汗。但元廷毕竟远在万里之外，其册封只是一种认定和加持，并非选定，真正选定伊儿汗国首脑的，还是本地蒙古贵族。

每当老伊儿汗去世，便要由贵族们召开“库里勒台”来选出新任伊儿汗。虽然人选都要在旭烈兀家族中，但由谁来继承，要看谁更符合贵族们的利益。不要说遥远的元廷，就是前任伊儿汗也未必能够左右。

例如，在第二任伊儿汗阿八哈去世后，其长子阿鲁浑本认为自己应该即位，但贵族们却选择了阿八哈的弟弟帖古迭儿，阿鲁浑想要武力对抗，却轻易地被贵族们抓获身陷囹圄。直到帖古迭儿因为欲与马木留克王朝休战触及了贵族们的利益，阿鲁浑才摆脱囚犯生涯，击败了叔叔成为伊儿汗。阿鲁浑去世后，原本其子合赞最有才能，但贵族们“畏合赞之性严，亦不欲奉之为主”②，反而选择了阿鲁浑的弟弟乞合都。

---

① 拉施特著，余大钧、周建奇译：《史集》第三卷，商务印书馆2014年版，第140—141页。

② 多桑著，冯承钧译：《多桑蒙古史》下册，中华书局2004年版，第673页。

这样的政治格局，看似混乱、无序，但也充满着张力，伊儿汗作为国家首脑，负责对外战争和律法的公平，以宰相为首的职业官员则负责财政，蒙古贵族们则掌握军权，维护着汗廷的稳定。大家各司其职，一切以维护伊儿汗所有贵族利益为追求。这也是伊儿汗国从旭烈兀起，虽然四面皆敌，战火不断，却数十年间都能够从容应付的原因。

当然，生活在汗国内的，占绝大多数的穆斯林百姓，则对这个国家并无什么归属感，他们只是在异教徒统治下的负责缴纳赋税的“群氓”。谁当伊儿汗，伊儿汗和谁打仗，与他们并无关系。

而这一切，到第七任伊儿汗合赞时，彻底被改变了。

合赞汗改革

合赞是旭烈兀的曾孙，如果是父死子继的即位法，他应该是第四任伊儿汗，但是因为“库里勒台”选汗，他登上伊儿汗宝座时，已经是第七任了。时间是在 1295 年，距离伊儿汗国建国，已经三十一年。

合赞不再满足于伊儿汗国曾经的政治制度，他希望能够真正成为汗国的统治者，而不仅仅是一个贵族的首领。也就是说，他要进行集权改革。

改革的目的，自然有合赞自己的权力欲，但也是因为伊儿汗国濒临崩溃的经济。他之前的历任可汗与其说是一个国家的首脑，不如说更像军事统帅。他们并不关心国计民生，而只关心战争，进攻的或防御的战争。只有在国库空虚的时候，他们才会考虑如何更多地榨取民脂民膏。而因为战争和奢靡，国库早已入不敷出，在第五任伊儿汗乞合都时，已经到了不借债连可汗日常饭食都不能保证的地步。

要集权，便要对从旭烈兀时期便根深蒂固的蒙古贵族下手，削平他们的势力，废除他们的特权，但若如此，合赞便会失去武力支撑，于是他做出了一个重大的决定：皈依伊斯兰教。

1295年六月十九日，在剌尔谷地，合赞举行仪式宣布信仰伊斯兰教，成为穆斯林。

这一举措，使得合赞改变了伊朗人心中“我们被异教徒统治”的观念。对于人口百分之九十以上都是穆斯林的伊儿汗国来说，臣民们早就希望有一个穆斯林君主来统治他们。合赞汗正是看中了这一点，他“从来都不是一个认真的虔诚的穆斯林，但他的确从这个皈依中看到了实质性的政治利益”①。他获得了绝大多数臣民的支持，可以对蒙古贵族们下手了。

合赞掀起了一个又一个“大案”，用不同的罪名将一批又一批贵族送上断头台。彻底消灭了“印度斯坦·克什米尔镇守府”“阿哲拜尔占军政府”“呼罗珊总督府”等蒙古帝国曾经的机构，蒙古八邻部、弘吉剌惕部、雪尼惕部、札剌亦儿部、斡勒忽纳兀惕部等十八个跟随旭烈兀西征的蒙古部族全部被消灭拆分。

在经过一番铁血清洗之后，曾经的蒙古贵族集团基本上已经失去了制约合赞的能力。他完成了集权，从而开始了复苏经济的动作。

他改革了法律，不再用蒙古《大札撒》，而是根据《古兰经》及伊斯兰法重新确定严密的法律，改变了伊儿汗国前期伊斯兰法和

① 鲁克·克文顿：《游牧帝国》，《中亚史丛刊》(2)，第111页。

蒙古札撒两种法制并存的状况；他重新普查人口，鼓励农业，废除了由商人担任包税商的包税法；他减免商税，鼓励商业，扩大对外贸易；他改革军制，不再依靠贵族们的武力，而是建立常备军，实行军事采邑封地制，军队以千户为单位分封土地，但受封者只是名义上的土地所有者，只能获得土地上由国家规定的赋租。

合赞的改革获得了成功，“所有的人们考虑到他的威严、治国之才，能力和卓见远识，全都颂扬起他来”①，经济大为发展，文化也出现了全面繁荣，“在合赞汗统治下的伊儿汗国，堪称蒙古统治的最优秀的典范”②。

但是，所谓福兮祸所伏，合赞的改革却也为日后伊儿汗国的崩溃与灭亡，埋下了伏笔。

大崩溃

伊儿汗国本是旭烈兀家族与其他蒙古贵族共同的利益实体，而随着合赞的改革，伊儿汗国真正成了旭烈兀家族的私产。

在“天下为私”的古代世界，这种一家一姓统治国家的情况也算不得多么倒行逆施，但对于伊儿汗国这样一个由万里之外的民族靠武力建立的政权来说，这样的情形就很危险了。

蒙古人在伊朗是极少数，之所以能够建立统治，是因为武力的强大，而武力的强大则得益于蒙古帝国时代的军事组织的存在。蒙古人人数虽少，但却是全民皆兵，他们独立于伊儿汗国的社会

① 拉施特著，余大钧、周建奇译：《史集》第三卷，商务印书馆2014年版，第359页。
② 加文·汉布里主编，吴玉贵译：《中亚史纲要》，商务印书馆1994年版，第155页。

之外，专职于用武力维护政权。无论外敌入侵还是内部人民起义，他们并不会将之看作仅是对旭烈兀家族的威胁，而是看作是对全体伊儿汗国蒙古人的威胁，虽然他们内部也会有争权夺利甚至血腥内讧，但一旦对外，却是出奇地团结一致。

而在合赞改革之后，蒙古军事机构和原有部落被拆分消灭，蒙古人要么逃离，要么分散于当地人之中而被同化。代之而起的是领取军饷的军队，这些军队只效忠于作为伊儿汗的旭烈兀家族，或者说他们是效忠于能够给他们军饷的旭烈兀家族，与伊儿汗之间不再是休戚与共，而是雇佣关系。何况，军队的军饷是以军事采邑封地的形式颁发，随着土地分封范围的不断扩大，封地逐渐世袭，成为封建领主的永久地产。军事贵族不仅获得蠲免赋税的权利，而且开始获得行政权，国家官员逐渐禁止进入采邑封地，分裂割据也就在所难免。

合赞在位九年，之后他的弟弟合儿班达(即完者都汗)继位后在位十二年，这二十年是伊儿汗国的鼎盛时期，中央集权达到顶峰，国家也最为繁荣。1316 年合儿班达去世后，其子不赛因继位，国势开始衰落，但还能维持统一。到 1334 年不赛因去世后，危机便彻底爆发。

因为不赛因无子，朝中宰相和各地方实力派纷纷拥立伊儿汗，国中大乱。而有意思的是，众多被拥立的伊儿汗中，虽然很多是旭烈兀的子孙，但也有成吉思汗二弟哈撒儿后裔，旭烈兀同母弟阿里不哥后裔，可见人们不再认为旭烈兀家族才是伊儿汗国的代表，反正只需要一个汗，这个汗出身于哪里并不重要。这与合赞改革前，无论如何内乱伊儿汗必出于旭烈兀家族形成鲜明对比。贵族制国家君王虽权力有限，但其正统地位却能得到贵族的尊重，因为其与贵族同命运。而集权国家君王虽然权力无限，但其正统地位却不再被尊重，因为你只代表自己的权力，作为招牌，谁都可以。

到 1340 年，伊儿汗国彻底分裂。

1340 年，原小亚细亚总督哈桑・布朱儿在巴格达宣布独立，建立贾拉尔王朝。据有伊拉克、摩苏尔和迪亚巴克儿。

1342 年，原本就处于半独立状态的克尔特人宣布独立，建立克尔特王朝，据有赫拉特和东呼罗珊。

1353 年，法尔斯和叶兹德总督穆扎法尔之子穆巴拉勒丁・穆罕默德自称“沙”(即国王)，建立了穆札法尔王朝。据有法尔斯、克尔曼和库尔德斯坦。

同年，由起义农民(也有说土匪头子)建立的赛尔别达尔国家在呼罗珊北部建立。

而原本是汗国最高统治者的伊儿汗，却成为在首都帖必利斯城(今伊朗大不里士)中被权臣控制的傀儡。

1355 年，金帐汗国可汗札尼别亲率大军攻陷帖必利斯，末代伊儿汗努失儿完逃出首都不知所终，伊儿汗国灭亡。

突破时势的艰难
——察合台汗国为何难以成为大国

在蒙古四大汗国中，察合台汗国的国祚是最为长远的，有四百五十三年之久，但却也是四大汗国中故事最不够精彩的。金帐汗国横亘于欧亚之间，鼎盛之时，欧洲、西亚、中亚的局势均会受其影响。伊儿汗国控制着当时东西海商商路的西端，又把持着亚非十字路口，其势力范围可囊括波斯湾、印度洋、东地中海。窝阔台汗国虽然存在时间短，但在海都时代也算是超级大国，数十年间的不断东征让元朝卧不安席。

而只有察合台汗国，始终不温不火，先是受制于窝阔台汗国，后虽咸鱼翻身吞并窝阔台汗国而独霸中亚，却也始终在元朝的阴影之下，在其他汗国已经逐渐完全独立不再承认元朝的宗主地位时，察合台汗国仍然是元朝的藩属。直到察合台汗国分裂为东西两部分，西察合台汗国被帖木儿帝国所取代才异军突起，大大震撼了世界一回。

之所以如此，倒不是因为察合台家族没有人才，但地缘环境和时势使然，人的努力是难以突破的。孟子有句名言“天时不如地利，地利不如人和”，而察合台汗国的境遇，可以反过来说：“人和不如地利，地利不如天时。”

“皇兄”的荣耀与负资产

察合台是成吉思汗次子。家族中的次子地位总是很尴尬，长子因为第一个出生而备受重视，幼子因为最后一个出生而备受宠爱，次子则往往被忽略。察合台作为成吉思汗的次子，有着能干的大哥术赤，又有着厉害的幼弟拖雷，这种尴尬怕也是免不了的。他之所以和术赤、拖雷的关系不够好，而独与三弟窝阔台亲善，很有可能便是这种情绪所造成的。

但是，成吉思汗对于麾下的人才唯才是举，对于自己的儿子也不分次序都着力培养，所以察合台有着充分表现自己的机会，而他也从没有让父亲失望过。察合台“经常在父亲身边，按照他的命令出征，十分勤奋地完成任务”①。因为其功劳，在成吉思汗西征之后的分封中，察合台被授予大片封地，“从畏吾儿地起，至撒麻耳干和不花剌止，他的居住地在阿力麻境内的忽牙思”②。也就是畏兀儿地区之边延伸到中亚阿姆河以北地区的草原。这片封地被称为“察合台兀鲁思”，也就是察合台汗国。

与同时被分封的术赤不同，察合台并没有从此便在自己的封地“君国子民”，其主要政治生涯是在中央汗廷发挥作用。

在成吉思汗诸子中，察合台以对于律法的熟悉及严格遵守闻

---

① 拉施特著，余大钧、周建奇译：《史集》第二卷，商务印书馆2014年版，第176页。

② 志费尼著，何高济译：《世界征服者史》上册，内蒙古人民出版社1980年版，第45页。

名。成吉思汗曾这样评价自己的几个儿子，他认为，如果一个人“爱金钱、财富、安逸和高贵的风度”，那就应该去追随窝阔台，如果一个人“想学会待人接物、知识、勇敢和使用武器”，那么就该去追随拖雷，而如果一个人“极想知道札撒(法律)、必力克(圣训)和如何守国的法规”，那就应该去追随察合台①。因此，在成吉思汗去世后，察合台成为大蒙古国律法的执行人，在中央汗廷辅佐窝阔台。

成吉思汗时期颁布的札撒和必力克，他都严格遵守执行，“成吉思汗诸子中，以察合台最能严守其父之遗教。凡为成吉思汗法令所肯定的习俗，察合台无不衷心遵循，坚决捍卫”②。这种捍卫，连信任大汗窝阔台都不能公开违背。

例如，因为成吉思汗生前曾颁布限制饮酒的训令，而窝阔台汗特别喜欢饮酒，察合台便以兄长的身份“指派一位异密(将军)掌管酒食，不让他喝过一定的量”，窝阔台汗无奈，只得采取迂回方式，“不用小杯而用大杯来喝，使得杯数保持一定”③。虽然察合台的良苦用心没能改变弟弟的恶习，但窝阔台汗的谨小慎微，也展现了察合台执行律法的不徇私情，不避汗权。

窝阔台汗在位十三年中，察合台忠心耿耿地辅佐他，而窝阔台汗也对这个哥哥报以极大的信任和荣宠，“经常派使者就一切重大事件和察合台商议，没有他的意见和同意就不处理这些大事”④。

察合台在窝阔台汗廷有着极高的地位，也使得察合台家族在

---

① 拉施特著，余大钧、周建奇译：《史集》第二卷，商务印书馆2014年版，第175页。

② 乌马里书，西德译本，第118—119页，引自刘迎胜著《察合台汗国史研究》，上海古籍出版社2006年版，第425页。

③ 拉施特著，余大钧、周建奇译：《史集》第二卷，商务印书馆2014年版，第72页。

④ 拉施特著，余大钧、周建奇译：《史集》第二卷，商务印书馆2014年版，第180页。

中央汗廷的影响力远非其他家族可比。加之察合台汗国与中央汗廷最近，察合台汗国的动向也最能直接地对中央汗廷施加影响。这看似是十分荣耀的事，但隐患也从而埋下——因为你重要，所以中央汗廷必须牢牢将你绑定，而因为离得近，汗廷的动荡也会严重影响你。

1241 年，窝阔台汗去世，不到一年，察合台也撒手人寰。紧接着，隐患就爆发了。

中央决定的汗位更迭

察合台有八个儿子，但最受他喜爱的，是长子木秃坚。木秃坚也是最没有争议的察合台的继承人。然而天有不测风云，在成吉思汗西征花剌子模的时候，年轻的木秃坚立功心切，战死阵前。

木秃坚死了，察合台爱屋及乌，打算将汗位传给木秃坚的儿子。木秃坚有四个儿子，长子拜住，次子不里，三子也孙都哇，四子哈剌旭烈。哈剌旭烈是幼子，按照“幼子守灶”的传统，察合台便立哈剌旭烈立为自己的继承人。在察合台去世后，哈剌旭烈便成为第二任察合台汗。

可哈剌旭烈才当了不到五年汗，蒙古中央汗廷的动荡便让他丢掉了汗位。

在窝阔台去世后，其皇后脱列那哥违背了他的遗愿，扶持窝阔台的长子贵由登上了大汗宝座。而贵由被母亲拥立，却并不想做个弱主。登基后不但清除了母亲在朝中的势力，而且大力培植自己的实力。作为中央汗廷最重要的屏藩和蒙古皇族最重要的家族，察合台汗国自然要被贵由牢牢抓在手中才行。

于是，贵由汗无缘无故下令废黜哈剌旭烈，立与自己关系亲厚的察合台第五子也速蒙哥为察合台汗国之汗。

可也速蒙哥也没能得意多久。贵由汗在位不过两年，便在神秘中去世。经过激烈博弈，成吉思汗第四子拖雷的长子蒙哥夺取了大汗汗位。蒙古大汗从窝阔台系转移到拖雷系，朝廷中也进行了拖雷系对窝阔台系势力的大清洗，众多贵族重臣被杀，而在大清洗中，也速蒙哥被杀，察合台汗国的汗位又还给了哈剌旭烈。

虽然蒙古中央汗廷对于封国是有生杀予夺的权力，但这种权力并非实打实的。封国除非有叛逆或拒不听命的罪过，中央汗廷是不会轻易对其君主实行废立的。何况，蒙古的贵族封建制在各封国中也一样实行，每个封国的汗都要由各封国的贵族推选，中央汗廷只需予以承认册封。可这个规矩在察合台汗国几乎不适用了，因其对中央汗廷的重要性，中央大汗不管换了谁，都要保证自己能够完全对之进行控制，察合台的汗位的更迭完全由中央汗廷做主。

待到蒙哥汗去世后，忽必烈与阿里不哥争位，他们也都第一时间派出自己身边的察合台后裔去抢夺察合台汗国的汗位。第一回合，阿里不哥获胜，他身边的察合台系宗王，察合台第六子拜答儿之子阿鲁忽夺取了察合台汗国，成为阿里不哥与忽必烈相争时的大后方。但阿里不哥屡败于忽必烈，看到其不能成事的阿鲁忽背叛了阿里不哥，名义上臣服于忽必烈，实际上自行其是。

阿鲁忽是察合台汗国从蒙古中央汗廷的藩属走向独立汗国的奠基人，察合台汗国在他统治下完成了初步的内部整合。但这种整合与金帐、伊儿等汗国相比，还是有很大的局限性。阿鲁忽去世后，忽必烈派自己身边的察合台系宗王，木秃坚三子也孙都哇之子八剌回到察合台汗国夺取了汗位。虽然八剌并没有完全倒向忽必烈，而是要代表察合台汗国内的贵族利益，可察合台汗国受制于人的局面再未能扭转。

之后八剌与窝阔台汗国、金帐汗国一起组成了“塔剌思联盟”，反对忽必烈的大元朝与伊儿汗国。这可以说是察合台汗国彻底完成独立的机会，但八剌没能把握住。在入侵伊儿汗国的战争中，八剌先是惨败于伊儿汗阿八哈，后又被窝阔台汗国海都偷袭，在愤懑中病死，察合台汗国被海都所控制。从此，察合台汗国成为海都的附庸，长达二十六年。

1301 年海都病逝。八剌之子笃哇终于咸鱼翻身，最终灭亡了窝阔台汗国，使察合台汗国独霸中亚，总算完成了一个独立汗国的建设。但此时，东邻元朝，西邻伊儿汗国，北邻金帐汗国都早已发育成熟，察合台汗国不但没有了对外扩张的可能，在内部的政权建设上，也比其他国家要潦草很多。

集权君主制的失败

因为独立的时间晚，察合台汗国一直未能进行集权化改革。其内部比其他汗国更纯粹地保持着贵族封建制的传统。其贵族议会“库里勒台”相对于其他汗国，权力更大。

直到 1330 年，第十七任察合台汗答儿麻失里在位时，察合台汗国才开始了真正意义上的集权化改革。

答儿麻失里的名字是来自梵语，意思是“法吉祥”，他原本是一位佛教徒。在他之前察合台汗，有的仍信仰祖先的萨满教，有的则信仰佛教。然而，中亚地区是伊斯兰教徒占多数的地区，虽然察合台汗国坚持成吉思汗的札撒，对所有宗教采取一律平等的政策，但统治者与大部分民众的信仰不同，仍会导致很多麻烦。

在察合台汗国周边，伊儿汗国在1295年便完成了伊斯兰化改革，这看似是宗教问题，其实是可汗通过皈依伊斯兰教，加强了汗室和民众的联系，弱化了贵族对汗权的限制，从而加强了汗权，实现了汗国的集权化。

于是，答儿麻失里宣布皈依伊斯兰教，并用伊斯兰教法代替成吉思汗札撒，以此来扩大汗权。

然而，察合台汗国与伊儿汗国不同，虽然伊斯兰教徒占了人口的很大比例，但其主要分布在汗国的西部。而察合台汗国的领土是分为文化、经济等方面完全不同的东西两部。西部以撒马尔罕、布哈拉等城市为中心的商业、农业区，而东部则是以首都阿力麻里、汗王营地忽牙思为中心的草原游牧区，东部的伊斯兰教并不占主流。历代察合台汗都要东西来回巡游，以保证平衡。

答儿麻失里皈依伊斯兰教，获得了西部民心，但汗国的武力主要是在东部，因此其改革遭到蒙古贵族的激烈反抗，他本人在位四年后被杀。察合台汗国也陷入不断的动荡之中，察合台—笃哇家族的子孙互相攻杀，使得汗室枝叶凋零，汗国的实权被异姓贵族所掌控。最终，而东西两部的异姓贵族各自拥立察合台汗，导致汗国分裂，从1346年开始，察合台汗国以锡尔河为界分为东西两汗国。

西察合台汗国很快便被帖木儿帝国所取代，而东察合台汗国成为察合台汗国的继承者，后又经历叶尔羌汗国时代，直到1680年才灭亡。察合台汗国的王统与国祚，主要靠他们来延续。不过，东察合台汗国也始终没能集权化，分裂和内战与其寿命相始终。

取代了西察合台汗国的帖木儿帝国倒是强势崛起，其开国君主帖木儿被称为“成吉思汗第二”，四面征服，扩张的版图南到印度，北到小亚细亚，西到波斯湾，极为广大。但帖木儿的成功，恰恰是因为他赶上了蒙古时代结束时的大洗牌，元朝灭亡，伊儿汗国分裂，金帐汗国崩溃，就如成吉思汗当年崛起时一般，所有的大帝国都处在衰亡期。这种好运气，是可遇不可求的。

成吉思汗没喝过蒙古奶茶
——元人饮茶风俗

第一次到内蒙古旅游的人，无论喝得惯还是喝不惯，总要尝尝蒙古奶茶。这算是体验地方传统文化的一部分。奶茶分为两种，简约型是用青砖茶熬出汤汁，加上牛奶和盐即可，若是豪华型，则用精美的铜锅熬制，不但有砖茶、牛奶和盐，还要加入奶豆腐、奶皮子、肉干、白油和炒米。

外地客人在惊奇于奶茶的味道之余，总要询问奶茶的来历。而导游便会介绍，奶茶是蒙古人自古以来的饮食习惯，几乎与蒙古人的历史同时开始。

诚然，奶茶是蒙古人生活中不可或缺的饮料，很多蒙古老人，早晨若是不喝奶茶，一天就会没有精神，甚至头疼难忍。而若是患了感冒，蒙古人也并不吃药，而是喝一壶热奶茶，发汗去病。在一般蒙古人心中，奶茶和手把肉、马奶酒、奶食品一样，是民族饮食文化的一部分，是传统的一部分，老祖宗成吉思汗就喝奶茶。

也就是基于这种理解，在影视剧中，成吉思汗是要喝奶茶的，忽必烈更要喝奶茶，奶茶是历史剧中重要的道具。

可惜，很多传统都属于叠加的历史，是后面产生的东西加于历史之上，人们的很多历史记忆并非传承下来，而是创造出来的。

因为在历史上，莫说成吉思汗，就是他的孙子忽必烈都没有喝过蒙古奶茶。

北人饮茶

中国人饮茶历史十分悠久，甚至有“茶之为饮，发乎神农氏”之说。不过，要说茶成为生活的必需品，则是从唐代开始。唐人饮茶已成为习惯，富贵人家还专门设有煎茶、品茶、读书的房间，称为茶室。公元 780 年，唐朝茶叶专家陆羽总结了种茶、制茶、饮茶的经验，写出了中国第一部茶书——《茶经》。

也就是在唐代，因为盛唐威仪的影响力，饮茶风俗开始进入北方民族地区。唐朝中期爆发“安史之乱”，回鹘骑兵成为唐政府最终剿灭叛乱的重要助力。唐中期后，回鹘与唐朝的交往极为密切，饮茶之风也进入回鹘。回鹘商人用马匹大量交换茶叶，《新唐书·陆羽传》载：“其后尚茶成风，时回鹘入朝，始驱马市茶。”封演《封氏闻见记》也记载，茶叶“始自中地，流于塞外”。而“回鹘入朝，大驱名马市茶而归”。

唐末五代时，南方茶叶流入北方数量极大。《资治通鉴·后梁纪一》载，开平二年(908)，“湖南判官高郁清听民自采茶卖于北客，收其征以赡军，楚王殷从之。秋七月，殷奏于沛、荆、襄、唐、郢、复州置回图务，运茶于河南北，卖之以易增扩、战马而归。仍岁贡茶二十五万斤，诏许之”。北方饮茶风俗并未因天下大乱而衰减，于是随着唐朝灭亡而崛起的契丹辽帝国，自然也大兴饮茶之风。

宋朝初年，辽朝与宋朝之间茶叶贸易非常繁盛，辽以牲口、谷物、丝织品等来换取北宋的茶叶。后来宋太宗为了收复燕云十六州发动北伐，两国一度中断贸易。澶渊之盟后，贸易恢复，沈括《梦溪笔谈》记载，因为战争，“茶利十丧其九”，后来和约告成，“商人顿复，岁课遂增”，可一时间还“考之尚未盈旧额”，达不到最初的水平，可想而知茶叶贸易量之大。

茶叶需求多，说明饮茶成风尚。饮茶成为辽人的生活习惯，而且有着不同于宋地的口味，即所谓“茶酒三行，虏法先汤后茶”。按照朱彧《萍洲可谈》中所言，辽人饮茶之前，要先点汤：“今世俗客，至则啜茶，去则啜汤，汤取药材甘香者屑之，或温或凉，未有不用甘草者，此俗遍天下。先公使辽，辽人相见，其俗先点汤，后点茶，至饮会亦先水饮，然后品味以进。”

到了金朝，女真人也迅速接受了饮茶，而且方法和辽人相同，喝茶时，“各就位，请收茹坐，先汤，饮酒三盏，置果肴，茶罢，执易，近前齐起”。不仅皇帝贵族，一般百姓也都爱饮茶，甚至到了“比岁上下竞吸，农民尤甚，市井茶肆相属”的地步。一些富贵人家，还开始分别处置精茶和粗茶，精茶用来点茶，而“以粗者煎乳酪”。

不过，金朝虽然占据了中原，但产茶之地却在南方，所以要饮茶，除了依靠宋人岁贡之外，大部分从榷场贸易获取。而茶作为榷货十目之一，成为南宋赚取金朝外汇的主要产品，每年依靠茶叶从金朝换取的丝绢就不下百万，更不用说用于易茶的盐货及其他杂物了。

这种贸易，对于金朝来说实在不堪重负。金朝历代皇帝虽然爱饮茶，可也觉得这样会“费国用而资敌”，于是限制民间饮茶之风。金章宗泰和六年(1206)十一月，章宗下诏规定七品以上的官僚，家中方许食茶。到宣宗元光二年(1223)，这一限制升级到亲王、公主及现任五品以上官方许吃茶。可惜，饮茶一旦形成习惯，哪里能够禁止。民间饮茶之风仍然盛行，官方限制茶叶进口，而走私贸易便猖獗起来。皇帝所有的禁令最后都形同虚设。

既然契丹人、女真人都这么爱饮茶，是否更北方一些的蒙古人也会开始饮茶呢?

答案是否定的，蒙古人在辽、金时代都没有饮茶的习惯。原因很简单，辽朝也好，金朝也罢，茶叶都是拿着真金白银骏马肥羊换来的奢侈品，自己消费尚且不够，哪里能够出口到蒙古?

蒙古史学家札奇斯钦先生曾对成书于十三世纪由蒙古人自己写成的《蒙古秘史》中涵括的早期蒙古族食物及其种类进行过归纳，共计十四项，包括各类动物的肉，如羊、鹿、鱼甚至土拨鼠，植物则有杜梨、山丁、红蒿、野葱、野蒜、野韭菜等，而饮品，不外乎肉汤、马奶、牛乳之类。即使到蒙古崛起之后，蒙古宫廷盛行喝葡萄酒，还有了米酒、蜜酒，但也没有饮茶的习惯。

虽然成吉思汗时期已经用兵金朝，占据了黄河以北大片土地，但包括成吉思汗在内的蒙古贵族并不居住在汉地，加之战事连年，茶的流通与饮用已极有限。以至于出身契丹贵族，又是金朝士大夫的耶律楚材多年喝不到茶，在无意间得到别人馈赠的茶叶后，一口气写了七首诗(《西域从王君玉乞茶因其韵七首》)表达感谢和欣喜，道出了“积年不啜建溪茶，心窍黄尘塞五车。碧玉瓯中思雪浪，黄金碾畔忆雷芽”的心声。

连茶都不喝，遑论奶茶了，成吉思汗自然是没有喝过奶茶的。

那么，待到忽必烈建立元朝，定都大都(今北京)，饮茶之风盛行于宫廷，蒙古人是否该喝到奶茶了呢?

元人饮茶

公元1260年，忽必烈建立元朝，1268年开始榷买蜀茶，从1275年起逐渐榷江南各地之茶，在1276年已设置常湖等处茶园都提举司，“采摘茶芽，以供内府”。蒙古贵族终于开始喝茶了。

茶叶进入了元朝宫廷，吸收了东西方各种文化的皇族们，喝茶可是要讲究得多了。

回族人忽思慧是元朝宫廷的饮膳太医，专门负责皇族的饮食医药。他结合中亚伊斯兰医药食品，与中国传统医药食品互相发明，在元文宗天历三年(1330)，完成了自己的饮食学医药学的专著《饮膳正要》。元文宗是忽必烈的重孙，其在位期间，是元朝宫廷文化达到最成熟的时期。在《饮膳正要》一书中，我们可以看到元宫廷已享用十九种茶：枸杞茶、玉磨茶、金字茶、范殿帅茶、紫笋雀舌茶、女须儿、西番茶、川茶、藤茶、夸茶、燕尾茶、孩儿茶、温桑茶、清茶、炒茶、香茶等。

其中，“玉磨茶”是“上等紫笋五十斤，筛简净；苏门炒米五十斤，筛简净，一同搅拌和匀，入玉磨内，磨之成茶”。“紫笋”指一种茶叶名，一般指用茶芽制成的茶叶；“苏门炒米”是用印度尼西亚苏门答腊稻米制成的炒米；“玉磨”是用玉或其他石质细腻坚硬的石头做成的磨。用白话可描述为：将紫笋茶和稻米分别炒熟，随后将二者混合搅拌均匀，放入石磨中磨成细粉。

另外，“炒茶”则是“用铁锅烧赤，以马思哥油、牛奶子、茶芽同炒成”。马思哥油即用牛奶“打取浮凝”的白酥油。

“玉磨茶”和“炒茶”与当前蒙古族奶茶选取的原材料和制作技艺存在较大程度的相似性，虽然其中加牛奶、白油、炒米之类，看似与今日的蒙古奶茶一样，但在根本上有不同，那便是，当时的茶都需要炒熟研磨，而今天的蒙古奶茶所用的茶都是压制发酵的青茶。

其实，元朝宫廷的饮茶方式，是来源于宋代盛行的擂茶。擂者，研磨也。擂茶，就是把茶叶、芝麻、花生、绿豆、食盐、山苍子、生姜等原料放进擂钵里研磨后，冲开水和匀，加上炒米饮用的饮料。至于元朝宫廷不用芝麻、花生之类，而是改为牛奶、白油，不过是加入了些草原元素罢了。

如果离开宫廷，看看元代的市井饮茶，便会明白了。元代无名氏编撰的家庭日用全书《居家必用事类全集》记载的茶的种类有：蒙顶新茶、脑麝香茶、百花香茶、枸杞茶、擂茶、兰膏茶、酥签茶、合足味茶法、制孩儿香茶法等。基本上都是擂茶或者是擂茶的衍生品。

宫廷饮茶极尽讲究，城市中民间的饮茶方式也很烦琐，这自然是元代城市生活繁荣的表现。生活在中原江南的蒙古人自然也会如此饮茶，而且也影响到了仍生活在草原上的蒙古人。

元代诗人杨允孚曾经游历元上都，作有《滦京杂咏》诗。诗云：“紫菊花开香满衣，地椒生处乳羊肥，毡房纳石茶添火，有女褰裳拾粪归。”文中的“纳石”是茶名，诗中展现的是住在蒙古包中的牧民，用干牛粪生火熬茶的情景。

不过，元代蒙古人虽然饮茶，但似乎并没有到嗜茶的程度，茶不过是生活中的调剂，而并非必需。证据便是，当元朝灭亡，元室北遁形成北元，与明朝南北对峙之时，北元贵族要求与明朝互市做买卖，需要从明朝进口的，主要是绢缎衣帽、金银铁器、粮食药材及其他各种手工业品，虽种类繁多，却完全没有茶。而明朝也知道蒙古人对茶没有需求，所以很长时间内未将茶叶当作商品或赐品给予蒙古人。

那现代蒙古人嗜好喝茶，是从什么时候开始的呢？

佛教与奶茶

退回草原的蒙古人，不再有喝茶的习惯，更不用说奶茶。无论与明朝交战还是贸易，都不提茶叶。可这个情形在返回草原二百年后的万历五年(1577)发生了变化，据《明史·食货志四》记载，这一年，“俺答款塞，请开茶市”。

俺答便是蒙古土默特的阿拉坦汗，在明朝嘉靖、隆庆、万历三朝期间，是蒙古最强大的首领，虽然不是北元可汗，却执蒙古牛耳。在嘉靖朝，阿拉坦汗要求与明朝互市不果，双方连年交战，阿拉坦汗甚至曾兵临北京城下。到隆庆五年(1571)，明朝隆庆皇帝终于同意互市，并册封阿拉坦汗为“顺义王”，双方从此维持了近百年的和平。

合议在1571年达成，双方贸易也从此时开始，为何阿拉坦汗在六年后想起交换茶叶了？

不是因为蒙古人又想捡起祖先的饮茶习惯，而是与宗教有关。

原来，与明朝合议达成后，阿拉坦汗又办了一件大事，那便是皈依了藏传佛教格鲁派，并将佛教引入了蒙古。万历五年，阿拉坦汗要动身前往青海，面见格鲁派领袖索南嘉措(三世达赖)，必须要用大量的茶叶。

为什么见索南嘉措需要茶叶呢？因为藏人早已嗜茶成习。

茶叶传入西藏的时间至迟在公元8世纪初。达仓宗巴·班觉桑布所著《汉藏史集》中记述“此王(都松莽布支)在位之时，吐蕃出现了以前未曾有过的茶叶碗”。都松莽布支是松赞干布的曾孙，为吐蕃赞普的年代在679年至704年。在汉文文献中，唐人李肇《国史补》记述：“常鲁公使西蕃，烹茶帐中。赞普询曰：‘此为何物？’鲁公曰：‘涤烦疗渴，所谓茶也。’赞普曰：‘我此亦有。’遂命出之，以指曰：‘此寿州者，此舒州者，此顾渚者，此蕲门者，此昌明者，此邕湖者。’”可见当时吐蕃赞普已有好几种茶。

从唐朝到明朝，近千年间，藏人饮茶一直未曾间断，全民嗜茶，到了“不得茶，则困以病”的程度。阿拉坦汗要面见索南嘉措，为表示尊敬，自然要奉献对方最喜欢的礼物，那么茶叶也就是必需的。这才请求用马匹交换茶叶。

随着阿拉坦汗与索南嘉措的会晤，佛教进入蒙古地区，蒙古人以极快的速度拜倒在佛陀脚下，成为虔诚的信徒。而为了传教大量进入蒙古的藏人僧侣，也迅速地将饮茶习惯传授给了蒙古人。

到了万历二十二年(1594)，不到二十年时间，蒙古人饮茶就已经非常普遍了。萧大亨的《北虏风俗》中，提及蒙古人“肉之汁即以煮粥，又以烹茶。茶肉味相反，彼亦不忌也”。普通蒙古百姓用肉汤熬茶，而贵族如何饮茶没有记载，可能会与元代饮茶相仿，只不过可能不会那么细细地研磨炒熟罢了。

但这还不是如今天一样的蒙古奶茶。

直到清代，大漠南北、中原、江南又都统一在一个政权之下，物流畅通，边口互市、城镇集市和旅蒙商使得草原蒙古人获取茶叶极为便利，饮茶之风彻底形成。清代大史学家赵翼所著的《檐曝杂记》中，记载了当时蒙古人的饮茶方式："每清晨，男、妇皆取乳，先熬茶熟，去其滓，倾乳而沸之，人各啜二碗，暮亦如此。"这已经完全是今天的蒙古奶茶了。

至于为何不再研磨茶叶，这是因为茶叶的形势出现了变化。

在明朝，因为严厉打击茶马走私，一些走私商人便"每采新茶，躧成方块"，以便于藏匿茶叶。所谓躧意为踩，也就是将茶踩成方块，形成茶砖。到了清代，茶马贸易完全放开，但茶叶在长途运输中的保质仍是问题，于是茶商们干脆将茶叶蒸熟，然后压制成茶砖。

既然已经在买到之前便蒸熟压碎，熬制时自然可以省去研磨炒熟的工序了。

如今的蒙古奶茶的制作方法，其实到清代才算定型。成吉思汗没喝过茶，忽必烈没喝过奶茶，连阿拉坦汗都未必喝过当今口味的蒙古奶茶。

不过，蒙古奶茶几百年来已经是蒙古文化的一部分，成为蒙古人社交礼仪和日常饮食生活中不可缺少的组成因素，即使不能追溯到成吉思汗、忽必烈时代，又有什么关系呢？

大和尚们的“征服”
——当刀剑遇到佛法

十三、十四世纪，世界舞台上当之无愧的主角，自然是从草原上冲出，不知疲倦四处征服的蒙古人。他们略显过度的活跃让其他角色黯然失色。

不过，制造风潮的人虽能辉煌于一时，若说获得利益的长远，却可能并不如跟随风潮顺势而为的人。在蒙古飓风席卷世界的时代，最得利的，恐怕是各类宗教。

蒙古铁蹄踏碎了各文明之间的现实壁垒，蒙古的宗教宽容政策又使得宗教可以自由地传播，东西方的各类宗教从而都获得了空前的发展。

而要说各种宗教中最得益的，则首推佛教。汉传佛教借势完成了内部整合，并将禅宗传播到蒙古高原，而藏传佛教更是冲出雪域高原，被引入蒙古、内地，成为多民族信仰。

少林北上记

自从唐武宗发动“会昌法难”之后，佛教各宗都大为衰落，而禅宗一枝独秀，成为佛教主体，衍生出五家七宗。而在宋元之际，北方以曹洞宗为盛，南方以临济宗为盛。

临济宗高僧印简海云法师是较早向蒙古传法并获得成功的禅宗高僧。这位海云法师俗姓宋，山西岚谷宁远(今山西岚县)人。自幼出家，拜禅宗高僧中观禅师为师，十一岁受具足戒。十九岁时，中原地区已经是蒙古大军的天下，海云先后面见了木华黎、史天泽、李七哥等蒙古军将帅，颇受赏识。后与师父中观一起，面见了成吉思汗。成吉思汗对师徒二人十分尊敬，尊称为“大长老”和“小长老”，赐中观“慈云正觉大禅师”尊号，赐海云“寂照英悟大师”尊号。中观禅师圆寂后，海云更为蒙古皇室尊崇。1235年，蒙古第二任大汗窝阔台选试天下释道，印简海云被推为主持。1251年，蒙古第四任大汗蒙哥命他掌管全国佛教事务。

海云法师获得蒙古皇室册封后，不但对佛教大有好处，还对儒家给予了无私帮助。1236年，孔子第五十一代孙孔元措拜托海云向窝阔台汗陈情，准予袭衍圣公，并免差役。印简海云通过自己的影响力，使孔家这一要求得到满足。在这之后，颜回后裔颜家、孟子后裔孟家也都在海云的帮助下免除了差役。而且，海云法师还对日后的元世祖忽必烈讲述只有“求天下大贤硕儒”才能“安天下”的道理，并将自己的徒弟子聪留在忽必烈身边担任幕僚。这位子聪和尚，便是日后元朝开国功臣之一，集政治家、建筑家、天文学家、水利专家等众多身份于一身的奇人刘秉忠。

与海云法师同时受到蒙古皇室尊崇的禅宗高僧，还有曹洞宗高僧万松行秀禅师。行秀禅师是河内之解(今河南洛阳一带)人，俗姓蔡，十五岁在邢州(今河北邢台)净土寺出家，到磁州(今河北磁县)大明寺参见曹洞宗高僧雪岩如满，成为其嗣法弟子。

行秀禅师“儒释兼备，宗说精通，辩才无碍”，因此弟子满天下。最著名的一位俗家弟子，便是耶律楚材。耶律楚材在成吉思汗时代便出仕蒙古，虽然未能成为高官，但因为精通占卜之学，受到成吉思汗及其诸子的尊敬，常常能在重大决策上发挥作用。到了窝阔台汗时代，效法汉法，设立中书省，起用耶律楚材为中书令。虽然中书令的地位在大断事官之下，但其掌握着宣发号令、朝觐贡献和敷奏之权，再加上耶律楚材还兼管中原诸地赋调，十分位高权重。

行秀禅师有这么一位弟子在朝，原本可以如海云法师一样成为高级僧官，但一来行秀禅师生性淡泊，一方面也年事已高，因此将自己的入室弟子雪庭福裕禅师推荐给蒙古皇室。而海云法师虽然与行秀禅师不是同一宗派，但都属禅门，出于传播佛法的考虑，也大力举荐雪庭福裕，使之为蒙古皇室所青睐。

雪庭福裕禅师是太原文水(今山西文水县)人，俗姓张，二十二岁出家，拜行秀禅师为师从学十年，“才学博瞻，道德丰盈”，终成一代高僧。在受到海云、行秀两位的推荐后，福裕备受蒙古皇室尊崇，1242年，受命住持禅宗祖庭——河南嵩山少室山的少林寺。

因为中原战乱，少林寺遭到损毁，福裕用六年时间修复了寺院，发展壮大了少林寺的经济，还以曹洞宗二十世祖的身份使曹洞宗正式回归禅宗祖庭，确立了少林寺的法脉传承，并重建各地废毁寺院二百三十六处。1248 年，福裕奉诏驻锡哈剌和林的太平兴国禅寺，后受蒙哥汗召见，奉命“总领释教”。

哈剌和林是蒙古帝国的首都，由窝阔台汗于 1235 年在鄂尔浑河岸边建成。该城南北约四里，东西约二里，蒙古大汗的万安宫在城之西南角，有宫墙环绕，周约二里，按照西方使者的记载，哈剌和林“有两个地区：一是萨拉森人(伊斯兰教徒)区，市场就在这个区里。许多商人聚集在这里，这是由于宫廷总是在他附近，也是由于从各地来的使者很多。另一个是契丹人(汉人，西方人称中国为契丹)区，这些契丹人都是工匠。除这些地区外，还有宫廷书记们的若干座巨大宫殿，十二座属于不同民族的异教徒的庙宇，两座伊斯兰教寺院，一座基督教徒的教堂。城的周围环绕着土墙，并有四个城门”①。其中所谓“十二座属于不同民族的异教徒庙宇”，主要是佛寺和道观，而太平兴国禅寺是规模最大，由皇室供养的佛寺，寺庙的住持先是海云法师，海云法师于 1257 年圆寂后，福裕便成为主持。

福裕被授予“都僧省”的官职，管理天下释教。但他毕竟是禅宗高僧，更在意如何传播自家法脉。既然受到皇室支持，便在各地修建少林分院，分别在哈剌和林、燕蓟、长安、太原、洛阳分设“五少林”，而哈剌和林中的少林寺被称为“北少林”。

关于北少林是重新修建的一座寺院，还是将太平兴国禅寺改称为少林寺，佛教界和学术界还有争论。但少林寺正式在漠北草原出现，却是确定无疑的。福裕一面主持嵩山少林寺，一面也主

① 道森著，吕浦译，周良霄注：《出使蒙古记》，中国社会科学出版社 1983 年版，第 203 页。

持哈剌和林的少林寺，他此时自称“和林上都北少林寺嗣祖雪庭野人”，长期驻锡北少林寺。

福裕禅师弟子众多，“得嗣法小师”有三十人，“度门弟子”千余人，至于“从他受戒者不计其数”。有不少弟子，就是在哈剌和林的北少林寺收的。比如觉印禅师，便是在北少林寺中剃度受戒，被称为“北少林觉印禅师”。还有慧定禅师，在三十五岁追随福裕禅师出家，也是在哈剌和林的北少林寺受具足戒。

而福裕禅师是否将少林功夫也带到了漠北，在哈剌和林北少林寺中兴起“漠北少林一派”，史无明载，不好妄断。

福裕禅师不仅在蒙古帝国时期地位显赫，到忽必烈建立元朝后，更是水涨船高，元世祖忽必烈封其为“诸路释教都总统”，地位仅在帝师、国师之下，尊称为“少林寺长老雪庭福裕”，并请他主持元大都(今北京)的大万寿禅寺，也就是今天的潭柘寺。1275年，雪庭福裕禅师圆寂，弟子们在嵩山少林寺为他修建了灵塔——“宣授都僧省、少林长老、特赐光宗正法大禅师裕公塔”，俗称为福裕塔，是少林寺塔林中规制最大的。而元朝廷也赠予福裕大司空、开府仪同三司、晋国公，可谓哀荣备至。

少林寺因为福裕禅师的努力而重新振兴，福裕禅师也被称为“少林中兴之祖”。但他一手兴建的“五少林”却命运各不相同：修建于天津蓟州区盘山的少林寺又被称为“法兴寺”，一直到清代仍然存在，后逐渐破落，直到近年才由嵩山少林寺出资重建；修建于福裕禅师家乡太原文水的少林寺，又被称为“报恩寺”，也存在到清代；修建于长安的少林寺埋没无考；洛阳少林寺被人认为其实就是嵩山少林寺。

至于哈剌和林的少林寺，命运可能最为悲惨。元朝建立后，哈剌和林失去首都地位，成为岭北行省的省会，但因为丝绸之路的畅通，哈剌和林作为丝路枢纽，继续着繁荣。到1368年，元朝灭亡，元皇室北遁，史称北元，哈剌和林又成为北元首都。1380年，由明将沐英率领的明军攻破哈剌和林，为了显示军威，明军纵火焚城，大火足足燃烧了二十五天，百里之外，红光映天。这座草原名城经历了一百四十五年的风雨，从此成为断壁残垣。城中的众多佛寺，无论是太平兴国寺还是北少林寺全都在大火中玉石俱焚。

虽然毁于大火，但哈剌和林毕竟还有遗址，若是能保存到今天，通过考古发掘，北少林寺的面目可能还要清晰一些。然而在1586年，漠北草原的喀尔喀蒙古首领阿巴岱汗在哈剌和林修建额尔德尼召，漠北缺少建筑材料，阿巴岱汗便从哈剌和林遗址上就地取材。这么一来，漠北草原出现了金碧辉煌的额尔德尼召，但哈剌和林城的遗址也遭到毁灭性破坏，包括北少林寺在内的众多传奇，便无奈地湮没于绿草清风之中，难以见其全貌了。

萨迦东传记

成吉思汗所制定的《大札撒》中，对所有宗教都予以保护，并不允许各宗教之间的恶性竞争，所以无论是大蒙古国时期还是之后的元朝，历任可汗和皇帝都会与当时著名的宗教人物有良性互动，成吉思汗与道教真人丘处机留下了“一言止杀”的佳话，而到窝阔台汗时，与蒙古皇室互动的最著名宗教人物，是藏传佛教高僧萨迦班智达。

“萨迦班智达”并不是名字，而是一个尊号，萨迦是藏传佛教的一个教派，而班智达意即“学富十明学①的大学者”，合起来便是萨迦派的大学者。而要说清这个尊号的由来，则要从吐蕃帝国的崩溃说起。

吐蕃帝国是公元 618 年在青藏高原建立的帝国，帝王称号是“赞普”。其鼎盛之时，不但雄霸青藏高原，而且占据河西走廊，与唐朝和阿拉伯帝国争雄于中亚，甚至曾攻陷过唐都长安。

然而，到第十任赞普掌国之时，吐蕃帝国陷入深刻危机。这位赞普名叫墀达摩吾东赞，于 836 年即位。他本身雄心勃勃，即位后很有些作为，但在 841 年，因感到国内佛教势力太大，影响赞普权力，便进行了极为残酷的灭佛运动。而佛教传入吐蕃近两百年，早已根深叶茂，无论贵族还是平民都虔诚信仰。墀达摩吾东赞的作为造成了帝国内部的分裂和动乱，他自己也在灭佛一年后，被佛教僧人暗杀。

因为墀达摩吾东赞的灭佛举动，后世将其称之为朗达玛，亦即“妖魔附身之人”。他死后，他的两个儿子纳德斡松与赤德云丹彼此为敌，各据一方，互相争权攻伐。

双方的混战被称为“乌约之战”，长达二十三年之久，战火绵延，民不聊生。而在人祸的同时，天灾也接连不断，地震、旱灾、虫灾此起彼伏，百姓不堪其苦，终于揭竿而起，使得吐蕃帝国的政权彻底崩溃。

平民和奴隶大起义将吐蕃帝国原有的行政建制全部摧毁，而起义军也未能建立统一政权。所以在起义的高潮过后，便形成了

---

①“十明学”是藏传佛教高僧需要掌握的十种学问，分大小各五明，大五明为工巧明、医方明、声明、因明、内明；小五明为修辞学（诗学）、辞藻学、韵律学、戏剧学、星象学。

千百家豪族星罗棋布的局势。而原王室在遭到起义军毁灭性的打击后，残余者四处逃遁，并建立起许多政权。青藏高原遂进入长达四百年的割据时期。

在这个时期，藏区各地“各自为政，不相统属”。赤德云丹家族占据拉萨一带，形成“拉萨王系”，后移至山南桑耶寺。纳德斡松的后代则分别在阿里和后藏建立政权，形成“阿里王系”“亚泽王系”和山南的“雅隆觉阿王系”以及在青海湟水流域建立青唐政权的唃厮啰王系。

帝国崩溃，被打压的佛教从而再次获得复兴和弘传，各地封建主都借助佛教以安定地方。藏地佛教进入“后弘期”，并于本土宗教苯教相结合，形成了真正意义上的藏传佛教。同时，由于藏区的四分五裂，佛教在其传播过程中又形成众多教派，如宁玛、噶当、噶举、萨迦等。随着这些教派的形成和发展，佛法再度逐渐成为当时的主流文化和民众的心理依靠，藏族社会也随之暂趋于相对稳定和安宁。

其中，萨迦派创始于1073年，因该教派主寺萨迦寺所在地呈灰白色，故得名萨迦(藏语意为白土)。又由于该教派寺院围墙涂有象征文殊、观音和金刚手菩萨“三怙主”的红、白、蓝三色花条，故俗称为“花教”。

萨迦派历史上有著名的“萨迦五祖”。其中，萨迦四祖贡噶坚赞，便是著名的萨迦班智达。

朗达玛灭佛时，藏地佛教遭到毁灭性打击，佛教信徒为了传承法脉，不得不娶妻生子，在家族中秘传。因此“后弘期”的藏传佛教各派基本上都是家族传承。萨迦派也不例外，其教主传承在昆氏家族，而贡噶坚赞便是萨迦派第一祖贡噶宁布大师的最小儿子柏钦沃波的长子，原名班丹顿珠。

班丹顿珠于1182年出生，自幼便在父亲柏钦沃波、伯父札巴坚赞座前学习，受密宗诸灌顶教导口诀，闻习若干医典要诀，并受居士戒，取法名贡噶坚赞。二十二岁那年(1204年)，又拜当时入藏的克什米尔佛学大师释迦室利为师，受比丘戒，正式成为一名僧人。

贡噶坚赞极为聪慧，又修行刻苦，因此不但精通佛学，还在工艺学、星象学、声律学、医学、修辞学、诗歌等方面均有极深造诣。因此，在他六十岁时，不仅获得“班智达”这一大学者称号，而且成为第一位享誉整个藏族地区的“班智达”，无论是各地封建主还是其他教派僧人，都对他礼敬有加，尊称为“萨迦班智达”。

而就在萨迦班智达的威望如日中天之时，他人生中最大的挑战来临了：蒙古大军兵临西藏。

1229年，窝阔台继蒙古大汗位后，集中精力攻灭金朝，遂将西夏故地及甘青部分藏族地区封赐给他的第二子阔端。阔端遂率部驻守河西走廊的要地凉州(今甘肃武威)一带，管理今甘肃、青海、宁夏、内蒙古西部、新疆东南部、陕西等广大地区。

阔端受命统治西夏故地和指挥西路进攻南宋，这使他对南下的通道环境十分在意，因为如果要攻取四川，便需要巩固对甘青藏区的统治以保障南下大军的侧翼，而要巩固甘青，则需要彻底控制西藏。于是，约在1239年，阔端派部将多达那波带领一支蒙古军，从甘、青藏区出发，前往西藏。

多达那波率军入藏，在蒙古史籍中都没有记载，可见军队规模不大。阔端派遣这支部队的目的，并非是要他们武力攻取西藏，而是在武力威慑之下，寻找足以代表西藏的人物，促使西藏臣服于大蒙古国。

蒙古军经藏北草原从当雄沿着乌鲁龙曲河到达旁多后，将打击目标锁定在了杰拉康寺。

杰拉康寺属于噶当派寺庙，位于今拉萨市林周县西部的春堆乡虎头山水库的西边，杰拉康西南有路可通堆龙德庆县的玛乡再到楚布寺，南面越过郭拉山口就到拉萨北面的夺底沟，东北有路通达隆寺和热振寺，东面有路直通墨竹工卡，是一个重要的交通路口。打击这里，可以有效地震慑周边各势力。

开战前，多达那波派出一支偏师去攻打热振寺，因为这座寺庙也属于噶当派，可以阻止其支援杰拉康寺。

蒙古军到来之时，杰拉康寺的住持刚刚去世，新的住持没有推举出来，因此正是寺院人心纷乱的时候。饶是如此，寺中僧兵仍进行了顽强抵抗。可数百年来，西藏各地虽有小规模武装冲突，都是类似于械斗一般，既不激烈也不正规，这与大军团作战相差不可以道里计。面对此时所向无敌的蒙古军，可说毫无胜算。仅一天，战斗便结束了，热振寺、杰拉康寺被焚毁，抵抗的五百余僧人战死。

一战就使得两座名寺毁灭，五百僧人死难，这破坏程度远超出了西藏的僧团和地方势力之间的互斗，也展现了蒙古军可怕的战斗力。这给西藏各教派的僧俗造成了巨大的心理震撼。

而多达那波在战斗胜利后，控制各处要隘，拆除堡寨，并设立驿站供应物资。同时也着手修复杰拉康的佛殿，以此向西藏僧俗表示怀柔。同时，多达那波也通过侦查，了解了西藏各地重要人物的信息，写信给阔端，指出：“在边地西藏，僧伽以噶当派最大，最讲脸面的是达隆的法主，最有声望的是止贡派的京俄，最精通教法的是萨迦班智达，从他们当中迎请哪一位，请颁明令。”

阔端接到信后，结合自己之前得到的情报，认为应该请一位在宗教上地位很高，而在世俗权力上并不很大的人物商讨西藏的归附最为有利，于是回信道：“今世间的力量和威望没有能超过成吉思汗的，对来世有益的是教法，这最为紧要，因此应迎请萨迦班智达。”①并让使者携带自己的信函并“白银五大升，镶缀有六千二百粒珍珠之珍珠袈裟，硫黄色锦缎长坎肩，靴子，整幅花绸二匹，整幅彩缎二匹，五色锦缎二十匹”的礼物，前往迎请萨迦班智达。

萨迦班智达此时已年过花甲，但在接到阔端的信函后，还是决定前往。临行前，有人问他：“你究竟有何神通本领？请不要隐瞒说真心话。此外，你前往蒙古地方有何好处？”萨迦班智达答道：“我对佛法无限敬信感戴，对经典之义略有所知，心生现观续部然而不大。我为何前往蒙古供施处？若不去的话，军队即来。若军队来此，就会给雪域西藏带来灾难。为饶益众生和牲畜，只好暂时前去，无有其他裨益。总之，为饶益众生，敢于牺牲自己的生命。”②

1244年，六十二岁的萨迦班智达带着两个侄子，年仅十岁的八思巴和年仅六岁的恰那多杰起身前往凉州。

萨迦班智达一行走了近三年时间才到达凉州，这倒不仅是因

---

① 恰白·次旦平措等著，陈庆英等译：《西藏通史》(上册)，西藏藏文古籍出版社2004年版，第356页。

② 阿旺贡噶索南著，陈庆英等译注：《萨迦世系史》，西藏人民出版社1989年版，第68页。

为路途遥远艰险，而是萨迦班智达沿途拜访各地高僧大德和地方实力派，与他们倾心交谈，商讨西藏归附的细节，以达成共识。待到他到达凉州时，已经基本上可以说代表西藏的各派势力了。

1246年8月，萨迦班智达一行抵达凉州。恰逢阔端去蒙古本土参加贵由继位蒙古大汗的庆典，他们又在凉州暂且等候了一段时间。1247年，阔端返回凉州，即与萨迦班智达会面，两人正式开启了著名的“凉州会谈”。

阔端对萨迦班智达的到来十分高兴，在他看来，萨迦班智达是“以头来归顺，他人以脚来归顺，汝系因我召请而来，他人则是因恐惧而来，此情吾岂能不知？”①这为会谈定下很好的基调。

经过反复磋商，双方终于达成一致意见，西藏正式归附大蒙古国，有上缴贡品、维护驿站、服从徭役兵役等义务，而大蒙古国则保护佛教，维持各僧俗势力原有的权利。而萨迦班智达因为用自己的医学知识治愈了阔端的病痛，使得阔端对之十分信服，因而礼敬有加。在萨迦班智达刚见到阔端时，他的宫廷中最受尊重的是也里可温(基督教)教士和蒙古萨满，佛教僧侣只能坐在他们的下首。而萨迦班智达却改变了这一格局，佛教遂居于基督教和萨满教之上。阔端还在凉州为萨迦班智达专门修建了一座寺院作为驻锡地，这座名为幻化寺的寺院遗址至今仍存于甘肃武威的白塔村。

萨迦班智达与阔端的“凉州会谈”不仅使西藏走出了从吐蕃帝国崩溃后封闭的状态，从此进入亚洲大格局之中，而且是藏传佛

---

① 阿旺贡噶索南著，陈庆英等译注：《萨迦世系史》，西藏人民出版社1989年版，第91页。

教大举东传的开始。虽然萨迦班智达于1251年便病逝于凉州，没能将教法进一步东传，但他的侄子，被称为萨迦第五祖的八思巴却接过他的衣钵，将藏传佛教发扬光大。

日后，八思巴成为元世祖忽必烈的上师，受封“大宝法王”，使得萨迦派成为元朝宫廷信仰。从八思巴开始，历代萨迦法王都是元朝国师，并掌管天下佛教，前后有十四代之多。而在元朝之后，明清两代藏传佛教都在内地有着广泛影响，与汉地的汉传佛教相互交流，使得藏传佛教不再仅是西藏地区藏民族本身的信仰，而且成为众多民族更广大地域的共同信仰。

高丽僧人在元朝

藏地僧团在朗达玛灭佛前，也曾风光无限，享受过国主致拜的荣耀，汉地僧团在唐朝前期也是登天子堂如履平地，元代享受的待遇仅能算是重温辉煌。而若说佛教僧人在元朝得到前代没有的好处的，其实既不是藏僧也不是汉僧，而是高丽僧。

朝鲜半岛一向深受中国文化影响，宗教也不例外。自从佛教从中国传入朝鲜半岛，各个王朝都虔诚信奉，而僧人们也纷纷西来“求法”。从魏晋时期开始，半岛僧人“西入中国，饱参而来，继踵而起”。凡是能学成归国者，都在半岛受到“钦风景仰”，上至王族下至百姓，均“面申虔敬，仰若圣人”。

元朝时，半岛上的王朝是高丽王朝，这更是一个崇佛的王朝，其开国太祖王建在去世时留下《十训戒》，专门强调要护持佛教，使得“东方故俗，男子年幼必从僧习句读”。很多王室成员竞相出家，甚至形成多子家庭必须送一个儿子到寺院出家的制度。高丽历任国王都是元朝皇帝的女婿，两国关系极为紧密，人员来往都不需要手续，因此宗教交流更是毫无阻碍。大量高丽僧人继续着前辈的传统西来求法。因为元代是高丽佛教自成体系的最后成熟期，之后东来求法不再是潮流，因此当时也是高丽求法僧东来的最后一个高潮。其中佼佼者，如冲鉴、景瑚、普愚、惠勤等僧人，不但学成归国后都担任“国师”“王师”，而且为半岛佛教本土化，产生出曹溪宗这样的本土宗派做出了极大贡献。

不过，求法是千百年的传统，算不得特殊，高丽僧在元代最具特色、最有好处的是其他三项：抄经、化缘、当住持。

元朝的皇室贵族重臣大多数笃信佛教，但身处富贵之中，要去进行苦修是很难做到的。既要信佛求福报，又舍不得世俗享受，就需要找一些方便法门来表示虔诚，比如出资修建寺庙，给僧人大量布施等等，而出资抄经则被视为最好的功德。

对于佛教徒而言，经文是佛祖的语言和教诲，若是能“闻此经典，信心不逆”，便能“其福胜彼”，若是能“书写受持读诵，为人解说”，就更是福报多多。因此，虽然从北宋时，雕版印刷佛经的工艺已经十分纯熟，可以批量印刷传播佛经，但佛教徒还是以手抄经文为贵，若是能用金、银甚至鲜血抄经，就更是大功德。

元朝皇室既然笃信佛教，对于抄经自然十分热衷。历任皇帝都不惜重金主持抄经。而抄经人，元皇室最喜用高丽僧人。

无论是藏传僧人还是汉传僧人，都在元朝宫廷受到尊崇，为何到抄经做功德时，却要用高丽僧人？这是大有原因的。其一，藏传佛教属于密宗，以修持密法为重，僧人并不注重抄经。即使抄经也是藏文、蒙古文，而无法抄写汉文佛经。元朝皇帝既然是“天下之主”，自然要收藏各文字佛经。可汉地佛教从唐朝“会昌法难”之后，各宗派纷纷衰落，只有禅宗仍有活力，而禅宗是讲究不立文字，见性成佛，也不注重抄经，缺乏专业写经僧。相对地，虽然高丽佛教也分为禅、教两派，禅是禅宗，教则是包括天台、法相、唯识等其他宗派，而且禅宗远兴盛于其他宗派。但高丽王室却信仰和扶持教派，由王室供养的寺院都是教派寺院，而教派各宗中，便有以抄经为修行方式的僧人。其二，因为有专门的抄经僧人，因此高丽僧人抄写的经书，以楷字匀整精美，令人赏心悦目而著称。他们抄写的经书特别得到元朝皇室的青睐。

召集高丽僧人抄经，从元世祖时代便开始。至元二十七年(1290)，元世祖想要抄写一部金字《大藏经》，诏令高丽遣送写经僧。高丽王立即派华严宗僧人惠永率领一百名写经僧来到大都。在大都的庆寿寺，惠永与写经僧们花了一年的时间，抄成一部金字大藏。见到经书抄成，元世祖大喜，厚赐写经僧，然后将他们礼送回国。惠永是高丽华严宗高僧，还兼通法华义理。这次抄经，不但使他受到元世祖几次接见和赏赐，还有机会在大都讲经，声名大振。

到元朝第二任皇帝元成宗时，抄经的次数更为增加。元成宗分别在大德元年(1297)，大德六年(1302)和大德九年(1305)遣使到高丽征求写经僧。最多的一次也达到了一百人。每次抄经结束，写经僧们都会得到皇帝的大量赏赐。

从第三任皇帝元武宗开始，可能是觉得每次让高丽写经僧千里迢迢来抄经太烦琐，元皇室改为让高丽在国内召集写经僧抄经，然后将抄好的经书运回元朝。这虽然省去了写经僧的长途奔波，但抄经的规模却更大了。元武宗便在至大三年(1310)，命高丽召集三百名写经僧抄写金字大藏经。这次抄经，规模空前，仅用来抄经的金箔便用了六十余锭。

对于僧人来说，抄经本就是功德，为皇帝抄经既是功德又是功劳，还能得到赏赐，可算是最幸福的工作了。

俗语有云“出家人不爱财，多多益善”。其本意并非是指出家的僧人不遵戒律，贪财无行，而是说出家人也要用钱财来做功德修寺庙，传布佛法，自然要多多益善。高丽写经僧在元朝卖力抄经，所得的赏赐也大多成为高丽本土修寺建庙的资金。但写经毕竟不常有，若要“多多益善”，则需要高丽僧人们到元朝“化缘”。

元朝与高丽是翁婿之国，双方可说是“你中有我，我中有你”。高丽的历任王后都是元朝公主，跟随公主进入高丽的元朝人为数众多，在高丽是位高权重的存在。而高丽人在元朝当官的也不在少数，尤其是元朝宫廷的宦官基本都是高丽人，一旦得到皇帝宠信，便也可手眼通天。高丽僧人们便依据这一关系，将元朝当作最大的施主，纷纷前来化缘。

元朝第六任皇帝泰定帝时，高丽僧宏卞主持对高丽金刚山长安寺的修缮，因为资金不足，在元朝当中政使的高丽人李忽笃帖木儿等人纷纷出资捐助，但仍然不够工费。于是宏卞西入大都化缘，说动了元资政院使，高丽宦官高龙普，让元朝皇室拿出了三千锭银钱，终于将长安寺修成。

元朝第七任皇帝元文宗时，高丽兴王寺动工重修，寺僧晶照、达幻二人到大都化缘，元朝贵族重臣纷纷解囊，不但让寺庙顺利修成，还捐献了法服、盂盆、威仪、法物等物品。

元朝末年，局势动荡，元朝给高丽僧布施却未曾中断。元惠宗时，高丽僧中向入元化缘，得到大量银钱，回国重修了全州大华严普光寺。高丽僧慈惠入元化缘，不但重修了高丽宝盖山地藏寺，还得到元朝大文人危素题写记事碑。高丽僧智坚更是攀上了元惠宗宠臣、翰林学士沙剌班，使沙剌班成为自己所在金刚山普贤庵的施主，布施大量金钱修缮寺庙。

僧人化缘司空见惯，但跨国化缘只有在元代出现，因为元朝奉行开放，对各国来往人员不加限制，高丽僧人们才能无所阻碍地西行化缘。而其实有元一代，在元朝的高丽人数量极多，不仅入元做官的高丽贵族公卿，就是普通百姓，在元朝生活者也大有人在，形成规模很大的高丽人社区。信仰佛教的高丽人在元朝也喜欢捐资建寺，并请高丽僧人驻寺，这又形成了高丽僧人在元朝的另一“福利”——驻寺当住持。

高丽入元驻寺的僧人可以分成两种，一种是经元朝皇帝特别挑选征召住持皇家寺院，另一种是旅居元朝的高丽人从本国请来为他们管理寺院的。

第一种驻寺僧人，一般是在高丽就已经名声显赫的高僧，甚至出身王族公卿之家，虽然在历史上浓墨重彩，但人数并不多。

比如海圆和尚，其父是高丽检校兼门卫大护军，在高丽是金山寺住持，素有“戒行甚谨”的名声。元成宗时，成宗的堂弟，驻守西北的安西王阿难达请他到自己的封地驻锡。元武宗继位后，将圆海召入大都，请他住持自己为父祖追荐冥福而修建的大崇恩福元寺。从此圆海便住持该寺长达二十九年，受到历任皇帝的尊礼。而因为在元朝成为皇室御用僧侣，圆海在高丽的地位也水涨船高，被高丽王赐以“慧鉴圆明遍照无碍国一大师”名号，还被封为封君。

还有义旋和尚，出身于高丽望族赵氏，父亲赵仁规是高丽判都佥议事。高丽忠宣王留居元朝期间，曾于大都彰义门外买地建报恩光孝寺，并命义旋住持。而元朝廷则又命他住持皇家寺院天源延圣寺。既住持高丽王家寺院，又住持元朝皇家寺院，义旋在两国都风光无限，元廷赐号“定慧圆通知见无碍三藏法师”，高丽则赐号“福国佑世静明普照玄悟大禅师”，并封慈恩君。义旋的徒弟熙庵和尚在老师圆寂后，继续住持寺院，被元朝封为司徒。

另一位高丽僧人戒明和尚，他虽是高丽人，但祖上便已经在元朝安家，父亲崔伯渊曾任元湖北道廉访佥事。元大都大兴县有一座龙泉寺，是金朝修建的寺院，因年代久远而破败，元皇室将之重修，定为皇家供养的寺院，以戒明为该寺住持。

由皇室指定住持寺院的高丽僧，最著名的是懒翁和尚。懒翁二十八岁时西来大都求法，拜著名高僧指空为师。这指空也是传奇人物，他是印度人，出身第二种姓的刹帝利，自幼出家，法名提纳薄陀，在那烂陀寺学习佛法。北印度自 12 世纪被穆斯林征服，佛教遭到残酷打击，曾经在玄奘法师时代是佛法中心的那烂陀寺也被几次焚掠，在指空出家时，只能跟随师父在废墟中学习。学成后，指空遍游印度各地及东南亚、中亚，发现到处都是佛教衰颓的景象，于是“决意向东”，经阿富汗进入新疆、青海，最后在至治三年(1323)来到元大都。因为指空在印度所学都是梵文佛经，是佛教徒视为最根本神圣的经典，因此指空在佛教兴盛的元朝受到极大尊崇，僧人也以拜在其门下为荣。懒翁作为指空弟子，颇得其所传。之后又南下江南，问道于江南名僧处林、悟光、雪窗、无相、枯木荣、千岩等人。回到大都后，指空以法衣、拂子和从印度带来的梵经授予他，等于将衣钵相传，元皇室也命他住持大都广济寺。

第二种高丽驻寺僧人，都是住持在元“高侨”修建的寺院，其名声不如上述皇家御用驻寺僧显赫，但人数却是极多的。在元朝常年生活的高丽人有多少虽然史无明载，但确实相当客观。元朝末年，当丞相脱脱率兵攻打义军张士诚时，“柳濯等赴征军士及国人在燕京者，总二万二千人以为先锋”。——乱世临时征兵，尚能在大都招募如此多的高丽人，更不用说在太平年间了。高丽人多，高丽人捐建的寺庙也多，驻寺僧自然也多，尤其是在元大都，“所居寺，皆高丽僧”。

在大都金城坊，由高丽宦官李三真、太医院使赵芬、典瑞使申当住先后筹资兴建的法王寺，是一座“寺所有者，莫不毕备”的大佛寺。为了使之香火繁盛，专门请高丽僧人一印和尚驻寺住持。一印和尚管理有方，让法王寺成为大都重要梵刹，还能让元皇室将金字莲经交给寺庙收藏，从而使得在大都的高丽人“好善者约春秋率钱听诵大藏经以为常”。

在大都城南，高丽僧人元湛率徒弟崇安、法云得到长城郡夫人任氏的资助，购买了五亩地，修建了一座兴福寺，元湛师徒相继为寺主。

在大都宛平县池水村，元中奉大夫中尚卿、高丽人金伯颜察和他的妻子孙氏出资修建了一座佛祠，起名金孙弥陀寺，延请高丽僧戒洪、戒明二人住持香火。

在大都房山县，有一座古刹小西天华严堂，寺中有前代石刻《华严经》，因为年代久远，石经多有损坏。高丽僧人慧月、达牧二人驻寺，见状“悯之”，于是向元资政院使高丽人高龙普、元将作院使高丽人申当住募钞千余进行补刻，将石经修缮如初。

在大都澄清里，元太府大卿察罕帖木儿的夫人高丽金氏购买民宅修建一座佛宫，专门迎请指空禅师驻寺。虽然指空禅师是印度人，但他曾东游高丽，收了很多高丽弟子，因此该寺的管理者，也都是高丽僧。

高丽僧住持的寺院在元大都鳞次栉比，使得初来大都的高丽人惊奇地发现各处寺庙的僧人“皆乡人”，真有只把他乡当故乡之感。当然，由高丽僧住持的寺庙并不仅限于大都。高丽僧见龙山入元求法，在江南拜名僧中峰明本为师，学成后住持江南兜率寺。不过见龙山做住持，与他是高丽人无关，算是学成升职。

高丽僧人在元朝的幸福生活随着元朝的灭亡，也就结束了。继元而起的明朝对佛教多有压制，绝不崇佛，自然不会再有召集高丽僧抄经的举动，而明朝对外来者也有很多限制，朝中不再有高丽显贵，高丽僧人再想西来化缘已不再可能。至于驻寺僧，元末战火，使得元朝的高丽侨民风流云散，很多寺庙遭到破坏，驻寺僧也难以为继。就如前文所说从印度而来的指空禅师，以一百零八岁的高龄圆寂于大都，其遗体被供奉在大都天寿寺。可不过四年，明军攻来，大都陷落，天寿寺被毁，指空禅师的遗体也被“骨烬四分之”，驻寺高丽僧之一，指空的弟子达玄收殓老师一部分尸骨逃出大都，返回高丽。

达玄能在战乱中逃出生天，但大多数高丽驻寺僧恐怕没有那么幸运。他们应该随着元明易代的大火而玉石俱焚，用生命见证了中朝佛教交流史上最独特时代的终结。

真实的长春子与清和子
——全真教的发展壮大

在金庸先生的"射雕三部曲"中，全真教是故事发展重要的媒介，因为有丘处机追杀汉奸，才有牛家村郭杨两家的惨祸，也才有郭靖、杨康的各自人生。因为有尹志平奸污小龙女，也才有小龙女和杨过的离开活死人墓，各种精彩也才逐渐铺开。

不过，小说虽然精彩，但只要涉及历史人物，作者都会按照自己的构思来描写，使得其人与现实相差很远。丘处机在金庸笔下是性格火暴，有着强烈民族主义感情的豪侠。尹志平更是极有文青气质，因不能压抑自己的欲望铸下大错，但还能在最后关头坚守民族大义。除了身上的道袍，其实看不出多少道教人物的特色。

其实，丘处机是道教全真派一代宗师，他也许会一些武术，但绝非以武行世，而是以传播道法，将全真派发扬光大为己任。尹志平也是将丘处机事业发扬光大的宗师级人物，在道教历史上地位极为重要，绝非看似有些猥琐的奸污犯。（当然后来金庸先生在修订作品时，将尹志平的名字改为甄志丙，但毕竟原作影响太大，尹志平的名声已经难以挽回。）

丘处机并不仇金

丘处机1148年(南宋高宗绍兴十八年，金熙宗皇统八年)生于山东登州栖霞县一个农人之家，字通密。自幼失去双亲，由兄嫂抚养成人。

1166年，丘处机十九岁时开始修道，独自到山东文登县西北的昆嵛山烟霞洞修行。翌年，全真教创始人王重阳到山东宁海县传道，收丘处机为徒，赐道号长春子。丘处机拜师虽晚，却因勤勉好学、虔诚机敏深得王重阳的器重，迅速成为王重阳七大得意的弟子之一。

1170年正月，王重阳仙逝，丘处机为其师守墓长达三年之久。守孝结束后，丘处机便在宝鸡磻溪自修六年，后又去陇州龙门山龙门洞潜修七年。这十三年的苦修，丘处机坚持穴居、乞食，以禁欲断情、苦己利人、清静无为为修行根本。苦修结束后，他出山传道，很快声名大振，皈依者摩肩接踵。

全真教在北方传播极为迅速，元好问在《紫微观记》中便记载，全真教的影响已经到了“南际准，北至朔漠，西向秦，东向海，山林城市，庐舍相望，什佰为偶，甲乙授受，牢不可破”的程度。而全真教的发展壮大丘处机居功至伟，专门记载丘处机等“全真七子”传记的《金莲正宗记》评价他：“是教也，源于东华，流于重阳，派于长春，而今而后，滔滔溢溢，未可得而知其极也。”

因此丘处机虽不是全真教的掌教，却是全真教中名声最大，信众最多的道人。而他的声名也引起了金朝朝廷的注意。1188年(金大定二十八年)，金世宗诏请丘处机赴燕京(今北京)，敕馆于十方大天长观。

与金庸小说中的描写不同，丘处机对金朝并没有什么刻骨仇恨，相反对于被后世称为“小尧舜”的金世宗很崇敬，他欣然奉诏至燕京主持“万春节”醮事。在燕京期间，丘处机多次与金世宗面谈，丘处机“剖析天人之理，演明道德之宗，甚惬上意”。离开燕京时，金世宗特赐钱十万作为供养，丘处机道家本色，予以拒绝，反而得到金世宗赞赏。

1189年(金大定二十九年)，金世宗去世，丘处机特撰《挽世宗词》进行悼念：

哀诏从天降，悲风到陕来。
黄河卷霜雪，白日翳尘埃。
自念长松晚，天恩再诏回。
金盘赐桃食，厚德实伤哀。

既获得民间信仰，又有皇室推崇，丘处机已经是全真教的代表了。1203年，全真教第四任掌教刘处玄去世后，丘处机毫无争议地接任，成为全真教第五任掌教。成为掌教后，丘处机使全真教影响进一步扩大，使得全真教成为北中国居于主导地位的道教教派。

然而，随着金世宗的去世，继承其位的金章宗对日益壮大的全真教十分警惕，着手予以压制。先是以“惑众乱民”为名，“禁罢全真及五行、毗卢。之后，“又禁太一混元受箓私建庵堂者”，而且“亲王及三品官之家，毋许僧尼道士出入”①。

① 脱脱等撰：《金史》卷九《章宗本纪一》，中华书局2013年版，第217—219页。

面对打压，丘处机回到故乡栖霞隐居起来。而金章宗的作为，使全真教与金朝朝廷原本融洽的关系遭到破坏，也为日后丘处机面见成吉思汗埋下了伏笔。

一言止杀

1206年，成吉思汗统一草原各部，建立“大蒙古国”，随后便开始了对金朝的征伐。

从金朝建立以来，与蒙古人互相攻伐百余年，虽然蒙古曾在合不勒可汗时击败过金朝，迫使金朝割地赔款，但更多的时候，占有优势地位的金朝总是能将蒙古人击败、屠杀、侮辱，成吉思汗的祖先俺巴孩汗和斡勤巴儿合黑亲王被金熙宗钉死在木驴之上，而金朝更是每三年便发兵向北剿杀一次蒙古的男女老幼。

双方的仇恨，注定要在成吉思汗时代予以清算。

公元1211年，蒙古铁骑扬鞭南下。金朝虽有百万大军，却早已腐朽不堪，“军政不修几三十年，阙额不补者过半，其见存者皆疲老之余，不堪战阵”。蒙古军势如破竹，连下金朝北疆边城，破居庸关直至中都城下。

到了国破山河碎的时候，金朝朝廷又想起丘处机来。此时的皇帝金宣宗已经被逼得迁都南京(汴京，今河南开封)，面对一筹莫展的局势，希望得到“神仙”的指点，于是多次遣使诏请丘处机进京商讨国是，并赐给“自然应化弘教大师”之号。可丘处机已经对金朝不抱希望，婉言谢绝。

与此同时，南宋的宋宁宗也多次遣使诏请丘处机为南宋效力，他也辞不赴命。

丘处机拒绝金、宋皇帝的延请，并不是因为清静无为，否则他为何会与金世宗有良性互动呢？作为一教掌教，要为自己教派的生存和发展负责，而所谓“不依国主，法事难立”，总要获得当权者的支持。只是丘处机已经看出，无论是颟顸混乱的金，还是苟安软弱的宋，都不再是日后的主角，而曾经地处偏远，时人不知其名的蒙古人，倒是蒸蒸日上，大有并吞天下之势。

而在戎马倥偬间的成吉思汗也早已得知“丘神仙”的大名，虽然他此时开疆扩土，所向无敌，但毕竟已经年老，有着对生命逝去的恐惧，因此希望得到长生不老的法术或仙药。于是，成吉思汗也派人延请丘处机。

对于成吉思汗的邀请，丘处机起先也是拒绝的，而成吉思汗与金、宋皇帝不同，没有因拒绝而作罢，先后三次相邀。并在给丘处机的信中说道：“朕心仰怀无已，岂不闻渭水同车，茅庐三顾之事，奈何山川悬阔，有失躬迎之礼。”并表示，他延请丘处机，其目的是“或以忧民当世之务，或以恤朕保身之术”，只要丘处机愿意与他相见，他会“亲持仙座，钦惟先生将咳唾之余，但授一言，斯可矣”①。

如此诚意相请，丘处机不好再拒绝，于是起身前往漠北草原，面见成吉思汗。

然而，当丘处机动身之时，成吉思汗已经率蒙古大军西征，不在漠北草原了。已经年过古稀的丘处机得知这一情况后，决定留在燕京等成吉思汗东返后陛见，并自草《陈情表》奏请成吉思汗裁决。

---

① 陈垣著：《道家金石略》，文物出版社 1988 年版，第 445 页。

可成吉思汗没有允准，再次下诏恳切催促丘处机西行。

经过考虑，丘处机决定不顾年迈体衰，西行谒见。

如果说，接受成吉思汗的邀请，从山东前往燕京，丘处机的考虑是出于身为全真教掌教，为自己的教派争取权力支持的话，那么，不顾自己七十三岁高龄万里西行，就不再是简单的政治上的考量，而是出于出家人的慈悲与坚持。在决定冒险启程时，丘处机一定想到了成吉思汗诏书中的那句“以忧民当世之务”。在启程时，他给燕京的道友留下了一首诗，或可是他心境的写照：

十年兵火万民愁，千年中无一二留。
去岁幸逢慈诏下，今年须合冒寒游。
不辞岭北三千里，仍念山东二百州。
穷极漏诛残喘在，早教身命得消忧。

1221 年 2 月 8 日，丘处机踏上征途。虽然此次西行有成吉思汗的官员一路护送，但行程数万里，跨高山，过大河，穿沙漠，只能靠畜力和双腿，其中的艰辛也可想而知。

丘处机一行经宣化(今河北宣德)，越野狐岭至呼伦贝尔，再沿克鲁伦河向西，穿越蒙古高原、金山，经别失八里(今新疆吉木萨尔)、昌八剌(今新疆昌吉)、阿力麻里(今新疆伊犁)、塔剌思河、塞蓝(今哈萨克斯坦奇姆肯特)、霍阐没辇(锡尔河)、撒马尔罕、碣石(今乌兹别克斯坦沙赫里·沙勃兹)，然后越过有“疯狂的河流”之称的阿姆河而南行，终于在 1222 年初夏到达大雪山(今阿富汗兴都库什山)，谒见了成吉思汗。

成吉思汗一见丘处机，便开门见山地求取长生之术：“远来有何长生之药以资朕乎?”丘处机也不隐瞒，直接回答自己只有养生之道而无长生之药。成吉思汗虽然遗憾，却也十分欣赏他的诚实，从而十分礼遇，尊称他为“神仙”，赐爵“宗师”，掌管天下宗教。

两人相处了一年之久，丘处机不断地对成吉思汗讲授“敬天爱民”的道理，指出“少杀戮，减嗜欲”才是长生之道，并提出“欲一天下者，必不嗜杀人”。成吉思汗都欣然接受。

丘处机以止杀为念劝谏成吉思汗，从而留下了“一言止杀”的佳话。

其实，“一言止杀”是后世的美化，成吉思汗在见过丘处机之后，其征服世界的脚步并未停止，其子孙更是不断征战，几乎征服了当时已知世界的三分之二。战争是免不了杀戮的，战争机器一旦开动，即使其发动者想要“止杀”都难以办到，又岂能因丘处机一言而止？

但丘处机的劝谏也并非没有作用，之后蒙古军的作战，尤其在中原一带，无端杀戮确实有所减少。据《元史》记载，在成吉思汗生前最后一战，也就是灭亡西夏的战争中，成吉思汗病重，在临终前留下遗言：“朕自去冬五星聚时，已尝许不杀掠，遽忘下诏耶。今可布告中外，令彼行人亦知朕意。”①

虽然，这个“止杀”未必与丘处机直接相关，但又何尝不能说是丘处机当年种下的心锚呢？

1224 年，七十七岁高龄的丘处机返归燕京，将燕京太极宫修缮后作为自己的居住地，成吉思汗亲自改名为“长春宫”，这里从此便成为全真教的祖庭，即今天北京的白云观。1227 年，八十岁高龄的丘处机在长春宫去世，道教信众和百姓将他的诞辰正月十

---

① 宋濂等撰：《元史》卷一《太祖本纪》，中华书局 2008 年版，第 24 页。

九定为“燕九节”。

神童尹志平

丘处机去世后，尹志平继任为全真教第六任掌教。

尹志平，字太和，出生于1169年(金大定九年)。尹氏家族本是“沧州大族”，后迁到山东莱州(今山东莱州市)，本是儒学世家，尹志平的先祖曾经有七人登进士第。

与众多历史上的宗教名人一样，尹志平自幼便有着异于常人的禀赋，三岁时，便能“见闻之事，耿耿不忘于怀”，五岁入学，便“能记《孝经》《论语》二经，虽使日记千余言，犹有余力”，可谓是个神童。

虽然以学习儒学开蒙，家族又是以儒传家，但尹志平的志向却并非学儒入仕，而痴迷于玄学。日常所思，都是“祖先悠悠，不知所往，人之有死，亦自不知所归”的问题，经常“坐于大桑之下，仰观俯察”，以至于“心思惘然”，“不觉心形俱丧”①。

终于，在十四岁时，尹志平决定出家修道，但其父亲坚决不准，甚至将他锁在房中。可尹志平坚决不改修道志愿，多次逃出，父母见难移其志，只得答应他出家。十九岁的尹志平遂走出家门，正式成为一名道人。

在修道过程中，尹志平虽然求教于全真七子马钰以及刘处玄门下，但并未正式拜师，直到1191年(金明昌二年)，二十二岁的尹志平拜丘处机为师，被收为入室弟子，这才算正式进入全真教。

---

① 尹志平著:《清和真人北游语录》，古籍出版社1988年版，第164页。

丘处机对这位极为聪慧的弟子寄予厚望，对他“特器异之，付授无所隐”，将道法真传倾囊相授。而尹志平不但受业于丘处机，而且四处巡游，在山东各地行化，先后问道于全真七子之中的王处一、郝大通。

可以说，全真七子中最有道行的马、丘、刘、王、郝五位都指导过尹志平，所谓名师出高徒，五位名师合力，尹志平很快便“真理融会，心光烨然”，其声名也传布四方，“道业日隆，声价大振，四方学者翕然宗之”。金朝潍阳千户完颜龙虎更是将自家花园捐给尹志平修建道观驻锡，尹志平遂有了自己主持的道观“玉清观”。

而在尹志平主持玉清观期间，丘处机长期寓居于此，师徒二人关系更为亲密。当成吉思汗请丘处机西行之时，尹志平便成为随行十八弟子之一。

西行路上，尹志平是丘处机重要的助手，一路照顾着古稀之龄的丘处机。在西行结束，回到中原后，尹志平没有和老师一起居住在燕京，而是继续在山东等地传教，并正式获得了“清和真人”的道号，从此被尊称为清和子。

光大全真教

虽然尹志平不是丘处机的大弟子，跟随丘处机的时间在弟子中也不是最长，但他的修为却在丘门弟子中是佼佼者，因此丘处机希望他将来能担起教门之责，“吾宗教托付，今见人矣”。

丘处机去世后，因他的大弟子赵九古已先于他去世，因此留下遗命，让二弟子宋道安提举教门事，尹志平副之。但宋道安年事已高，因此推举尹志平为掌教："吾老矣，不能维持教门，君可代吾领之也。"尹志平虽再三推辞，但因教众合力劝进，遂继任为全真教第六任掌教。

尹志平执掌全真教后，全真教又上了一个台阶。1232 年，蒙古第二任大汗窝阔台亲征金朝凯旋时，尹志平率道众到顺天(今河北保定)相迎。窝阔台在行宫内接见了尹志平，"赐座宣慰，谆复良久命退"。窝阔台像其父成吉思汗尊敬丘处机一样，对尹志平相当尊敬，这奠定了全真教进一步发展的基础。

1233 年春，尹志平前往北京路(治所在今内蒙古赤峰市西南)讲道、作醮，所过之地，"官庶出迎，望尘罗拜，以为希遇"。北游讲道回到燕京不久，尹志平又西入秦晋传教。

在山西，他将崞州神清观、沁城神霄宫、平遥太平兴国观、忻州通仙观、定襄重阳观、前高山玉虚白云洞、平阳玄都观等宫观收为全真教道观，将全真教势力大为扩张，使山西当地的全真道教众人数和宫观数量飞速增加，百余县中几乎均有全真道派在活动并建有道观。

进入陕西后，伊志平感叹："诸路宫观，绰有次弟，独终南祖庭荒废，无人修葺"，开始着力恢复全真教祖庭。经过努力，终南山全真教祖庭灵虚观得以恢复，而且大量宫观被修复和重建，以辅翼祖庭。陕西于是又成为全真教重镇。

在传教修观的同时，尹志平还集中教众力量，编修《道藏》。在尹志平及其弟子主持下，将三洞四辅一万八千余篇道书，校雠补订完整，编纂完成新《道藏》共计七千余卷。之后，刊刻一百二十部，分藏于各名山大观。

《道藏》的编纂完成，不但昭示了全真教是道教正统，而且为文化传承贡献甚大。民国大学者陈垣先生便认为，《道藏》的编纂“将以承道家统绪，留读书种子也”。

尹志平对全真教的发展居功至伟，但他毕竟是修道之人，“素厌冗剧，喜山林”。在完成众多大事之后，他屡屡请辞掌教。最后在1238年，尹志平终于说服了教众，让位于李志常，自己隐居于五华山。

1251年，尹志平“晨起沐浴更衣，命作大斋，抵昏归正寝，奄忽而登真矣，道寿八十三岁”。

丘处机、尹志平两代掌教的努力，使得全真教成为当时道教的正统，获得蒙古皇室的尊崇，从而大为发展，也对安定百姓，传承文化大有贡献。但尹志平之后，继任掌教的李志常过于打压佛教，不但纵容各地弟子侵占佛寺，还大力鼓吹《老子化胡经》，刊行《老子八十一化图》，将佛教说成是老子西去教化胡人产生的宗教，即所谓“佛本因道而生”，希望将佛教压制于道教之下。

全真教因为势力过于膨胀，已经受到蒙古皇室猜忌。而这种打压佛教的行为，也使主张各教平等的蒙古皇室深为不满。于是，在尹志平去世四年后，1255年，蒙古第四任大汗蒙哥主持了一场佛道大辩论。在论坛上，李志常为首的道教代表败给了雪庭福裕为首的佛教代表。结果不得不将以《老子八十一化图》为首的经书及其木版悉数交出焚毁，停造老子像并修复、归还佛像，将全真教占据的四百八十二所寺院中的三十七所归还佛教一方。

以这次辩论失败为转折，全真教逐渐失去了曾经的独尊地位，受尊崇程度开始低于佛教。但在蒙古帝国、元朝时代，全真教依然是北方道教之首。

丘处机、尹志平都主张“三教合一”，将儒家学说和佛教义理引入道教，虽大力发展自家教门，却并不刻意打压其他宗教。其后继者不肖，忘记了他们“悟万有皆虚幻”的教义，乃至于争强斗胜，受到打压而收敛骄矜之气，使得全真教能够正常发展，也算是福气吧。

困顿于教廷与汗廷之间

——天主教东行的得与失

相对于佛教、道教，基督教在元代的传播更具有传奇性。不但早已存在的基督教教派聂斯托利派大行其道，而且从未能踏足东方的罗马天主教也大有斩获，开辟了远东第一个天主教教区。

不过，和其他宗教不同的是，天主教既没能有所传承，也不是因元朝的灭亡而衰落，而是在元朝还在并对之大有扶持时便遇到瓶颈乃至无法发展，这又是怎么回事呢？

不愉快的第一次碰撞

公元 1254 年，一位来自意大利的基督教教士来到了大蒙古国的汗廷。

这位教士名叫柏朗嘉宾，意大利方济各会教士，是罗马教皇英诺森四世的专使。他的任务，是面见蒙古大汗，传达教皇的书信。

从成吉思汗开始，蒙古大军屡屡西征，先是摧毁了中亚西亚的伊斯兰国度，之后又进入东欧，摧残俄罗斯、波兰、匈牙利等国。作为基督教的领导者，罗马教廷不得不正视这个自己完全不了解的国家。他们不希望与之作战，同时也希望其能够接受自己的宗教。

柏朗嘉宾到达汗廷时，正赶上帝国第三任大汗贵由的登基大典。这位意大利教士惊奇地发现，在如此遥远的地方，竟然也有着大量的基督徒，而且汗廷的很多贵族也是基督徒。只可惜，他们不是罗马教廷认可的正教徒，而是异端聂斯托利派信徒。

柏朗嘉宾受到贵由汗的接见，呈上了教皇的书信。但贵由汗对于信中关于蒙古人皈依基督教和接受洗礼的要求不屑一顾，对于缔结合约维系和平的要求更是回答："你等如若希望与我们讲和，为缔结和平事，你教皇及诸王公显贵应毫不迟疑地前来朝见我。届时将会听到我们之答复和要求。"①

教皇的目的全部落空，当时的罗马教廷，可能会认为向东方传教的希望应该是没有了。

也不怪贵由大汗傲慢，且不说此时蒙古铁骑天下无敌，只有别人投降归顺，哪里会有人让自己皈依受洗？何况，自己治下也有很多基督徒，他们从来没有如此傲慢。

蒙古人对于基督教的认知，是要早于伊斯兰教乃至佛教的。在蒙古统一草原之前，草原上便有很多部族信奉着基督教——聂斯托利教派。

聂斯托利本是基督教的高级教士，公元 428 年任君士坦丁堡大主教。但是，他主张"二性二位说"，一方面同意耶稣基督具有神和人两个本性，另一方面又不赞成此二性统合为统一的本体，

① 伯希和著，冯承钧译：《蒙古与教廷》，中华书局 2008 年版，第 11 页。

认为神性本体附于人性本体，因此圣母马利亚只是为人的耶稣之母，而不能作为神的基督之母。这与基督教主流观点不合，聂斯托利被斥为异端，之后被革职流放。

聂斯托利虽然落难，但他的信徒仍坚持他的理论，在叙利亚、美索不达美亚、波斯等地继续传播，从而形成了自己的教派。他们并不称呼自己为聂斯托利派，而是自称“迎弥底亚基督徒”或“亚述基督徒”。

聂斯托利派于唐太宗贞观九年（635）传入中国，被称为“景教”，与祆教、摩尼教合称“三夷教”。到唐武宗灭佛，景教受到毁灭性打击，一蹶不振。待到黄巢之乱，各地景教徒惨遭屠杀，于是在中原绝迹。

唐朝“君主华夷”，草原各部、西域各国均受大唐天可汗管辖，因此唐朝时文化交流的成果也为他们所吸收。草原诸部中，克烈、乃蛮、汪古便都是景教徒。这些部落后来都被蒙古所吞并，新建立的大蒙古国中，上自贵族勋戚，下至贩夫走卒，景教徒遍布朝野。

对贵由汗来说，天主教的教义并不神秘，实在产生不了皈依热情。

教廷与汗廷的第一次交往失败了，教廷也就放弃了向东传教的努力。然而四十年后，他们却接到来自东方的主动邀请。

这个邀请，来自元世祖忽必烈。

大主教孟高维诺

1260 年，忽必烈建元称帝。

当忽必烈登上至尊宝座时，他对遥远的罗马教廷的态度已经和贵由汗时完全不同，虽然他也继承了“世界征服者”的禀赋，但更在意的却是要做一个“世界统治者”。因此，他主动派人前往罗马，要求教皇派遣一百名通晓七艺(指文法、逻辑学、修辞学、算学、几何学、音乐、天文学)的教士东来。

至元六年(1269)，教皇格列高利十世接到了忽必烈的信，东方大国的统治者竟然主动要求教廷前去传教，这是意外之喜，于是立即派两位多明我会教士前往。但是这二位因为路途艰辛，没有到达目的地便中途折返了。

于是，事情便又拖了二十一年之久，到至元二十七年(1290)，此时在位的教皇尼古拉四世才物色到了一位意志坚定的教士自愿东去传教。这便是约翰·孟高维诺。

孟高维诺是意大利方济各会教士，原本在亚美尼亚、波斯等地传教，受亚美尼亚国王海屯二世的委派前往教廷。此时的波斯已经是蒙古四大汗国之一伊儿汗国的领土，而亚美尼亚王国又是伊儿汗国的属国，孟高维诺在这里传教多年，与蒙古人有很多交往，也算熟悉东方，因此便被选为前往东方的特使。

此时的孟高维诺已经四十二岁，要前往万里之遥的东方对他来说是很艰巨的任务。孟高维诺在路上走了四年之久，到至元三十年(1293)才到达泉州，而到达大都，又是一年后的至元三十一年了。

此时，元世祖忽必烈已经去世，元成宗铁穆耳即位。孟高维诺觐见了成宗，呈献了教皇的信件，成宗大喜，待之以上宾之礼，并允许他自由地在大都居住及传教。

皇帝虽然允许孟高维诺自由传教，但他的传教工作并不顺利。

且不说此时早已根深叶茂势力庞大的佛教、道教和伊斯兰教对于这个新来的竞争者不会太客气，就是同宗同源的聂斯托利(景)教就是一个大障碍。

毕竟罗马教廷视聂斯托利为异端，在西方罗马教廷是正统，而在东方，聂斯托利却是基督徒的主流。景教徒对孟高维诺多有阻拦，不准他修建教堂，不准他公开传教。所幸，元朝的法律规定各宗教不得互相攻击倾轧，所有宗教一律平等。景教徒对于孟高维诺的为难只能适可而止而不能大肆迫害，经过了五年的努力，孟高维诺终于可以修建教堂和展开传教工作了。

孟高维诺是一位很杰出的传教士，很快便取得了重大成果，皇亲中的一位重量级人物——高唐王阔里吉思皈依了天主教。

阔里吉思是汪古部首领，世祖忽必烈的女婿。汪古部从成吉思汗时代便与皇室结亲，世代都是驸马，位高权重。他们原本都是景教徒，而阔里吉思作为汪古部首领、皇帝驸马、有着王爵的皇亲接受了孟高维诺的洗礼而成为天主教徒，这意义是非比寻常的。

孟高维诺对此事也很自豪，他写信给教皇，信中称阔里吉思为“好王”，说自己“使他改信了真正的罗马天主教的正宗教义”，取教名为“佐治”。而阔里吉思还捐献了很多钱财，修建了“一座壮丽的教堂，供奉上帝、三位一体和教皇陛下，且按照我的建议，赐名为‘罗马教堂’”①。

阔里吉思的皈依，使得孟高维诺的传教更为顺利了。不久他

① 引文皆来自孟高维诺给罗马教廷的信，出自道森著，吕浦译，周良宵注：《出使蒙古记》，中国社会科学出版社 1983 年版，第 263—268 页。以下皆同。

更使得大都的三万阿速人皈依了天主教。

阿速人又称为阿兰人，原生活于康居(在巴尔喀什湖和咸海之间)西北约两千里的区域，属于伊朗人的一支。蒙古西征时，大量阿速人归为蒙古麾下，他们骁勇善战，很快便成为蒙古军中的重要战力。在元世祖忽必烈时，专门成立了阿速亲卫军，成为保卫皇城的近卫军之一。阿速人是元朝皇帝信任和倚重的人群，他们原本也信奉景教，而孟高维诺却让三万多阿速人及其家属皈依了天主教，这在大都朝野引起了极大的轰动。

皇帝的驸马、近卫都皈依，已经没有人能够阻挡孟高维诺的传教了。他先后在大都修建了三座教堂，给六千多人施行了洗礼，而据他所说如果不是景教徒对自己的中伤，“我可能已为三万余人施行了洗礼”。另外，孟高维诺还开设了修道院，招收四十多名儿童组成了唱诗班。

孟高维诺孤军奋战取得的成就斐然，这让罗马教廷大为欣喜。大德十一年(1307)，教皇格来门五世正式设立汗八里(大都)总主教区，委任孟高维诺为总主教，统辖契丹(中国北部)及蛮子(中国南部)各处主教，并掌管远东教务。孟高维诺的权限包括简授主教和划分教区权，除非遇到重大事件，可自行处理，不需请示教皇。

在设立汗八里总主教区的同时，教皇还派了七位主教东行，去协助孟高维诺。但七人中，有一人没能出发，有三人病死在途中，只有哲拉德、裴来格林和安德鲁三人安全抵达了大都。三人为孟高维诺举行了祝圣典礼，孟高维诺正式成为远东地区第一位天主教教区创始人和总主教。

在孟高维诺及三位主教的努力下，元仁宗皇庆二年(1313)，福建泉州也设立主教区。哲拉德、裴来格林和安德鲁先后成为泉州主教区的主教。

后继乏力

孟高维诺的传教看似是成功的，但其实举步维艰而且后继乏力，这也使得天主教在元朝无法如其他宗教一般大为发展。

其原因，最严重的是人才的缺乏。

孟高维诺是孤身一人来到东方的，在如此地域广袤、人口众多、文明又与西方完全不同的地区传教，其困难是可想而知的。他首先要获得元朝皇帝和达官显贵的好感，获得其他宗教的谅解，这就需要花费大量的心力和时间。待到摆布完这一切后才能展开传教，至于其他工作就无法完美。

比如对基督教经典的翻译传播，孟高维诺东行不可能携带太多的书籍，虽然他有拉丁文的《圣经》，但需要翻译成蒙古文和汉文才能给中国的教徒传播。在繁重的传教工作之余，孟高维诺只能自己进行翻译。结果来到中国十年后，他才将《新约全书》和《诗篇集》翻译成蒙古文，至于汉文翻译，他已经无力操持，这也使得经他受洗成为基督徒的，大部分是蒙古人、钦察人、阿兰人等，而汉人寥寥无几。

经典都无力翻译，那么神学教育也就严重滞后，孟高维诺不可能在传教、翻译之外还能有大量的时间来进行神学教育，培养本地神父，传教工作始终只能靠他一人，效果也就相当有限了。

在孟高维诺在东方传教的数十年间，罗马教廷只派过一批教士前来协助他，而真正到达的只有三人，可谓是杯水车薪。孟高维诺曾在 1305 年哀叹："现在，我在此次旅行之中，孤独一人，没有一位神父相助，已有十一年之久……如果我即使只有二三位助手，或许皇帝大汗很可能已经受洗了。"

一度，孟高维诺甚至觉得教廷方面已经认为自己死了，他在信中写道："我想，你们可能十分奇怪，我长期居住在如此遥远的地方，为什么你们从来没有接到过我的信。但是，我也同样奇怪，直至今年为止，在我看来，似乎没有一个人记得我了，特别是我听说，关于我去世的谣言已经传到了你们那里。"

即使后来到来的哲拉德、裴来格林和安德鲁三位教士，也很快就南下到泉州办理教区，而他们所面临的困难，恐怕也是和孟高维诺一样的。

那么，罗马教廷为何对东方的传教事业如此不热衷呢？

不是不热衷，而是自顾不暇。

在孟高维诺东行早期，因为路途遥远、信息不畅，罗马教廷没有得到大力支持，但在得知孟高维诺取得重要成果之后，也立即派出了教士团前往。可就在此时，教廷发生剧烈动荡，什么传教工作都顾不上了。

这动荡便是"阿维尼翁之囚"。

1309 年，法国国王腓力四世将教皇强行迁往意大利北部紧靠法国边境的阿维尼翁。从此长达半个多世纪，教皇都在法国国王的控制之下，几乎成为法国国王的傀儡，也从而深深地卷入英法之间的激烈战争中。对于东方的传教事业，自然也就难以顾及。

孟高维诺在元朝生活了三十余年，于泰定帝泰定五年(1328)以八十一岁高龄病逝于大都。他去世后，总主教空缺，又恰逢元朝遭遇内乱，因此长时间没有新的总主教。至于泉州教区，哲拉德、裴来格林和安德鲁先后任泉州主教，但在安德鲁去世后，主教之位也空缺了。

直到元惠宗后至元二年(1336)，元惠宗派遣使团前往欧洲，面见了教皇本笃十二世，要求派遣一位总主教。教皇虽然派了使团回访，但没能马上派出一位主教。而随着元朝灭亡，元惠宗北走，继之而起的明朝奉行排斥外来宗教的政策，天主教在东方的传教事业也从而画上了句号。

大元兴衰两伯颜
——两位“白雁”的传奇

预言，总是让人很着迷。

记得在大学期间，流传着“1999 世界毁灭”的预言，《诸世纪·诺查丹玛斯预言》也洛阳纸贵，到处畅销。笔者也赶时髦买了一本来看。世界几百年的重要事件，全都在一本书中被一个人所料定，而这个人又预料了全世界人类的存亡，这样的刺激倒没让笔者害怕，反而有些许激动。但结果，到了所预定必死的 1999 年 7 月，什么事也没有发生。

于是便有人指出，《诸世纪·诺查丹玛斯预言》很多是后人杜撰和附会上去的，不是“指哪打哪”而是“打哪指哪”，也算是让人哭笑不得。

中国历史上，预言总是在关键时刻恰到好处地出现，且往往惊人地准确。于是也有很多奇人异士因散播这些预言或获得富贵或遭受灾祸。当然，是否属于“打哪指哪”，就多无法考证了。

在元朝的兴衰之间，也有两则神奇而灵验的预言出现，而预言的主人公，名字也完全一样，这给元朝百年历史平添了神秘的色彩。

“百雁”破宋

至元十年(1273)，南宋江淮防御体系的核心——坚城襄阳、樊城被元军攻破。

两城地处南阳盆地南端，襄阳和樊城南北夹汉水互为依存，“跨连荆豫，控扼南北”，地势十分险要，自古以来为兵家必争之地，所谓“中原有之，可以并东南；东南得之，亦可以图西北者也”①。

元世祖忽必烈在击败自己的弟弟阿里不哥之后，立即将南下灭宋列入自己的战略目标。在吸取蒙哥汗南征的教训以及自己征江汉的经验后，忽必烈将主攻方向由川蜀转到荆襄，而主要打击襄阳和樊城这两座重镇。

从至元五年(1268)开始，元军用堡垒战术逐步包围襄、樊，切断其后援之路。待到至元九年(1272)，襄、樊两城已经孤立无援。至元十年(1273)，元军发动总攻，用新式“回回炮”击垮樊城城墙，攻陷樊城。之后又用炮火轰击襄阳城楼，使得城中军民人心动摇，迫使襄阳守将投降，襄樊战役宣告结束。

襄樊陷落，南宋的江淮防御体系已经名存实亡。一举南下灭亡宋廷的时机已经到来。

这就要确定南下总指挥的人选了。

而在此时，一个莫名其妙的预言也在江南大地流传着——“江

---

① 顾祖禹撰：《读史方舆纪要》卷七十九《湖广・襄阳府》。

南若破，百雁来过”。

这个预言有三个版本。

在《元朝名臣事略》中说：南宋长江防线未被攻破时，江南有民谣云“江南若破，百雁来过”，时人莫喻其意。及宋亡，盖知指丞相伯颜也。

《马可·波罗游记》中，是说宋太后请人为皇帝占卜，占卜结果是：“除了一个有一百只眼睛的人之外，没人能夺取他的王位。……然而当她问到敌军统帅的名字时，人们告诉她叫伯颜，即百眼的意思，她不禁大惊失色。”那么，在“江南若破”之后的一句话便是“百眼来过”。

元初北方思想家、诗人刘因，在自己的《白雁行》诗中，则说是“北风三吹白雁来”。那便是“江南若破，白雁来过”。

无论“百雁”“百眼”还是“白雁”，都应该不是意译，而是取谐音，所指的都是一个人，此时忽必烈的中书右丞相——伯颜。

能够被预言选中，无论是“天意”垂青还是人心所向，都证明伯颜的不凡。可若论资历和出身，伯颜在忽必烈诸臣中并不突出。

论资历，他既不是忽必烈藩邸旧臣，也不是“金莲川幕府”中的人物。当忽必烈南征大理，攻打江汉，平定秦陇，鏖战漠北之时，都没有他的身影。那时，他正和忽必烈的弟弟旭烈兀，一路向西亚挺进。直到阿里不哥败降，世祖将年号从“中统”改为“至元”之后，他才以旭烈兀使者陪臣的身份来到元廷。

论出身，伯颜也并不显赫。他出身于蒙古巴邻部，曾祖述律哥图、祖父阿剌、父亲晓古台都出任八邻部左千户，三代都只是中层官员。倒是叔祖父纳牙阿是成吉思汗麾下猛将，忠诚敦厚，被成吉思汗誉为“可委任大事之人”，出任过中央万户长高位，但与他这一支关系不大。

伯颜能够迅速脱颖而出，建功立业，在于他超强的学习能力。

至元二年(1265)，二十九岁的伯颜受旭烈兀之命出使元廷奏事，一下子就被忽必烈看中了。《元史》记载他被看重的原因是“见其貌伟，听其言厉”，如果仅是长得相貌堂堂而且能说会道，恐怕并不能获取以能识人著称的忽必烈的欢心，这是指伯颜有很多关于政治、军事上的见解让世祖青睐。从此便留在元廷，“与谋国事”。

元朝的制度，是中原汉制与蒙古的“漠北旧制”相混合的产物，在行政上汉制所占权重更大。这与旭烈兀的伊儿汗国的制度有着很大差别，伯颜曾经的经验难以借鉴，他必须从头学起。

若是寻常之人，即使天分高，够勤奋，也要从低到高一步步循序渐进。而伯颜的学习能力可称为“超级学习机”，很快便展现了卓越的政道才华。至元二年七月，伯颜便被提拔为光禄大夫、中书左丞相。元朝官制以右为尊，左丞相虽不是正相，却已经是朝中显贵了。伯颜也没有辜负忽必烈的赏识，“诸曹白事，有难决者，徐以一二语决之”，这需要对律例条文的熟练掌握，也需要决断力和举重若轻的素质。伯颜为相，无论蒙古大臣还是汉人大臣，都不得不佩服地说一句：“真宰辅也。”①

至元四年(1267)，伯颜被升为中书右丞相；至元七年(1270)，又迁同知枢密院事，这时的他只有三十四岁，已经位极人臣。

中国古代政治人物，如果能够出将入相，那便达到了事功的

① 宋濂等撰：《元史》卷一百二十七《伯颜传》，中华书局2008年版，第3099页。

最高层次，也是自己素质的最高体现。伯颜刚过而立之年已经是宰相，很快他又有了出征为帅的机会——南下灭宋。

在廷议上，大将史天泽、谋臣姚枢都向忽必烈举荐伯颜，甚至连帝师八思巴也竭力举荐伯颜，认为他才能出众，堪当大任。

众望所归，忽必烈于是下诏，以伯颜、史天泽同为平宋荆湖行省左丞相，共同任伐宋大军的最高统帅。但史天泽此时已经病入膏肓，无力从军，不久便病逝于真定。伯颜成为唯一的平宋大帅。

至元十一年(1274)九月十三日，伯颜率三十万大军南下攻宋。三十八岁的伯颜意气风发，即兴作诗一首，名为《奉使收江南》：

剑指青山山欲裂，马饮长江江欲竭。
精兵百万下江南，干戈不染生灵血。

伯颜原本并不精通汉语，到元廷任职后，与汉人大臣接触，迅速熟练掌握了汉文，不但书法“妍秀稳密”，被称为“落笔雄伟，若老于翰墨者”，而且学会了作诗填词。虽然还不能和诗词大家相比，但也对仗工整，意境雄浑。其中“干戈不染生灵血”一句，是他对忽必烈的承诺，在出征之时，忽必烈特地嘱咐他：“昔曹彬以不嗜杀平江南，汝甚体朕心，为吾曹彬可也。”①

元军分为三路，从襄阳出发，直指郢州(今湖北钟祥)。郢州依山傍水，易守难攻，宋将张世杰以沿江精锐数万人固守。伯颜的前锋部队试探性攻击未取得任何进展，伯颜果断下令：“攻城乃兵家下计，大兵之用，岂唯在此一城哉!”只留下少数部队包围郢

① 宋濂等撰：《元史》卷一百二十七《伯颜传》，中华书局2008年版，第3100页。

州，大军则绕道南下。

十一月二十三日，元军抵达蔡店(今湖北汉阳)，宋淮西制置使夏贵已经率宋军十数万，战舰万余艘布阵迎战。伯颜避实击虚，做出进攻汉阳从汉口渡江的假象，吸引夏贵在汉口不动。而以主力十万步骑和十万战舰水陆并举，猛攻沙芜口，迅速将之攻陷。

获得沙芜口这个重要据点后，十二月十三日，伯颜以阿里海牙佯攻宋军重兵把守的阳罗堡，而命阿术趁夜色逆流而上四十里，在青石矶登岸，直抵鄂州东门。宋军见元军渡江，军心大乱。

见强渡成功，伯颜迅速调集兵力猛攻阳罗堡，并以水师进攻夏贵所部。阳罗堡宋军早已军心瓦解，不战先乱，阳罗堡旋即被攻克，夏贵弃军而逃，所部全军覆没。如此，当年忽必烈费尽力气也没能拿下的鄂州已经无兵防守。鄂州、汉阳等城的守将先后投降。

伯颜留阿里海牙留守鄂州，自己和阿术继续南下。

阳罗堡之战的失败，使得宋军上下军心涣散，面对伯颜大军，蕲州守将管景模，池州守将张林，江州守将吕师夔，安庆守将范文虎，五郡镇抚使吕文福等相继投降。

长江南岸的众多要塞尽数丢失，宋廷乱成一团。此时，南宋第六任皇帝宋度宗赵禥已病死，其次子赵㬎即位，年仅四岁，是为恭帝，第五任皇帝宋理宗的皇后谢道清以太皇太后之名义垂帘听政，但实权还是掌握在权相贾似道手里。面对着元军的大兵压境，朝野都要求贾似道出兵御敌，贾似道顶不住压力，只好于至元十二年(1275)初，率精锐十三万离开临安奔赴前线。

此时，因为江南天气暑热，元军水土不服，军中非战斗减员严重。忽必烈下诏要伯颜停战驻守，等明年秋天再出兵。伯颜上书忽必烈道："百年逋寇，已扼其吭，风驰电击，取之恐后，少尔迟归，奔播江海，遗患留悔矣。"忽必烈经过考虑："诏尔丞相，朕不从中制也"①。伯颜得以继续挥兵南下。

是年二月十八日，元宋两军对峙于丁家洲，大决战开始。

战斗一开始，伯颜命左右翼万户率骑兵夹江而进，同时开炮轰击宋军，炮声震百里。见到宋军阵势散乱，伯颜又派出水军冲击宋军船队。宋军将领均是庸懦之辈，在元军攻击下一触即溃。

丁家洲一战，南宋的主力部队损失殆尽，贾似道也失去了可以继续专制朝政的资本，被弹劾罢官，后在流放途中被差官所杀。

而此时，元朝的北方却出了事，窝阔台汗国海都屡屡发兵进攻漠北。为了应付北方边患，五月十七日，忽必烈急召伯颜回京，一方面听取南方战事汇报，另一方面想让伯颜负责北方战事。

这次召回，险些让伯颜失去灭宋功臣的功劳。所幸，经过一个多月商讨，忽必烈最后决定让另一位丞相安童出镇漠北，仍让伯颜回南方带兵。

十一月九日，伯颜兵分三路向临安进发。参政阿剌罕等为右军，以步骑自建康出四安，趋独松岭；参政董文炳等为左军，以舟师自江阴循海趋澉浦、华亭；伯颜及右丞阿塔海由中道，节制诸军，水陆并进。十一月中旬，元军攻破常州，周边诸城望风奔溃，临安再无险可守。

至元十三年(1276)正月中旬，伯颜进至皋亭山(今浙江杭州东北)。正月二十二，勤王抗元的文天祥被宋廷任命为右丞相兼枢

① 元明善:《丞相淮安忠武王碑》,《全元文》第二十四册，江苏古籍出版社 2005 年版，第 348 页。

密使，并奉命与吴坚、贾余庆等人一起与伯颜交涉。

伯颜见到文天祥，立即看出其人并非蝇营狗苟之辈，必会阻碍宋廷投降，于是便借口有事相商，强行将文天祥扣押。伯颜此举，虽不够磊落，却也是对文天祥的惺惺相惜。他若看不出文天祥是个英雄，便不会做出扣押的事情来。文天祥在敌营遇到这位“知己”，能够受到敌人的重视，算是大幸，而这种重视又使自己身陷囹圄，有力使不出，也算是大不幸了。

文天祥被拘押，丞相陈宜中逃走，张世杰、陆秀夫等人也已经保护着度宗另外两个儿子赵昰、赵昺南逃。临安城中留下的都是如吴坚、贾余庆这样唯唯诺诺之辈，主事的太皇太后谢道清又老迈昏聩，除了投降，也确实无路可走。

正月二十六，伯颜派部将㖞都率军进入临安，保护皇宫并控制各要隘。

二月初五，南宋恭帝赵㬎正式颁布降表和谕降诏书，南宋灭亡。两宋从太祖赵匡胤建国到此时，享祚三百一十六年。

对手的种种错误再加上努力与天赋，终于使得伯颜成就了自己的辉煌。在进入临安后，他出榜安民，维持秩序，下令封存府库，登记钱谷，将士不得擅自进城，敢于暴掠者军法处置。保护了繁华的南宋都城没有遭到破坏。

但作为征服者，他也按照指令将太常寺的祭器、礼器，秘书监的图书、户口簿册以及衮冕、圭璧、符玺、宝玩、车辂、辇乘、卤簿、麾仗等象征政权的物品以及宋廷收集的各类珍宝全部清点装运北归。宋皇室成员除了太皇太后谢道清因为有病而暂时留下外，也全部押解北上。

抵京之时，忽必烈命文武百官全部出城迎接，并召伯颜至宫中慰问，大加褒奖，伯颜甚为低调，只言："奉陛下成算，阿术效力，臣何功之有。"

灭亡南宋，统一南北，伯颜自是首功。而他居功不自傲，又自守清廉，过手的珍宝无数，却"归装惟衣被而已"①。因此被时人赞颂为："以雄姿大略，济以至仁。取胜国，兵不血刃，归橐不贮一毫，勋德塞宇宙。"②

"白雁"乱国

灭宋的伯颜是在 1267 年被任命为中书右丞相，而在六十六年之后，又一位伯颜登上了中书右丞相的宝座，成为大元皇朝一人之下万人之上的人物。

元世祖忽必烈盛年即位，在位三十四年，尤其是能活到八十高龄，中国历史上三百多位帝王，除了梁武帝萧衍、女皇武则天、宋高宗赵构和清高宗乾隆之外，只此一人而已。

然而，忽必烈想不到的是，自己的子孙们的生命力竟然都极为脆弱，从他的接班人元成宗铁穆耳开始，武宗、仁宗、英宗、泰定帝、明宗、文宗、宁宗连续八任皇帝，没有一个能活过五十岁，大多在二三十岁的青年时代便匆匆谢幕，更有还未成年便夭亡者。短命的皇帝，更迭频繁的皇位，所面对的，却是一个幅员辽阔，民族众多，问题复杂，且天灾"较其前之任何朝代，皆严重

① 宋濂等撰：《元史》卷一百二十七《伯颜传》，中华书局 2008 年版，第 3116 页。
② 许有壬：《跋忠武王画押》，《全元文》第三十八册，江苏古籍出版社 2005 年版，第 144 页。

多矣”①的皇朝。大元朝经过短暂的繁荣，便进入了衰败期。

更让忽必烈想不到的是，当他的子孙中终于有一个活过五十岁，坐在皇位上的时间超过他的人时，却已经是亡国之君。这便是忽必烈的五世孙，元惠宗妥懽帖睦尔。

而伯颜便是元惠宗初期的宰相。

元成宗铁穆耳去世后，因为其所立太子先于他而死，因此其侄子海山即位为元武宗，武宗死后其弟仁宗即位，仁宗之后则是仁宗之子英宗即位。英宗因大力推行改制又“果于刑戮”，导致“南坡之变”而被害。成宗大哥甘麻剌之子也孙铁木儿被拥立为帝，是为泰定帝。

泰定帝以藩王入继大统，武宗、仁宗旧臣对此并不服气，以燕帖木儿、伯颜为首的武宗旧臣于是暗中准备，趁泰定帝在上都病逝，在大都发动政变，拥立武宗之子图帖睦尔为帝，是为元文宗。而忠于泰定帝的宗王大臣则在上都拥立泰定帝之子阿速吉八为帝，是为天顺帝，并派兵讨伐大都，这便是元朝历史上的“两都之战”。

两都之战以大都方的胜利而告终，之后又经过“明文禅替”的血腥政变，文宗的哥哥明宗和世㻋又被害死，元文宗终于坐稳了皇位，燕帖木儿成为元朝开国以来第一个行使皇权的权臣，被封为太平王，掌管一切朝政。而伯颜也受封浚宁王，并先后官拜太尉、太保、中书左丞相等要职。

元文宗只做了五年皇帝便一病不起，而他的长子在立为太子后很快夭亡，心中有愧的元文宗认为是哥哥明宗冤魂作祟，留下

---

① 邓拓著：《中国救荒史》，上海书店1984年版，第30页。

遗诏传位于明宗之子。燕帖木儿等人于是拥立明宗次子懿璘质班为帝，是为元宁宗。

然而七岁的元宁宗只当了四十三天皇帝便驾崩了，无奈之下，燕帖木儿等人又拥立明宗长子妥懽帖睦尔为帝，是为元惠宗。

惠宗未待正式登基，燕帖木儿便“体羸溺血而薨”，但惠宗朝初期仍是燕帖木儿家族执掌大权，惠宗不过是个“栗栗危惧，若涉渊冰”①的傀儡。

不过，深居宫中的元惠宗很快就发现，文宗留下的政治班底并非铁板一块。有人早就对燕帖木儿家族不满，文宗朝仅次于燕帖木儿的另一位大功臣——伯颜。

毕竟扶持文宗登基的谋主是燕帖木儿，两都之战的首功者也是燕帖木儿，伯颜仅能居于其次，面对“自秉大权”的燕帖木儿，伯颜只能做个位高而权小，名惠而实虚的朝廷老二，享受荣华富贵，却没有多少实权。待到文宗去世，伯颜和燕帖木儿一起成为“顾命大臣”，同受遗诏，也只能做个老二，扶立宁宗、惠宗都是燕帖木儿一力主持，伯颜只是个陪衬。

而待到燕帖木儿病死，伯颜便成了硕果仅存的顾命大臣，其地位立即从老二成为老大，官拜太师、中书右丞相，但燕帖木儿在世时所布置的势力仍然树大根深，其家族在朝中仍是一家独大。伯颜虽捞了个老大的名誉，仍然只能屈居老二，这对于“弘毅深沉，明达果断”的伯颜来说，已经不可忍受。

于是，只是稍做暗示，伯颜便义无反顾地登上了惠宗的战车。

后至元元年(1335)六月，一场事变突然降临大都。伯颜奉惠

---

① 宋濂等撰：《元史》卷三十八《顺帝本纪一》，中华书局2008年版，第817页。

宗之命发动政变，将燕帖木儿家族斩尽杀绝。

随着浓重的血腥气逐渐散去，踏着曾经盟友尸体上位的伯颜，隆重拉开了属于自己的权臣时代的序幕。

伯颜的官衔长达二百四十六个字：元德上辅，广忠宣义正节振武佐运功臣，太师，开府仪同三司，秦王，答剌罕，中书右丞相，上柱国，录军国重事，监修国史，兼徽政院侍正，昭功万户府都总使，虎符威武阿速卫亲军都指挥使司达鲁花赤，忠翊侍卫亲军都指挥使，奎章阁大学士，领学士院知经筵事、太史院、宣政院事，也可千户、哈必陈千户达鲁花赤，宣忠斡罗斯扈卫亲军都指挥使司达鲁花赤，提调回回、汉人司天监、群牧监、广惠司、内史府、左都威卫使司事，钦察亲军都指挥使司事，宫相都总管府领太禧宗礼院，兼都典制神御殿事，中政院事，宣镇侍卫亲军都指挥司达鲁花赤，提调宗人蒙古侍卫亲军都指挥使司事，提调哈剌赤也不干察儿、领隆祥使司事。

所有有实权部门的官职，凡是能够体现位极人臣的官衔、称号几乎无所不包，就差“尚父”“仲父”之类让皇帝叫爸爸的称号了——这倒不是伯颜谦虚，他其实做得更过分，竟然唆使党羽上奏请赐予自己“薛禅”封号。这是世祖忽必烈的蒙古语谥号，伯颜要是有了这个封号，惠宗等于拿他当自己的太爷爷了。幸亏奎章阁大学士沙剌班进言：“万一屈从所请，关系非轻。”惠宗这才让学士欧阳玄、揭奚斯拟定了“元德上辅”四个字代替，免去自己当臣子重孙子的耻辱①。

除了官位尊荣上大包大揽，在施政纲领上伯颜也要有所创

① 陶宗仪著：《南村辍耕录》卷二《权臣擅政》，中华书局 2008 年版，第 29 页。

建——简而言之四个字：倒行逆施。

在诛灭燕帖木儿家族后不到半年，后至元元年十一月，中书平章彻里帖木儿议罢科举，以参知政事许有壬为首的儒臣“廷争甚苦”，但因为伯颜的全力支持，终于“不能夺”①。科举从仁宗延祐年间时开始，于此中断，天下士子无不扼腕。

后至元三年(1337)正月，广州增城县民硃光卿聚众造反。二月，汝宁信阳州的棒胡也造反。四月，又有惠州归善县民聂秀卿、谭景山造反。这几起变乱虽然很快便被镇压下去，但伯颜以此为借口，奏禁汉人、南人不得执兵器，并拘刷其马匹。甚至禁农家用铁禾杈。

到了五月，伯颜让惠宗下诏“汝宁棒胡，广东硃光卿、聂秀卿等，皆系汉人。汉人有官于省、台、院及翰林、集贤者，可讲求诛捕之法以闻”②。——因为造反的都是汉人，所以要对政府中的汉人进行大清洗。幸亏此举一旦实施将牵扯朝廷根本，难以推行。许有壬等汉臣也巧妙周旋，这才让伯颜无从下手。

到了十二月，伯颜将排汉推到极致，“请杀张、王、刘、李、赵五姓汉人”③，这五姓是汉人中人口最多的，若真要按伯颜的意思，便是要在全国至少屠杀上千万人口，这简直比后世希特勒针对犹太人的种族灭绝都要疯狂，而一旦施行，必定会遭到全国汉人乃至各地汉官的拼死反抗，大元朝也就会如同自杀。幸亏惠宗有理智，“帝不从”。

元朝立国已近百年，朝廷上下早知道如何治理国家，伯颜自

① 宋濂等撰：《元史》卷一百八十二《许有壬传》，中华书局2008年版，第4201页。
② 宋濂等撰：《元史》卷三十九《顺帝本纪二》，中华书局2008年版，第840页。
③ 宋濂等撰：《元史》卷三十八《顺帝本纪一》，中华书局2008年版，第843页。

己在河南任平章政事时，也知道兴农安民，“宿奸顽豪尝毒民者，必深治之”①，怎么成了国家首脑后，竟然如此行事昏悖？

原因说复杂也复杂，说简单也简单——源自自卑。

伯颜是蒙古蔑儿乞氏，这个部族曾经与成吉思汗家族有血仇，抢夺过成吉思汗大妃孛儿帖，直接造成成吉思汗长子术赤的血统悬疑，导致父子失和。其部被成吉思汗消灭后，贵族均被处死，其民则被编为奴隶。伯颜的祖父是蒙哥汗的直属奴隶，到了自己这一辈，便是蒙哥汗之子玉龙答失的孙子郯王彻彻秃的奴隶。

蒙古初兴之时，奴隶制是其根本，奴隶完全属于奴隶主，世世代代都为奴隶，难以改变命运。而到成吉思汗时代，这种制度已经有所变化，成吉思汗量才录用，并不计较臣下是奴隶还是贵族，他的开国元勋中，者勒蔑、速不台、木华黎、赤老温等均是奴隶出身。到了元朝建立，奴隶仅仅是名义上的，其实都是朝廷官员，并不影响其建功立业，比如世祖朝的大权臣阿合马，其出身也不过就是世祖察必皇后的陪嫁奴隶，但因为有才能，也成为宰相，权倾一时。伯颜虽然名义上是郯王的奴隶，但也不妨碍他成为武宗宿卫，建功疆场，位列封疆。

但是，毕竟出身是奴隶，对伯颜来说始终是个耻辱。按照国法，“凡家奴称主人曰使长，贵贱不易其称”。伯颜即使位极人臣，风光无限，见到郯王彻彻秃也要尊称“使长”。这种耻辱让他难以自安：“吾位极人臣岂尚有使长!”于是诬陷彻彻秃谋反，要求惠宗处死，惠宗知道郯王冤枉，又是自己的血亲，拖着不愿下

---

① 宋濂等撰：《元史》卷一百二十七《伯颜传》，中华书局2008年版，第3335页。

旨，伯颜竟然矫诏杀死剡王及其儿子①。这个事件虽表现了伯颜作为权臣的跋扈嚣张，但也看出其为了摆脱低微出身的迫切愿望以及显露出来的自卑。

伯颜面对汉法和汉人的仇视也源于此，他执掌大权，希望有自己的创建，以彰显与众不同，出类拔萃。可其智识有限，也拿不出什么新的政策，便只能倒行逆施。看似威风凛凛，实则色厉内荏。

这种自卑所激发的自负，还让伯颜对皇帝元惠宗都没有了基本的尊重。平日里，他的仪仗“导从之盛，填溢街衢”，而皇帝却“侧仪卫反落落如晨星”②。

伯颜的倒行逆施，连他的家人都无法跟从，他的弟弟和侄子便站在了他的对立面。

伯颜消灭燕帖木儿家族后，也着力培养自己家族的势力，让弟弟马札儿台拜太保，分枢密院，侄子脱脱任御史大夫，虎符亲军都指挥使，提调左阿速卫并充任惠宗的怯薛(近侍)。

脱脱自幼受伯颜抚养，恩同父子，自然备受信任，伯颜将他安排在惠宗身边是想让他监视惠宗的一举一动。岂料，脱脱与伯父不同，他自幼学习儒学，以忠君爱国为立身之本，坚决反对伯父的政策，而且还深知“伯父骄纵已甚，万一天子震怒，则吾族赤矣”的利害，一直有着“曷若于未败图之”的打算③。他将自己的打算告诉父亲，马札儿台虽然“复怀疑久未决”，不敢支持儿子，但

① 柯劭忞撰：《新元史》卷一百一十二《宪宗诸子》，上海古籍出版社2018年版，第2617页。

② 宋濂等撰：《元史》卷一百二十七《伯颜传》，中华书局2008年版，第3338页。

③ 宋濂等撰：《元史》卷一百三十八《脱脱传》，中华书局2008年版，第3342页。

其人恭谨仁慈，在陕西任行台治书侍御史时，遇到关陕饥荒，“赈贷有不及者”，能够自掏腰包“尽出私财以周贫民”，自然也看不惯哥哥的胡作非为，虐民以逞，对儿子的话“以为然”，对其的图谋更是睁一眼闭一眼①。

脱脱向惠宗效忠，准备扳倒伯颜。而在他们紧密谋划之际，一个预言开始在大都城中流传：“白雁望南飞，马札向北跳。”

“白雁”自然是指伯颜，“马扎”是指他的弟弟马札儿台。兄弟二人一个“南飞”一个“北跳”，寓意着什么？人们不得而知，但原本权势煊赫的伯颜，自己的弟弟抱着“非暴力不合作”态度，侄子脱脱又是个重量级的叛徒，预言将不利于他，却也是朝野的共识了。

很快，伯颜的末日便到来了。

后至元六年(1340)二月，伯颜邀请惠宗去柳林打猎，惠宗托疾不去。待到伯颜离京，脱脱等人立即控制了京师。之后，惠宗下诏，将伯颜贬为河南行省左丞相，之后又流放南恩州阳春县(今属广东)。果然应验了那句预言，让伯颜“望南飞”了。伯颜惊怒交加，病死于途中。

伯颜虽然败亡，但他留下的烂摊子却难以收拾，且不说官民、蒙汉之间已经裂痕过深难以愈合，就是君臣关系也难以恢复正常。脱脱是元惠宗的怯薛，也就是近侍，而元朝历来都是皇帝的怯薛出任丞相，而皇帝对之“委任责成”，完全信任，何况脱脱还有扳倒伯颜的大功。在伯颜倒台后，惠宗以脱脱为中书右丞相，君臣二人开始治理积弊，实现中兴的“朝廷更化”。原本君臣琴瑟和

---

① 宋濂等撰：《元史》卷一百三十八《马札儿台传》，中华书局2008年版，第3340页。

鸣，朝政大有起色，可伯颜的专权自恣让惠宗始终不能对脱脱完全放心，“更化”不过四年便罢去脱脱相位，并借口有人弹劾脱脱之父马札儿台，将之流放甘肃，脱脱也只能随行。伯颜“望南飞”后，预言的另一句“马札向北跳”也应验了。

罢弃脱脱的惠宗一切乾纲独断，又进行了四年的励精图治，但天灾人祸不断，使他心灰意冷，干脆避居后宫沉溺享乐，并召回脱脱复任为相。可在脱脱镇压民变，率军包围高邮之时，惠宗又听信谗言，将之临阵撤免，导致“大军百万，一时四散”，从此大元朝进入“兵机不振，钱粮之耗，盗贼纵横，生民涂炭”的泥潭，再也没能振作起来。

回看两位被预言选中的伯颜，就如一枚硬币的两面，一正一负之间，元朝兴衰之因存焉。

两位伯颜都出身不高，但都凭借自己的能力和努力位高爵显，但展现的气质却是迥异。第一位伯颜，浑身上下散发着蓬勃的自信，在学习方面毫无障碍，小至书法绘画，大到治国理政，如饥似渴融会贯通，年纪轻轻便出将入相。而在创造辉煌的同时，却也谦虚谨慎，不骄不躁，更是一种出于自信的气定神闲。而第二位伯颜，却时时展现着自卑，以及从自卑散发出来的自大。外厉内荏却要用与天下为敌的做派彰显自己的强大。

元朝之兴，在于海纳百川，无不能为我所用，而元朝之衰，则在于器小易盈，无能为我所用。两位“白雁”宰相的生平，应是最好的映照了。

翁婿之间那些事
——元朝与高丽

有元一代，藩属之国众多，但若说关系最铁的，第一自然是元世祖忽必烈的弟弟旭烈兀所建立的伊儿汗国，其次便是女婿之国高丽王国。不仅在元朝强盛时，翁婿之间关系亲密，就是在元朝灭亡成为“北元”之后仍与之藕断丝连，在“没有永远的朋友只有永远的利益”盛行的国际社会，算是很难得了。

不过，元朝与高丽的翁婿关系，却是在蒙古帝国对高丽打击欺压的阴影之下一步步走向看起来很美的和谐之境的。

从“兄弟”到“敌国”

公元九世纪以后，朝鲜半岛的新罗王国日益衰落，贵族叛乱和农民起义层出不穷，最终导致彻底的分裂，形成新罗、后百济和泰封(后高句丽)三国鼎立的局面。这便是朝鲜半岛的第二次三国时代，史称“后三国”。

就如中国的三国时代一样，魏、蜀、吴三国最后谁也没能一统天下，倒是魏国的权臣司马家摘了桃子。朝鲜半岛的三国也不是其中哪个统一起来的，而是泰封国的武将王建夺取其政权，建立高丽王朝后重新统一的，这位王建，便是高丽王朝的太祖。

王建统一朝鲜后三国后，迁都于自己的家乡松岳，并改称为开京(即今朝鲜开城)，对内推行奖励农业的政策，释放奴婢，休养生息。而对外则积极北上扩张领土，趁着辽国灭亡东北大国渤海国的契机，不但将领土北界由前朝新罗时的大同江向北扩张至清川江中上游至鸭绿江下游一带，而且和辽国交兵，蚕食女真故地。在与宋和辽的折冲樽俎之间，到1007年，高丽疆域已扩展到鸭绿江一带。1130年，趁着辽金政权更替之际，高丽又占领鸭绿江东岸的辽朝重镇保州(今朝鲜平安北道义州)。

可以说，作为以朝鲜半岛为主体的国家，高丽王朝算是最大限度地扩展了生存空间，今天的朝鲜、韩国的国土便是在高丽王朝时期基本确定的。

不过，扩展领土便要用兵，辽国、金国也都不是好惹的弱邦，夺了人家的领土，也要用大量的兵马防备，这么一来，武将在高丽王朝的作用便日益重要起来，开始要求提高地位。武人要求地位本是情理中事，人家随时要搏命疆场，怎么就不能获得些社会尊重呢？可是高丽王朝学习宋朝好的方面不少，而坏的方面也学了十足，实行“重文轻武”，文官掌控朝政，对于武将十分鄙视欺压，终于使得文武之间势同水火。

1170年，也就是南宋乾道六年，高丽王朝终于发生变乱。郑仲夫、李义方、李高等几个武臣因不满高丽毅宗王晛和文臣对武官的欺压发动政变，大杀贵族文官，流放了毅宗和太子，立明宗王晧为国王，史称“庚寅之乱”。郑仲夫通过“都房”控制高丽君主，从此开始了高丽王朝的“武人政治”时代。从郑氏开始，先后有庆氏、李氏、崔氏武人掌控政权。

武人虽然掌控了高丽王朝，但日子并不好过，且不说王氏家族总是想着恢复王权，武人之间的倾轧也不曾中断。到 1197 年才算是形成了以崔氏为首脑的稳固的“都房”政权，执掌国政六十余年。如果照此发展下去，弄不好高丽会和日本一样，形成国王虚君而将军掌权的“幕府政治”。然而到了 1231 年，席卷各地的蒙古洪流终于涌向了高丽，武人政治也就随之走向衰微。

高丽王朝开始接触蒙古人，是从蒙古帝国讨伐契丹遗族和女真人在东北地区扰乱之时开始。

1216 年，契丹遗族喊舍等人对蒙古帝国发动叛乱，在辽东建立“大辽国”，被击败后率领数万名契丹军渡过鸭绿江侵入高丽，占领高丽重镇江东城。1219 年，成吉思汗命哈真和扎剌二将率军入高丽讨伐喊舍。在别人的地盘上办事，自然要和主人打个招呼。哈真入高丽后，遣使面见高丽高宗王皞，要求以粮援助，出兵合击江东城。

契丹军进入高丽，占城割据，本就让高丽君臣很是头疼，现在见有人前来助拳，国王高宗和掌权将军崔忠献都求之不得，于是派兵资粮相助。不久，蒙高联军便攻克了江东，喊舍自缢身亡。

乱事平定后，哈真与高宗于是年二月签订条约，两国约为兄弟之国。按照约定，高丽作为弟弟臣属于蒙古，每年纳贡。

要是到此为止，高丽最多不过是成为蒙古帝国的“弟弟”，而不会是日后的“女婿”。然而，蒙古帝国这位大哥对弟弟实在太不客气，要求的贡赋越来越多，而且不分时候，想要便要。高丽君臣终于忍无可忍，于 1225 年撕毁协议，斩杀蒙古使臣。此时成吉思汗正在征讨西夏，无暇理会高丽，“兄弟之国”从此断交，陷入“冷战”。直到窝阔台汗即位后，便开始派兵攻打高丽，正式爆发战争。

自1231年起，蒙古帝国连年对高丽用兵，尤其是贵由汗和蒙哥汗时期更是“凡四命将征之，凡拔其城十有四”①，高丽王不得不迁都江华岛。虽然蒙古军在当时战无不胜，但因为高丽早已形成武人政治，民心士气要比日后的李氏朝鲜强得多，面对侵略节节抵抗，对于蒙古军造成很大杀伤，甚至击毙过蒙古统军元帅撒礼塔。

高丽毕竟是一个小国，蒙古帝国虽然不能把高丽一口吞掉，但只要坚持不懈地打下去，胜利还是属于自己。

终于，在艰苦抵抗二十八年之后，尤其是“都房”政权第四代执政崔竩被杀后，高丽再也坚持不下去了，公元1259年，高丽高宗向蒙古帝国投降，派太子王倎入质。

城下之盟的滋味很不好受，蒙古帝国对于长期坚持抵抗的国家一般惩罚都十分严厉。高丽这次投降，等待他们的会是什么可想而知。莫说“兄弟之盟”，就是能否保持独立地位都在未知之数了。

审时度势当女婿

情形的变化虽非人所能预料，但一些历史上的成功者总是会在变化时的选择当中占得先机。高丽太子王倎便是这样的人。

1259年，蒙哥汗死于南征南宋的征途上。此时，王倎正奔波在遵照大汗圣旨前往四川的路上。听闻大汗死讯，这位高丽太子

---

① 宋濂等撰：《元史》卷二百零八《外夷一·高丽》，中华书局2008年版，第4610页。

没有再西进，而是前往汴梁，和当地官员一起迎接也是得到消息从鄂州返回的忽必烈，并跟着忽必烈一起回到了其大本营开平(即元上都，今内蒙古正蓝旗上都镇)。

王倎太子的押宝，使得日后的高丽安享百年太平，作为一个弱国储君，他的眼光可称睿智长远。

忽必烈在开平即位，建元中统，开始了和弟弟阿里不哥的争位之战，至于如何惩罚近三十年拒不归附的高丽自然不可能在议事日程之内了。而也在这一年，高丽高宗王皞病逝，消息传来，忽必烈谋臣赵良弼和廉希宪一起进言，认为应该立即送王倎回国即位，这样高丽便会感恩戴德，一心内附。

忽必烈早就对王倎的作为很满意，立即接受建议，以国王之礼款待王倎，赐以虎符、封册和高丽国王印，并派精兵护送其回国，同时下诏赦免高丽之“罪”，表示对高丽全国上下“首谋内乱，旅拒王师，已降附而还叛，因仇雠而擅杀，无所归而背主亡命，不得已而随众胁从”等等作为全部“罪无轻重咸赦除之”，答应“完尔旧疆，安尔田畴，保尔家室”①。同时，将屯驻高丽的蒙古军全部撤回，虏获的高丽百姓也全部放归。当然宽大之余，对于两国关系也要明确，规定高丽有“纳质、助军、输粮、设驿、编户籍”等义务。

王倎回国即位，这便是高丽元宗，不久改名为王禃。虽然蒙古入侵让国家残破，但现在没有了“都房”执政，实权回归王室，又保住了国家的独立地位，就这样安心地做大元朝的东部屏藩，元宗的日子本来该很好过的。

---

① 宋濂等撰：《元史》卷二百零八《外夷一·高丽》，中华书局2008年版，第4611页。

然而，元王朝在忽必烈时代，对开疆扩土极为热衷。为了灭亡南宋，也为了征服日本，忽必烈不停地要求高丽履行助兵资粮的义务。至元五年(1268)夏，更是责令高丽“当造舟一千艘，能涉大海可载四千石者”，用于攻打南宋和日本之用，并且明说“死者有之，生者亦有之”，也就是不惜一切代价也要完成。

元宗是忽必烈立的，再加上深切知道违命的后果，于是只能委屈百姓尽量满足元朝的要求。可高丽朝野还是有很多“爱国者”，对于这样的榨取极为不满，更认为愿意满足元朝要求的元宗是“高奸”。这些人以权臣林衍为首，几经谋划，于至元六年(1269)八月发动政变，废黜元宗，立其弟王淐为王。

这种无视宗主国皇帝的作为自然不能为忽必烈所默认，同年十月，忽必烈封在京朝觐的高丽王太子王谌为特进、上柱国，命他和头辇哥率三千军队回高丽平乱。面对军事威慑，王淐、林衍不得不恢复元宗王位。

这起变乱，几乎把元宗即位时的大好局面丧失殆尽，原本撤出的蒙古军重新又开了进来，在凤州设立屯田总督府，长期驻守。同时，忽必烈还委任脱脱朵儿、焦天翼为高丽达鲁花赤(监治官)，高丽的独立地位已经大打折扣。尤其严重的是，高丽都统领崔坦、李延龄等人因为不满林衍专权，趁着元军入境之机，以西京(今平壤)五十余城归降元朝，忽必烈顺势将之改为东宁府(后升东宁路)，划归元朝辽阳行省管辖。

为了有效控制高丽，忽必烈要求高丽王室从江华岛迁回旧都开城。就迁都事件上，高丽朝廷再起波澜，其时虽林衍已死，但其党羽裴仲孙等仍拥立王室庶族承化侯王温为王，据守珍岛(今南金罗道)抗元。

反抗自然会招来更严厉的惩罚。至元八年(1271)五月，元将领忻都、洪茶丘等率兵攻占珍岛，杀王温、裴仲孙，但其残部在金通精率领下又退往耽罗(今济州岛)。至元十年(1273)四月，元军攻占耽罗，金通精等人被俘，林衍党羽最终被肃清。

这回，元朝又在耽罗设立诏讨司，屯兵驻守，高丽的领土又少了一块。

权力被限制，国土被分割，但作为国王的元宗倒是终于摆脱了数十年的武人权臣干政，成为真正的掌权者。

至元十二年(1275)，元宗还都开京，高丽完全依附元朝。忽必烈命令高丽更改官职爵号，也就是官职爵位的名称都要相对元朝降一级，例如尚书省和中书省改为佥议府，枢密院改为密直司，御史台改为检察司，吏部和礼部改为典理司，刑部改为典法司，侍中改为中赞，平章事改为赞成事。国王的自称由“朕”改为“孤”，“宣旨”改为“王旨”，臣子对国王的奏疏由“奏”改为“呈”，臣子对国王的称呼由“陛下”改为“殿下”，国王储君的名称由“太子”改为“世子”。而最让高丽人难以接受的，恐怕就是废止了高丽的庙号制度，以前的“某某宗”是不许再用了，国王庙号都要改为“忠某某王”“恭某某王”，例如“忠烈王”“忠宣王”“忠惠王”“恭愍王”等等。

一切似乎都平静了下来，藩属的身份确定了，国王的权力确定了，被分割的疆土一时也收不回来，作为高丽国王，元宗似乎没有事情需要操心了。

但元宗不这么想，什么都确定了吗？高丽王朝的安全可还没有确定呢。朝廷大臣，尤其是武将，反元情绪十分高涨，高丽的老百姓也不平静，一旦哪天再来个反元的政变或者动乱，且不说自己这个国王会身首异处，高丽王朝恐怕也要社稷为墟了。何况，经过“林衍之乱”，忽必烈对高丽的好印象大打折扣，现在有了个“高丽达鲁花赤”，说不定哪天皇帝一不高兴废了高丽国号——这可谁也不能担保不会发生。

怎样才能既压制国内又让元朝有所顾忌呢？那就只能和元朝成为一家人。对内，可以不再有“高奸”的恶名，对外，皇帝总不好对家里人无端发难。

于是，元宗从至元八年(1271)开始，便不停地向元朝“求婚”，希望忽必烈把公主嫁给自己的世子王谌。忽必烈本不想答应，高丽叛附无常，自己把女儿嫁过去，万一有什么变故，不就成了人质？而高丽世子已经三十多岁，早已经娶妻，并不是公主配偶的合适人选。

但忽必烈毕竟是一代雄主，考虑问题还是要从政治着眼，考虑到嫁公主过去对于安抚高丽所能起到的巨大作用，终于还是同意了高丽的求婚，答应把自己的小女儿齐国公主忽都鲁揭里迷失下嫁高丽世子王谌。可此时齐国公主才十三岁，直到三年后，也就是至元十一年五月，才将成年的女儿嫁到高丽和三十九岁的王谌成婚。

这桩婚姻的成功，了却了高丽元宗的最后心事，老国王终于不必再操心了。儿子和新儿媳婚礼举行后仅一个多月，高丽元宗王禃病逝，世子王谌继位，是为高丽忠烈王。

当年还是太子的王倎选择了效忠于忽必烈，换来了免除惩罚和国祚延续，在去世前又让自己成了忽必烈的亲家，让高丽的地位有了显著提高。

经过“林衍之乱”，忽必烈在高丽设置了达鲁花赤，既监督高丽国王，也插手高丽国政，那是完全不把高丽国王当回事，以宗主国大臣的身份对国王颐指气使。而从忠烈王开始，因为成为忽必烈的女婿，国王印信便成为“驸马高丽国王”，达鲁花赤再跋扈也不敢无礼，百炼钢立即变为绕指柔，态度谦恭有礼起来。例如第三任高丽达鲁花赤黑的，在王谌还没有和齐国公主成婚时便已经谨小慎微，一次接受元宗宴请时，元宗请其上坐，黑的连忙推辞：“现在皇上的女儿已经许配给太子了，您就是皇帝驸马大王的父亲，我们是皇帝的臣子，怎么敢违礼呢？大王向西坐，我们就向北坐；大王向南坐，我们就向东坐。”一定要坐到元宗的下首。

忠烈王之后，高丽又有九位国王，依次为忠宣王、忠肃王、忠惠王、忠穆王、忠定王、恭愍王、前废王、后废王和恭让王。其中，除了忠穆王和忠定王在位时过于年幼，不宜娶妻，前废王、后废王和恭让王在位时期元朝已经日薄西山、行将就木外，其他几位国王娶的都是元朝的公主，其中忠肃王因多次丧偶，前后迎娶了三位元朝公主，以“一个女婿半个儿”的标准，成了元朝皇帝的一个半儿子。

不过，忽必烈以后的元朝皇帝，也学会了汉、唐皇帝的“不厚道”传统，嫁给高丽的公主，都不再是自己的亲生女儿，而是宗室之女，但在名义上，高丽国王的“驸马”还算是真金白银，各种好处也随之而来。

盛行“蒙古风韵”

至元十五年(1278)，忠烈王带着新媳妇齐国公主到元朝省亲，趁着老泰山忽必烈高兴，提出废除“高丽达鲁花赤”，这要是在过去，一定会被看作是“不臣”之举，而现在的忽必烈却当作送给新女婿的礼物，一口允准了。

在“林衍之乱”中被元朝划为东宁府的高丽西京是高丽降人献给元朝的，算不得“非法侵占”，谈不上归还。但在至元二十六年(1289)，忠烈王奏请归还西京，忽必烈本着都是一家人，谁管都一样的态度，同意所奏。

到了忠烈王晚年，最放心不下的就是“林衍之乱”时被元朝直辖的另一块疆土——耽罗岛。可也不好意思总是向老丈人提要求，一直等到忽必烈驾崩，元成宗继位，忠烈王趁着登基之喜，向侄子元成宗提出收回耽罗岛的请求，元成宗自然不好驳姑父的面子，将耽罗归还高丽。

当初高丽的爱国者们浴血奋战，使得这些领土归了元朝，而忠烈王这位标准“高奸”却使得这些领土回归。作为国家，究竟是面子重要还是里子重要，这真是永远无法讨论明白的话题。

话又说回来，“是药三分毒”，任何谋划都有正负两面的后果，只不过需要针对具体情况斟酌选择。高丽迎娶元朝公主，在政治上是稳赚不赔，而在生活和感情上，高丽王们则很是悲惨。就以忠烈王来说，他的庙号是“烈”，从谥法上说，“有功安民、秉德遵业曰烈”，可他的“烈”可能还有一层意思——娶了一位有着暴烈脾气的妻子。

齐国公主忽都鲁揭里迷失比忠烈王小二十三岁，老夫少妻的组合本就意味着小妻子有资格耍小脾气，何况小妻子身后还有着强大无比的娘家。可想而知，忠烈王成为政治上的“妻管严”，日子很不好过。不但任凭妻子打骂不敢稍有反抗，而且虽然摆脱了达鲁花赤，但国事上却又不得不受到妻子的干预摆布，齐国公主不但执掌内宫权柄，而且连朝会、宴享、巡幸、接见使臣等无不参与，甚至人事的任免也要有她的发言权。王后干预国政的传统，在有元一代的高丽成为惯例。

一连几代娶了“野蛮女友”，国事不得不和家事划为一体，这已经比较窝囊。而因为从忠烈王开始与元朝通婚，有的世子作为质子长期在元大都居住，回国后又带着蒙古妻子以及大批“怯怜口”，也就是公主的私属人户一起来到高丽。双方各种交流非常密切，再加上元朝属于强势，高丽的蒙古之风便越来越重。

高丽国王从忠宣王到恭愍王都取了蒙古名字，忠宣王名为益智礼普化，忠肃王名为阿剌讷忒失里，忠惠王名为普塔失里，忠穆王名为八思麻朵儿只，忠定王名为迷思监朵儿只，恭愍王名为伯颜帖木儿。

除了取名之外，高丽国王们还在服饰和发式上向蒙古学习。

高丽的服饰和发式本来与宋人是一致的，都是长袍大袖留全发，可从忠烈王开始，国王们都穿着窄袖紧身的蒙古袍，发式也成为蒙古发式，也就是“蒙古之俗，剃顶至额，方其形，留发其中，谓之‘怯仇儿’(又称开剃)”①。

忠烈王对蒙古发式非常喜爱，不但以身示范，还希望朝臣效仿。至元十五年(1278)，忠烈王命境内开剃，“时自宰相至下僚无不开剃，唯禁内学馆不剃。左承旨朴恒呼执事官谕之，于是学生皆剃”。同时忠烈王又命“境内服上国衣冠”②，于是高丽国人都

---

① 郑麟趾等撰：《高丽史》卷二十八《忠烈王世家一》，西南师范大学出版社 2014 年版，第 876 页。

② 郑麟趾等撰：《高丽史》卷七十二《舆服志》，西南师范大学出版社 2014 年版，第 2266 页。

以穿蒙古式服装、戴蒙古式帽子为荣。

百年之间，两国关系则在近百年的时间里给人以其乐融融的印象。在元朝的兴盛期，高丽王朝上自国王，下至百姓，都以蒙古风俗为荣。而元朝除了在征讨日本时颇为叨扰高丽之外，作为宗主国和岳丈之家，便很慷慨地给女婿以好处。对于高丽的赏赐也是与日俱厚，最吝啬的时候也要保证回赐物品的价值至少与贡物的价值相等。对于高丽王朝极为频繁的朝贡队伍，元朝皇帝们不仅对前来的王公贵族、使臣给予赏赐，连其随从也加以赏赐。就以忠烈王时期为例，他在位三十四年，朝贡十四次，最多的一次随行人员达一千两百人之多，这么大的使团，每个人都要拿一份赏赐，可想数字将极为惊人。而有元一代，高丽朝贡次数达二百四十四次，其中世祖朝八十二次，成宗朝二十六次，武宗朝十七次，仁宗朝十七次，英宗朝五次，泰定帝朝六次，文宗朝六次、宁宗朝一次、惠宗朝八十四次，拿来的高丽参之类的土特产自不在少，而拿走的真金白银更是无以数计。

高丽的商贾、游士在元朝人数众多，仅驻于大都的高丽人便常年保持着极高的数字。

频繁的交流，使得双方的文化科技交流十分深刻。元朝在建筑、服饰、历法、医学等方面全面影响高丽，还将棉花种植传入高丽，使棉布成为朝鲜半岛的重要出口品。同时，程朱理学传入高丽，逐渐在高丽思想文化领域中占据统治地位。而高丽的饮食、舞蹈、茶道传入元朝，成为官民追逐的风尚。

翁婿的关系，频繁的来往，政治的需要，这种种因素再加上百余年的时间，足以在高丽之内出现一大批心向元朝的人物，他们因为元朝而飞黄腾达，又因为元朝的存在而持续享受荣华富贵，这些人便被称为“权门士族”。其中的代表除了如元惠宗皇后奇氏的奇氏家族外，还有“如赵仁规，因当上了蒙古语翻译而成为有权有势的人，还有一些人如尹秀是通过完成元朝的贡赋要求而设的鹰坊被提到重要位置上的。也有一些人或因护送国王到元朝旅行功绩卓著而发迹，或作为下嫁高丽的元朝公主的侍从而致身通显。此外，还有许多人的晋升是因为他们在蒙古征伐日本的时候作战勇敢，曾接受‘万户’这样的赏赐”①。

这些“权门士族”在高丽职位显赫，且能世袭，其势力之大足以左右高丽政局，高丽王不但要看王后的脸色，这些人的脸色也不能无视。如果本身就很倾向元朝的国王在位，便是相得益彰，而一旦是内心有着自尊心的国王在位，摩擦也就难以避免。

当然，在元朝强大时，即使有这样的国王，也只能把一切藏在心里，不会有任何实际行动，可毕竟成亡兴替总有时，大元王朝终于在惠宗时走向衰亡。而正巧，此时在高丽主政的，便是一位一直以获得独立为己任的国王——恭愍王王祺。

断而复续的翁婿

恭愍王王祺是高丽第三十一代王，蒙古名叫伯颜帖木儿。为忠惠王同母弟，忠肃王次子。元文宗至顺元年(1330)五月生，忠惠王二年入元宿卫，忠定王二年在元大都与皇室魏王之女鲁国大长公主宝塔失里结婚，元惠宗至正十一年(1351)十月即位。

高丽王室从被武将“都房”政权架空，到被元朝降服，纳贡称

① 李基白著，厉帆译：《韩国史新论》，国际文化出版公司1994年版，第167页。

臣当女婿，一连十几代都给人逆来顺受的印象，不是受制于权臣，便是受制于内室，到了这恭愍王一代终于等到机会可以扬眉吐气了。

恭愍王即位的同年，也就是元朝元惠宗至正十一年(1351)，元朝爆发全国范围的农民大起义，虽然大元朝廷还没有到摇摇欲坠的地步，但也有些自顾不暇，没什么精力理睬藩属的事。恭愍王便打起了蚕食元朝领土的主意。至正十五年(1355)，恭愍王以评理印珰，同知密直司事姜仲卿为西北面兵马使，司尹辛珣、俞洪，前大护军崔莹、前副正崔夫介为副使，率军“攻鸭绿江以西八站”。同年六月，又派印珰“引兵渡鸭绿江，攻婆娑府等三站，破之”。

元惠宗虽然被农民起义搞得焦头烂额，但被藩属抢了地盘也不能姑息，立即派中书省官员撒迪罕前来责问，宣读谕旨严厉追问：“迩者奸民，遽生边衅，越我封疆，扰我黎庶，焚我传舍，阻我行人，揆诸天宪，讨戮何疑。”此时高丽和元朝相比仍然是老鼠与大象的差距，恭愍王于是上表解释道“实非本意，考其罪人，以正邦典”，将印珰作为替罪羊处死①。

到了至元十六年(1356)，元朝的局势更为残破混乱，恭愍王腰杆硬了起来，清洗了以奇辙(元惠宗皇后的弟弟)为首的亲元集团，出兵攻占元朝在咸境道的双城总管府，并杀死了元朝派去的使者，于该年六月“停‘至正’年号”，与元朝公开决裂。占领双城后，又将其势力向北推进到合兰府(今朝鲜咸兴)、参散(今朝鲜

① 郑麟趾等撰：《高丽史》卷三十九《恭愍王世家二》，西南师范大学出版社2014年版，第1209页。

北青）和伊板岭（即朝鲜摩天岭）一带。

这回，元惠宗动真格的了，派出镇守辽东的太尉纳哈出率军讨伐，岂料这位无敌智将木华黎的后裔竟是个草包，被高丽大将李成桂迎头阻击，打得大败而走。日后这位纳哈出坐拥二十万大军却不战降明，从这里便看出属于必然，而成为朝鲜李朝太祖的李成桂能够缔造五百年王朝，在这里也可看出原因。

1368 年，明朝军队攻陷大都，元惠宗北走，元朝灭亡。高丽更是在独立自主的大道上高歌猛进。

高丽背弃元朝，这对明太祖朱元璋来说可是极好的消息。崛起于江南的朱元璋原本对高丽鞭长莫及，如今拿下了北方，而元朝成为北元，威胁还未消除，自然要大力延揽高丽作为自己的打击北元的助力。

于是，洪武二年（1369）八月，朱元璋封恭愍王为“高丽国王”，“赐高丽金印，龟纽，方三寸，文曰‘高丽国王之印’”①。洪武三年（1370），明廷又派使臣赴高丽“往祀其国之山川”，并“颁科举诏于高丽”②。

面对明廷的示好，高丽恭愍王也予以回报。向明朝“贡方物，并纳元所授金印”。洪武五年（1372），高丽上表要求派子弟赴明太学学习。朱元璋谕云“入学固美事，但涉海远，不欲者勿强”——要来留学当然欢迎，但远隔大海，太危险，不要强迫学生们来。这话竟成了预言，高丽派洪师范、郑梦周等一百五十余人来明，舟船遭遇大风倾覆，溺死三十九人。朱元璋闻知，“悯之，

① 张廷玉等撰：《明史》卷六十八《舆服志四》，中华书局 2007 年版，第 1663 页。

② 张廷玉等撰：《明史》卷三百二十《外国一·朝鲜》，中华书局 2007 年版，第 8280 页。

遣元枢密使延安答里往谕入贡毋数”。但高丽仍然遣使臣姜仁裕来贡马。朱元璋闻知此事，谓中书省大臣说：“高丽贡献繁数，既困敝其民，而涉海复虞覆溺。宜遵古诸侯之礼，三年一聘。贡物惟所产，毋过侈。其明谕朕意。”①

明高之间如此情谊浓浓、彬彬有礼，看似这宗藩关系可以长久。但是，高丽王朝内部很快便出现了重大变故。

摆脱元朝控制，出兵开疆拓土，对内还能任命贤相辛旽实行改革，治理国政。恭愍王也算得一位雄主。然而在执政末期，恭愍王听信谗言，流放处死了辛旽，使得改革功败垂成，更使得他一力打击的亲元“权门士族”势力重新抬头，终于在洪武七年(1374)被暗杀身亡。恭愍王之子，十岁的王禑被立为国王，是为前废王。从这个谥号上就能看出来，这位王日后是要被废掉的，而废掉他的人为了找一个废掉他的借口，便声称他不是恭愍王的儿子，而是辛旽与皇后私通的私生子，因此也被称为辛禑王。

前废王年幼，实权掌握在李仁任手中，此人属于权门士族中人，自然对元朝很有感情。虽然此时元朝已经灭亡，但北元仍在蒙古故地存在，于是他一反恭愍王时期的亲明政策，实行两面外交，同北元频繁往来。

此时，元惠宗已经去世，其子爱猷识理达腊继位，是为北元昭宗，其人颇有雄心，力图恢复，定年号“宣光”，意在效仿周宣王、汉光武帝实现中兴。在1372年，北元在岭北大战中击败明朝名将徐达、蓝玉、李文忠。借着这个大胜，高丽重新倒向北元，

① 张廷玉等撰：《明史》卷三百二十《外国一・朝鲜》，中华书局2007年版，第8280页。

不再用明朝“洪武”年号而改为“宣光”。前废王在位十四年中，高丽先后九次派遣使者至北元告丧、谢册命、贺节日、贺郊祀、贺改元等，北元也曾十次遣使至高丽，或册封，或诏告改元，或颁敕，或联合高丽进攻明朝。

翁婿之情竟然在中断十八年后恢复，恢复得如此紧密，而且是在老丈人已经式微的情况之下。不要说国与国，即使人与人之间，也可称难得。

同时沉沦

岭北大捷已经是北元所能达到的最后的辉煌，随着昭宗和扩阔帖木儿的相继去世，北元日益衰微。明洪武二十年(1387)，北元辽东太尉纳哈出降明，明朝为了巩固边防，在双城设置铁岭卫。

没了北元为屏障，此时的高丽本应该再倒向明朝才是，可已经亲政的前废王仍不愿放弃向北扩张的方针，于洪武二十一年(1388)以重臣崔莹为八道都统使、昌城府院君曹敏修为左军都统使、东北面都元帅李成桂为右军都统使，率军五万(号称十万)西犯辽东。

李成桂是此时高丽王朝唯一拿得出手的大将，其人出身于全州武门望族，家族先人在元朝、高丽王朝都出任过显赫武职。作为将门之后，李成桂继承了祖先的家风，雄武有力，箭法出众，而且相貌“神俊如鹰”。这些优点若是在承平之时，可能毫无用处，而在乱世却是平步青云的资本。元朝末年，高丽受宗主国连累，遭到红巾军进攻，东边日本的倭寇也大肆侵扰沿海，待到恭愍王背弃元朝，更又遭到元军进攻，可谓兵连祸结。而李成桂先后有击退红巾军、元军乃至倭寇的战绩，被称为“歼红贼而收两京，走纳氏而威沙漠，败倭寇而保西海”，可谓战功卓著。

虽然屡战克捷，但李成桂并非只知战斗的莽夫。他深知，北元日薄西山，明朝却旭日初升，对于小国高丽来说，背明亲元已经不明智，现在竟然要和明朝争夺土地，更是会有亡国之祸。于是上书前废王，指出伐明四不可：“以小逆大，一不可；夏月发兵，二不可；举国远征，三不可；时方暑雨，弓弩胶解，大军疾疫，四不可。”

前废王利令智昏，不听李成桂劝谏，坚持发兵。李成桂无奈，率军渡鸭绿江，至威化岛后，时逢雨季，大雨瓢泼，行军极为困难。李成桂再次上书建议回师，其书云：“臣等乘桴过鸭江，前有大川，因雨水涨，第一滩漂溺者数百，第二滩益深。留屯洲中，徒费粮饷。自此至辽东城，其间多有巨川，似难利涉……今不候命，速犯大邦，非宗府生民之福也。况今暑雨，弓解甲重，士马皆惫，驱而赴之坚城下，战不可必胜，攻不可必取。当此之时，粮饷不给，进退维谷，将何处之？伏惟殿下，特命班师，以答三韩之望。”

这封摆明利害的上书仍不能改变前废王的决定，李成桂终于孤注一掷，召集众将，晓谕士卒，指出出兵辽东是“获罪天子，宗社生民之祸立至矣”的愚蠢行为，自己“以逆顺上书，请还师，王不省”。如今只能发动兵变，“益与卿等见王，亲陈祸福，除君侧之恶，以安生灵”①。

---

① 郑麟趾等撰：《高丽史》卷一百三十七《辛禑五》，西南师范大学出版社 2014 年版，第 4128—4129 页。

李成桂麾下士兵，只有一半是正规军，其余均是临时抓壮丁拼凑而成，本就不愿打仗，见将军要带他们回师，自然欢呼雀跃。于是，李成桂挥师南下，率军回到开京，废黜前废王，立其子王昌为王，是为后废王，从此高丽王朝便名存实亡了。

洪武二十二年(1389)，后废王被李成桂废黜，高丽第二十代君主神宗七世孙王瑶被立为王，是为恭让王。这位傀儡三年后让位于李成桂，有着四百七十四年历史的王氏高丽王朝至此灭亡，而有五百一十八年历史的李氏朝鲜王朝则浮出水面。

李成桂篡位自立，为了获得政权的合法性，上书明太祖朱元璋，指出“王氏子姓无可当舆望者，中外人心咸系成桂”，所以才“与国人耆老共推主国事”，希望“惟圣主俞允”。明太祖朱元璋见此上奏，批复道：“高丽僻处东隅，非中国所治。令礼部移谕，果能顺天道，合人心，不启边衅，使命往来，实尔国之福，我又何诛。”算是承认了李氏王朝。是年春，李成桂闻知明皇太子病逝，“遣使表慰，并请更国号”。朱元璋谕“仍古号曰朝鲜”①。朝鲜王朝的国号正式确定。

不过，李成桂说自己受到“国人耆老”推举，其实是有水分的。当时朝鲜半岛名声最大，德望最高的一位耆老其实就没有臣从于他。这便是半岛历史上的著名儒学大师，被誉为“性理学之祖”的郑梦周。这位大儒坚守君臣之义，不肯配合李成桂篡位。李成桂百般劝诱都不能移其志，只得派第五子李芳远将郑梦周暗杀于善竹桥。而一曲“善竹桥悲歌”唱过之后，王氏高丽步入死亡的

① 张廷玉等撰：《明史》卷三百二十《外国一・朝鲜》，中华书局2007年版，第8283页。

最后一道障碍才算搬除。

有意思的是，当1388年李成桂发动兵变，实际结束高丽王朝之时，也是明朝大将蓝玉偷袭捕鱼儿海，导致北元朝廷分崩离析之日。从此以后稳定的北元朝廷不复存在，蒙古高原再次陷入群雄割据的乱世，以后二百余年间，北元皇帝(可汗)们都只是权臣们的傀儡。

一对翁婿之国，悲惨的命运竟然在同时发生，这也算是历史的巧合或是命中的机缘吧。

神风与神国
——元朝征日本之役创造的神话

说起元朝征日本之战，最常被提到的便是“神风”。在人们的印象中，元朝两次征伐日本，庞大的舰队，精良的武器，原本可以势如破竹，但天佑日本，两场飓风都恰到好处地来袭，结果元军败给了莫测的天威，惨败而回。

这种印象因为第二次世界大战的历史而更显得真实。在战争末期，已经穷途末路的日本为了对付美国的军舰，发明了一种“神风战术”，让飞行员开着装满炸药的飞机，直接撞击美国军舰，美其名曰“一机换一舰”。而执行这种自杀任务的飞行员，便被称为“神风特攻队”。之所以名为“神风”，是为了寄托希望：神风曾经拯救过日本，那么就应该能再拯救一次。

因自然力而改变结果的战争，在元朝征日本的前后，都不乏例证。比如著名的赤壁之战，便有“东风不与周郎便，铜雀春深锁二乔”之说。还有第二次希波战争中的萨拉米斯战役，希腊联军的海军正是利用了被称作“aura”的海风，扰乱了波斯舰队的阵型，奋勇突击，击溃波斯海军。而在日后英国击败西班牙无敌舰队的战役中，英国皇家海军也是利用加莱海峡的海风施放火船，打乱了无敌舰队的阵型，从而将之击败。但后世的人们，都在津津乐道胜利者的英勇与智慧，对那些自然风，只是作为战胜者充分利用自然力的例证，并不会将战争胜负全归结于天意。

其实，所谓尽人事听天命，元朝征伐日本的失败，日本武士奋战的"人事"是主要原因，至于飓风所代表的"天命"只算是助攻。而之所以后世津津乐道于"神风"，不过是日本为了自我标榜而进行的自我催眠罢了。

"文永之役"

公元 1192 年，日本经过源平之战建立了镰仓幕府，征夷大将军和天皇共掌日本，成为双头政治。虽说是双头政治，但天皇对世俗没什么权力，基本上成为神官，有点"上帝的归上帝，恺撒的归恺撒"的意思。这已经是很奇特了，而在第一代幕府将军源赖朝死后，将军家也很快失去权柄，实权落在源家老丈人北条家手中，称为"执权"。"双头"成为"三头"，天皇传承不休，将军传承不休，执权也传承不休，这样的格局，除了日本，在任何国家都不可能存在。

镰仓幕府执权传到第七代北条政村之时，在大陆上，元世祖忽必烈建元"中统"，虽然还没有确立"大元"国号，但元朝的历史已经开始。而在此时，忽必烈的眼中还没有日本的地位，这年三月，他在给高丽王国的诏书中还说："今也，普天之下未臣服者，惟尔国与宋耳。”[①]尚不知道东方大海中还有个日本国。

至元二年(1265)，高丽人赵彝等对忽必烈进言，说日本国可通，应该择可奉使者前去招降。这时忽必烈才知道东方海外还有一个日本国，于是在至元三年八月，命兵部侍郎黑的、礼部侍郎殷弘为国信正副使，带着国书出使日本。

黑的与殷弘到高丽后，高丽护送官建议，海上风浪太大，还是由熟悉航海的高丽人前去传达旨意比较好，便派起居舍人潘阜前往。

此时的日本，是镰仓幕府时代，天皇至高无上，但无任何实权，而幕府将军是武家栋梁，却也只是傀儡，真正的掌权者是第一代将军源赖朝的岳丈北条家，称为“执权”，所谓“天皇之权在将军家，将军之权在北条家”。可无论天皇、将军、执权对于大陆局势都是一知半解，将潘阜扣押了六个月，不做任何回复。

黑的等人等了好久，直到潘阜回来才知道日本如此无礼，可还是觉得可能是高丽人办事不力，没说清楚。于是又在至元四年九月，亲自带着使团和国书前往日本，在对马岛上岸，将国书呈交当地守护(相当于太守)少贰资急转交给日本镰仓幕府。

这封国书写得相当客气，通篇都讲“讲信修睦”的道理，认为双方应该在日本称臣的基础上“通问结好，以相亲睦”，但在国书结尾，也发出了如果拒绝便会“以至用兵”的威胁[②]。

自古以来，日本就基本游离于中国传统朝贡体系之外，不愿也不曾成为“天朝”的藩属国。早在隋朝大业三年(607)，在给隋

① 宋濂等撰:《元史》卷二百零八《外夷一·高丽》，中华书局2008年版，第4611页。
② 宋濂等撰:《元史》卷二百零八《外夷一·日本》，中华书局2008年版，第4626页。

炀帝杨广的国书中就有“日出处天子致书日没处天子无恙”①之语。即使唐朝时日本疯狂地派遣遣唐使学习唐文化，却也并未做出臣服的表示。面对忽必烈的挑战，日本直接表示：“国书内容十分无礼，不必回书。”②

若是在忽必烈的祖父成吉思汗时代，日本装聋作哑的举动可能早就遭到武力打击了，但忽必烈此时已经不再是讲究开疆拓土的“世界征服者”，而已经是讲究秩序建设的“世界统治者”，没得到日本回应，便又派高丽经略使赵良弼前往日本宣谕。可这次日本干脆将赵良弼扣押了近两年，并派使臣回访，拒绝称臣修好。

既然修好不成，只能付诸战争。至元十一年(1274)，忽必烈在高丽建立征东行省，正式筹措对日作战。当年十月，以忻都为都元帅，洪荼丘、刘复亨为左右元帅，统率蒙汉军两万五千人，高丽艄公水手六千七百人，共三万九千七百人，乘坐战船九百艘东征日本。元军舰队，以千料舟、拔都鲁轻疾舟、汲水小舟组成。所谓“千石战船”即主要用于运载东征军将士的排水量较大的主力战舰；“拔都鲁”，蒙古语勇士之意，所谓拔都鲁轻疾舟，即舰队航行时负责主力战舰周围的警戒、联络，到达岸边时用于抢滩登陆的小型快艇，功能类似于现代的冲锋舟，而所谓的“汲水小舟”，即主要用于储备淡水、粮草、军械等后勤物资的运输船。

东征军以强大的攻势接连攻下了对马岛、一岐岛，日本对马守护代宗助国、一岐守护代平景隆分别以八十骑和百余骑迎战，全部战死。东征军破岛之后，“肆行杀戮，获妇女以索贯手心，系

---

① 魏征等撰：《隋书》卷八十一《倭国传》，中华书局2010年版，第1827页。
② 三池纯正著：《モンゴル襲来と神国日本》，洋泉社2010年版，第45页。

于船侧”①。日本太宰府收到了对马、一岐二岛失陷的消息后，立即上报了镰仓幕府和京都朝廷。

东征军在博多湾沿岸的博多、赤坂等地登陆。镰仓幕府受到了极大的震撼，发布了紧急动员令，急令各地守护武士按照事先制定的防御计划，迅速整备兵马向博多湾、大宰府等北九州沿岸要地集结迎战。日本九州的武士，甚至神社佛寺人员都争先恐后赶赴战场，与登陆的元朝东征军大战于博多湾。

因为数百年未与其他文明发生过战争，日本武士的战术还是比较原始的“一骑讨”战法，即由高级武士带着自己的家臣发动冲锋。而元军中以骑兵分散突击为长项的蒙古军很少，主力是汉军，讲究排阵迎敌，“诸将凭高鸣鼓，指挥兵士，进退应鼓声。敌有陷阵者，则围而击之”②。同时，元军还使用了其横扫欧亚大陆的重型武器“铁炮”，即弹射火药弹丸的投石机。这种先进武器日本人从未见过，将之形容为“飞铁炮火光闪闪，震声如雷，使人肝胆俱裂，眼昏耳聋，茫然不知所措”③。

井然有序的阵法，威力强劲的铁炮，让日本武士损失惨重。但在战斗力如此悬殊的情形下，日军却悍不畏死，持续不断地发动进攻。终于使得元军“官军不整，又矢尽”④，难以保持阵型，火药和弓箭都用尽，被日军冲入阵中展开白刃战，副元帅刘复亨都中箭落马负了重伤。见战况不利，元军元帅忻都下令退回船上

① 柯劭忞撰：《新元史》卷二百五十《外夷二·日本》，上海古籍出版社2018年版，第4744页。

② 柯劭忞撰：《新元史》卷二百五十《外夷二·日本》，上海古籍出版社2018年版，第4744页。

③ 有坂铝藏著：《兵器考·砲熕篇》，雄山阁1937年版，第4—5页。

④ 宋濂等撰：《元史》卷二百零八《外夷一·日本》，中华书局2008年版，第4628页。

进行休整。

岂料，当晚突然刮起了猛烈的台风，元军船只被倾覆二百余艘，落水淹死者不可胜数。

第二天，当日军又来交战时，发现海面上已经空无一船，只有随波漂流的尸体和碎木，待到抓到了幸存的元军的俘虏后才知道元军遭受台风死伤过半，其余已经撤退回国了。日本大喜若狂，举行盛大的庆功仪式，因为这一年是日本年号的文永十一年，所以被日本人称为“文永之役”。

日本欢欣鼓舞，而元军这边却是恓惶无比，在遭受台风打击后好不容易撤回本土，只剩下一万三千五百人。

“文永之役”元军失败的原因，七百多年以来流传最广的一个说法是，东征舰队遭遇台风，直接导致溃败而归。但真相究竟是否如此呢？若翻阅当时的元朝、日本、高丽三方的史料可以发现，相关记载分歧很大。

据《元史·日本传》记载：“(至元十一年，1274年)冬十月，入其国，败之。而官军不整，又矢尽，惟掳掠四境而归。”一点没有提台风的事。在日本方面的《勘仲记》中则记载，“或人云，凶贼船数万艘，浮海而至，俄尔逆风吹来，吹归本国”，只提到台风把元朝舰队吹回了国。只有《高丽史·金方庆传》中提到台风：“复亨中流矢，先登舟，遂引兵还。会夜大风雨，战舰触崖壁，多败，侁堕水死。”

二十世纪五十年代，日本气象学家荒川秀俊对“文永之役”中的台风做过研究，认为当时并无台风。因为在文永十一年十月二十日(即1274年11月26日)台风季节已经过去，而且值得信赖的文献中并没有当时曾发生过大风雨的记载。当然，荒川秀俊的观点并没有成为学界定论。

其实，考察战况，即使真有台风，也是在元军登陆与日军激战不利后才出现。如果日军如南宋军一般一触即溃，元军早就可长驱直入，台风又能帮到日本什么呢？

“弘安之役”

元军失利败回，但统兵将领们隐晦了损失，只对元世祖忽必烈汇报了“官军不整，又矢尽”。这使得忽必烈并未认为第一次失败是军事失利，只是认为准备不足，并认为已经给了日本足够的教训，可以“文服”了。在至元十二年(1275)，忽必烈派礼部侍郎杜世忠、兵部郎中何文著、计议官撒都鲁丁出使日本，再次宣谕。可获得胜利的日本镰仓幕府打破“两国交兵不斩来使”的惯例，将三位使臣以及书状官董畏、高丽人徐赞共五人全部杀害。

如此决绝的态度，自然是准备好再次经受战争了。镰仓幕府增加了西日本的防御部署，并且在博多湾沿岸西起今津、东至箱崎长达十多公里的地带，修筑了一条高约六尺，厚约一丈的石坝，日本人称之为“元寇防垒”，随时准备迎战。

被斩杀使臣，是奇耻大辱，元世祖忽必烈勃然大怒，不惜代价调集兵马钱粮准备二伐日本。至元十八年(1281)，已经灭亡南宋，水军、物资都更为充足的忽必烈正式下诏东征。此次东征声势比第一次浩大得多，共两路大军十四万人马。东路军由忻都、洪茶丘率领四万作战部队，战船九百艘，从高丽金州合浦出发；南路军由阿剌罕、范文虎、张禧率领十万江南军，战船三千五百艘，携带农具和稻种从扬子江口出发。两军约定于六月中旬在壹岐会合，北路军主管作战，南路军则负责在被占领区屯田，做长久打算。

当南路军出发前，主帅阿剌罕病倒无法成行，由阿塔海代领其军。而阿塔海却因故迟迟不能到任，南路军只能由副帅，曾经是南宋降将的范文虎统率。

六月初，东路军绕过对马和壹岐，侵入博多湾，攻克了志贺岛。但因为镰仓幕府已经在博多湾附近建起了牢固的石堤，元军战舰竟找不到一处可以登陆的地点，“大战者数矣，船坏粮尽”①，只好停泊在海面。

以后一个月里，元军多次强行登陆失败，日军也多次进行偷袭，双方各有损伤，战况胶着之下，元军退到肥前的鹰岛，等待南路军赶来会合。

七月初，南路军终于到达，两军会合，再次发动进攻，但在日军的顽强阻击下，仍然未能取得进展，反而损失惨重，“招讨使忽都哈斯等战没”。待到八月一日夜间，剧烈的台风再次来临，元军舰船大都捆绑在一起，面对如山巨浪，相互震撼撞击，“战船皆破坏，覆没，左副都元帅阿剌帖木儿以下溺死者无算，流尸随潮汐入浦口，积如邱陵”②。只有张禧所部事先筑垒平户岛，隔五十步停泊战舰，这才避免了风涛袭击。

损失如此之巨，再加上对台风的恐惧，元军统帅们都已斗志全消，只想逃走。只有张禧没有气馁，劝道：“士卒溺死者半，其

---

① 柯劭忞撰：《新元史》卷二百五十《外夷二·日本》，上海古籍出版社 2018 年版，第 4747 页。

② 柯劭忞撰：《新元史》卷二百五十《外夷二·日本》，上海古籍出版社 2018 年版，第 4748 页。

脱死者，皆壮士也。曷不趁其无回顾心，因粮于敌，以进战。”但范文虎等人却说“还朝问罪，我辈当之，公不与也”，完全不予采纳。

八月五日，范文虎等人丢下部队，乘船逃走。张禧无奈之下，只得尽量挽救士兵，平湖岛屯兵四千人没有船只，张禧叹道：“我安忍弃之！”将船上七十四战马丢掉，将士兵装回①。

饶是如此，近十万士兵仍被扔下，他们没有武器，又无战船，群龙无首。但这些无主孤军并未向日军投降，而是推举一位姓张的百户长为统帅，一面抵抗日军攻袭，一面伐木造船准备回国。但是，孤立无援而又无装备的士兵们在日军包围剿杀下很快崩溃，十万人中大部分战死，余众两三万人被日军所俘。日本人将东征军战俘押送至八角岛(博多)，“尽杀蒙古、高丽、汉人，谓新附军为唐人，不杀而奴之”②。后世有人因为这条记载，认为日本人不杀南宋新附军是因为文化上的亲近感。其实，十万孤军中，大部分都是南宋新附军，日军杀起来并未手软，即使被俘而未杀者，也都成为奴隶，境遇恐怕是生不如死的。

这场战争，爆发于日本的弘安四年，因此被称为“弘安之役”。与“文永之役”台风是否来还有争议不同，这一次台风确实是来了，而且给元军造成了极大的损害。可是，台风是在元军多次抢滩登陆不成，徘徊于海上进退维谷之际到来，只能算是对作战不利的元军雪上加霜。试想，两个月之久的作战，元军哪怕有一次能够登陆成功，台风都无法发挥作用。日军的严密防守与顽

① 宋濂等撰：《元史》卷一百六十五《张禧传》，中华书局2008年版，第3867页。
② 宋濂等撰：《元史》卷二百零八《外夷一·日本》，中华书局2008年版，第4629页。

强作战，才是元军大败亏输的原因。

而丢下士兵逃跑的范文虎等人，回到元朝后却没有受到忽必烈的惩罚。犯下如此严重的罪行却能安然无恙，后世便有学者猜测，动用新附军征日本，本就是忽必烈的阴谋，是为了消耗掉既不信任又不能遣散的新附军。比如元史大家韩儒林先生便认为忽必烈"将南宋新附军派去打日本，充当炮灰"。范文虎丢下部队逃跑，借日本人的刀杀新附军，"不杀降而降人自消"，忽必烈自然不会惩罚这位逃跑将军①。

若说忽必烈有消耗新附军的用心，这是不错的，但要说是借刀杀人，就有些诛心之论了。按照忽必烈的设想，是想让新附军作为占领军驻扎在日本，让新附军携带大量种子农具，便可证明。这样既可解决新附军问题，也可解决日本问题，但事与愿违。至于不惩罚范文虎等人，一是因为真正的主帅阿塔海迟迟不能到任，已经有很大责任，再加上弃军而逃的还有蒙古将军忻都等人，并不能全归咎于范文虎，何况南宋刚刚平定，范文虎作为南宋降将中地位很高的标杆性人物，惩罚过重会引起降人疑惧，自然也就从轻发落了。

"神风"心理

既然两次战争，日本是胜在"人事"，那么为何会如此推崇"神风"之说，似乎当时的日本只是一味地求神拜佛坐等神风降临歼灭"元寇"一般呢？

---

① 韩儒林主编：《元朝史》，人民出版社2008年版，第7页。

在战争爆发时，全国笃信佛教的日本上下，确实将祈祷神佑作为抵抗的运动之一："上皇本人曾经连续七天七夜不停地在八幡宫不动明王像前祈祷，而执权北条时宗竟然血书经卷，其他僧俗官民也都虔诚祈神佑国。"①而由南宋东渡到日本的僧人，也用宗教鼓舞日本朝野士气。

例如于咸淳五年(1269)东渡日本的大休正念，专门作法语(僧人作法祛灾的语言)为当时的执权北条时宗坚定抗敌的信心："太守血书诸经，保扶国土……佛力与天力共运，圣力与凡力齐新。正恁么时，奏凯一句作磨生道。万人齐仰处，一箭定天山……我此日本国主帅平朝臣，深心学般若，为保亿兆民。外魔四来侵，举国生怖畏。朝臣发勇猛，出血书大经。《金刚》与《圆觉》，及于诸般若。精诚所感处，滴血化沧海。沧海渺无际，皆是佛功德。重重香水海，照见浮幢刹。诸佛坐宝莲，常说如是经。一句与一偈，一字与一画，悉化为神兵，犹如天帝释，与彼修罗战。念此般若力，皆获于胜捷。今此日本国亦愿佛加被。诸圣神武威，彼魔悉降伏。"②而于祥兴二年(1279)东渡日本的无学祖元，更是在北条时宗拜谒时，向其提出："春夏之间，博多扰骚，而一风才起，万舰扫荡。愿公不为虑也。"③

既然天皇与执权都祈祷神佑，而高僧们又提出必然会有神佑，那么一切可以彰显神佑的现象都要被放大，"神风"之说也就深入人心。

而神佑以台风的形式出现了，这也就证明了"日本永号神国，

① 田久川著：《古代中日关系史》，大连工学院出版社1987年版，第205页。
② 一真等编：《仏光国師語録》卷三。
③ 黑板胜美：《日本高僧伝要文抄・元亨釈書》卷三《宋国祖元伝》。

非可以智取，非可以力争”[①]。在镰仓时代，日本佛教昌盛，形成了认为天竺(印度)位于世界的中央，而日本只是世界一隅的边土的观念。而随着佛教思想和日本本土的神道教思想的渐渐融合，日本人慢慢产生了一种菩萨诸佛皆为日本诸神“本地垂迹”的说法。所谓“本地垂迹”，又称本迹。意思是佛菩萨为救度众生，由自己之实身变化诸多分身，垂世以度化众生，那么菩萨的实身为本地，分身为垂迹。

按照这种独特观念，再加上两次抵御“元寇”有神迹相助，日本人的心理由自卑变为自负：日本虽然是边远小国，却是“神国”，日本人是神的子孙后代，受到诸神的护佑。比如《八幡愚童训》中，日本人便鼓吹道：“蒙古乃犬之子孙，日本则神之末裔，神明及畜类如何对等相争？”

既然如此，推崇武士舍生忘死保家卫国与宣传神佛加持天佑国土相比，自然后者更为高端大气，抵御元军的进袭，只提神风而不提人事，当然是题中应有之义了。

然而，这样的宣传和记忆，虽然对鼓舞民心士气大有好处，但其副作用也流毒长远。既然日本有天神庇佑，永远不会沦亡，那么自高自大以为天下无敌便是理所应当。明朝万历年间，刚刚统一日本的丰臣秀吉便出兵朝鲜，放言要征服中国乃至印度，虽遭失败，其自大却并未收敛。在明治维新之后，对外扩张的思想登峰造极，最终差点把日本送进万劫不复的境域。而在第二次世界大战后期，日本将自杀式攻击的飞行部队称之为“神风特攻队”，便是这种影响最直接也是最肤浅的展现。

---

① 三池纯正著：《モンゴル襲来と神国日本》，洋泉社2010年版，第198页。

所谓塞翁失马，焉知非福。眼前的胜利却可能会推演出数百年后的惨祸，虽然时间长了点，但毕竟“胜负到头终有报，只争来早与来迟”。

从漠北皇帝到安南俘虏
——一位大王悲催人生背后的元朝征战

昔里吉这个名字，在历史中并不显赫，知者寥寥。而在元史当中，其人却极为重要，在元朝初年，诸多大事中都有他的身影，从漠北草原到安南的原始丛林，都留下过他的足迹。而他的身份，也从皇子、宗王一度成为皇帝，后沦为流放犯和从戎谪征的戴罪立功人员，最后又作为被释放的战俘被流放荒岛了结残生。其人生可谓跌宕起伏，曲折离奇。

而在他富有传奇色彩的悲催人生背后，则是元朝初年政治军事的诸多重大事件，展现的是那个时代的雄壮与无奈。

识时务者

昔里吉是蒙古第四任大汗蒙哥汗的儿子，且是庶子。蒙哥汗有五子，活到他去世的只有三人，其中嫡子是玉龙答失，阿速带、昔里吉都是庶子。与汉人一样，蒙古人也讲究嫡庶之分，庶子除非天赋异禀能力超群，否则是没有出头之日的。

昔里吉是庶子，而且才干平庸，原本不具备在历史上掀起风浪的可能，可因缘际会，他一度走上了时代的风口浪尖。

公元1259年，蒙哥汗在南征南宋时，死于四川合川钓鱼城。

大汗暴死，大位空悬，按照蒙古传统，所有在外征战的宗王重臣，都要停下手中的工作，回到蒙古本土召开“库里勒台”，也就是大议会，来重新选出大汗。然而，此时的蒙古帝国已经无法再安静地开会了。因为一位宗王已经决定，利用自己的实力强行上位，这位宗王便是忽必烈。

忽必烈是蒙哥汗的二弟，有过平灭大理国的功劳，此时还率军在荆襄作战。这位沉稳多谋的宗王，早已将蒙古帝国东道诸王以及“五投下”军团笼络在自己周围。所谓东道诸王，是成吉思汗四个弟弟的家族(二弟哈撒儿、三弟合赤温、幼弟斡赤斤·帖木格以及异母弟别里古台)，这四大家族都是和成吉思汗一起同甘共苦创建帝国的至亲，实力极为雄厚，足可和西部宗王，也就是成吉思汗诸子家族(长子术赤、次子察合台、三子窝阔台以及蒙哥汗所代表的四子拖雷)相抗衡。而“五投下”军团，则是成吉思汗最信任的智将木华黎的札剌亦儿家族，成吉思汗岳丈弘吉剌家族，成吉思汗亲家亦乞烈家族，以及曾在蒙古帝国建立过程中立有巨大功勋的兀鲁兀、忙兀家族。蒙古帝国将分封给宗室、功臣的人民、土地称为“爱马”，汉译为“投下”。这五大家族掌握的“投下”，是蒙古帝国除皇室直属军团外最精锐的武装。

有了这些军事支持，再加上自己多年来借掌管漠南汉地之便大力延揽人才组成的“金莲川幕府”，自知在“库里勒台”上不占优势的忽必烈打算自行称汗，夺取大位。

此时蒙古帝国中，与忽必烈一样拥有竞选资格的还有两人，其一是远征西亚北非的旭烈兀；其二是在蒙哥汗南征时，奉命监国，留守首都哈剌和林的阿里不哥。可旭烈兀距离太远，无法迅速赶回，而阿里不哥近水楼台，再加上身为拖雷幼子，有“幼子守灶”之权，便成为忽必烈唯一的竞争者。

蒙哥汗的儿子们，包括昔里吉在内，年纪轻，无战功，虽是先大汗之子，却都没有竞选资格。忽必烈长期主政漠南，身边有铁杆支持者，不需要他们，而阿里不哥却很需要他们支持自己。于是，为了自身的利益，蒙哥汗诸子都倒向阿里不哥，玉龙答失与昔里吉加入了劝进阿里不哥的集团：“忽必烈和旭烈兀二人出征去了，蒙哥合罕把大兀鲁思托付给了你，你有什么想法，难道你想让我们像羊一样被割断喉咙吗？”①而跟随蒙哥汗南征的阿速带，更是带着大玉玺，千里迢迢赶回哈剌和林，交给阿里不哥。

公元 1260 年，忽必烈与阿里不哥先后自行召开“库里勒台”，宣布登基为汗。蒙古帝国正式分裂。

如果以军事实力来看，双方相差不大，阿里不哥略有优势，不但汗廷直属军团归其管辖，术赤汗国、察合台汗国也都支持他。可是，阿里不哥作为大汗，“虽然形式上权力和帝国归于一人，即归于被推举为汗的人，然而实际上所有的儿子、孙子、叔伯，都分享权力和财富”②，对于各汗国的管辖都不能令行禁止。而忽必烈称汗，建元“中统”，已经用中原王朝的集权皇权改造自己的政府，不仅有东道诸王和“五投下”支持，中原汉地的汉人世侯的军队和物资也是其坚定的保障。

---

① 拉施特著，余大钧、周建奇译：《史集》第二卷，商务印书馆 2014 年版，第 308 页。
② 志费尼著，何高济译：《世界征服者史》（上册），内蒙古人民出版社 1980 年版，第 45 页。

两相比较，忽必烈阵营始终铁板一块，而阿里不哥阵营却松散无力，再加上阿里不哥在指挥作战上也不如忽必烈，一败再败，内部终于土崩瓦解。

在阿里不哥逐渐崩盘之时，昔里吉作为其主要支持者之一，率先做了识时务者，第一个叛离阿里不哥，向忽必烈投诚。

作为蒙哥汗的儿子，昔里吉的投诚对忽必烈有着重要意义。他受到极高恩赏，成为权力核心成员。1264 年，阿里不哥最终战败向忽必烈投降，其部下受到审判，而主持审讯的，便是昔里吉。1268 年，昔里吉更是被册封为河平王。

元朝王爵分为六等，第一等是“金印兽钮诸王”，都是一字王，只有忽必烈直系子孙才能获得。其余五等分别为金印螭钮、金印驼钮、金镀银印驼钮、金镀银印龟钮、银印龟钮。河平王属于第三等“金印驼钮诸王”。昔里吉有过“历史问题”，又仅是蒙哥汗的庶子，得到这样的王爵已经物超所值。后于他投降的玉龙答失、阿速带，前者身为蒙哥汗嫡子，后者年长于昔里吉，但因为晚了一步，始终未得封王，虽被尊称为“大王”，其实连最后一等的“银印龟钮诸王”都不算。

昔里吉的审时度势，使他成为蒙哥家族中地位最显赫者，如果他知足常乐，永保富贵本是题中应有之义，然而，他又一次地审时度势，却使自己在短暂的极致荣耀后，陷入沉沉黑暗。

漠北皇帝

忽必烈战胜阿里不哥，但他已无法回到祖、父、兄的时代，那个依靠传统、武力和血缘维系的帝国已经一去不返。成吉思汗长子术赤家族的金帐汗国、次子察合台家族的察合台汗国都并不承认他的大汗身份，弟弟旭烈兀在波斯建立的伊儿汗国虽然坚定支持他，但相隔万里关山阻隔，早已“自帝一方”。

尤其是窝阔台家族的后起之秀海都，在忽必烈与阿里不哥鏖战的四年之中，已经整合窝阔台家族，扩充实力，强势崛起。1269 年春，海都与察合台汗国、金帐汗国在塔剌思河流域的塔剌思、肯切克草原举行会盟，召开了没有拖雷系宗王尤其是没有“大汗”忽必烈参加的“库里勒台”。海都在大会上正式称汗，表示自己才是蒙古帝国最正统的继承人，他被推举为三国盟主，尊称为“阿合”，也就是大哥。从此，海都代替阿里不哥，成为忽必烈正统地位的挑战者。

为了防备海都为首的“西北叛王”，忽必烈苦心经营布置防御体系。早在 1265 年，忽必烈便“敕徙镇海、百八里、谦谦州诸色匠户于中都”，1266 年又设忽丹八里局。在听闻“塔剌思联盟”之事后，更是派太子真金驻兵称海(今蒙古科布多东南)，派万户伯八、断事官刘好礼镇守吉儿吉思、谦州等处以为防备。1271 年，又派嫡幼子、北平王那木罕驻军阿力麻里，建立幕廷，全面掌控西北防务。1275 年，进一步派中书右丞相安童率领大量军队和辎重前往阿力麻里协助那木罕镇守。同时，昔里吉作为重要宗王，也被派到西北，协助防御。与他一起戍边的，还有玉龙答失之子撒里蛮，阿里不哥之子明里帖木儿、玉木忽儿，察合台之子撒儿班等人。这些人都曾是忽必烈的反对者，用反对者抵挡反对者，也算是忽必烈的帝王心术了。

元朝在西北地区铜墙铁壁一般的防御体系使得海都多次率兵进攻都铩羽而归，始终无法越过伊犁河谷。

然而，正当忽必烈认为西北已经高枕无忧之时，一场巨大的变乱却突然降临。忽必烈的大元皇朝所采用的制度，是用中原传统的集权制为基干，辅助有蒙古传统家族封建制。集权皇权与家族封建本有无法调和的矛盾，忽必烈虽然“杂糅各法”，但还是在逐渐压缩限制家族各系宗王的权力。这让原本铁杆支持他的东道诸王都十分不满，更不要说属于“二等公民”的昔里吉等人了。而忽必烈在平灭南宋之后，并未停止四处征伐的脚步，征日本、征安南、征爪哇等等，四处用兵，对于西北地区逐渐减少了关注，这让有异志的人觉得有可乘之机。

1276 年冬，长期的不满终于以最激烈的形式爆发了。昔里吉与撒里蛮、明里帖木儿、玉木忽儿、撒儿班以及忽必烈庶弟岁哥都之子脱黑帖木儿等人突然叛乱，劫持那木罕和安童。在众人的推举下，昔里吉作为蒙哥汗此时此地最年长的子嗣，登基称帝。

这一变乱，导致元朝西北防线全面崩溃，十余万精锐一夕之间全部丧失。昔里吉出兵蒙古故都哈剌和林，抢走了成吉思汗生前所用的大帐。

面对如此局面，忽必烈起用了灭宋大帅伯颜，并征调几乎所有诸王军、汉军、高丽军北征。

此时，昔里吉等叛王的军队已会集于鄂尔浑河，声势浩大，不可一世。在战场上，他们已经占据完全的主动。伯颜领着讨伐军仓促北上，诸军的配合以及士气方面都落于下风。

伯颜是忽必烈麾下第一帅才，深知如何寻敌破绽。他发现，昔里吉等人和当年的阿里不哥有着同样的弱点，那便是粮草军需筹集不易。掀起反旗，便已然断了中原的物资补给，而他们欲图联合海都，取得中亚河中地区的粮食补给。可海都认为自己是蒙古大汗，根本不会承认昔里吉为皇帝，只是趁机扩展自己的地盘，而在军需和兵马上并没有任何支援。

于是，伯颜没有急着决战，而是断其粮道，阻困其军。直到昔里吉军已经军心浮动才率大军发动总攻，先后在土拉河和鄂尔浑河两次大败昔里吉军，夺回成吉思汗的大帐以及那木罕的属民。之后，大将刘国杰、别理乞迷失分别击溃各支乱军。昔里吉等人无奈，分路西撤。

昔里吉等叛王能够一起举事，并非有共同的目标，只是都对忽必烈不满，并想获得更多的利益而已。一帆风顺时，尚还能同进同退。一遭失败，便成了大难临头时的同林鸟，各奔前程。

分裂也就罢了，在元军的打击下，昔里吉集团又出现内讧。脱黑帖木儿因被元军袭击时得不到昔里吉的援助，干脆便奉撒儿班为帝，玉木忽儿不从，与昔里吉一起出兵攻打，脱黑帖木儿战败被杀，撒儿班先被昔里吉俘虏后被旧部救出。为报此仇，撒儿班重整军队，战败并俘获昔里吉、玉木忽儿等，于1282年将两人押送大都，向忽必烈投诚。

昔里吉之乱被平定，但元朝经此大乱损失惨重。海都趁机西进，夺取了阿力麻里，并收容了昔里吉集团逃到自己阵营的明里帖木儿等，元军西北防御的前哨后退到斡端(今新疆和田)一带，塔里木西部已被海都控制。

因此，忽必烈对昔里吉实施了除死刑外最严厉的惩罚，流放到"一座空气十分恶劣的岛上"①，让他在那里自生自灭。

做皇帝没多久，便成为流放犯，昔里吉的人生本该到此结束

① 拉施特著，余大钧、周建奇译：《史集》第二卷，商务印书馆2014年版，第317页。

了。不过，此时元朝还在四处征战，他很快有了一次翻身的机会。

安南俘虏

让昔里吉有机会翻身的，是元朝对安南的战争。

安南是今天越南的北部，五代十国时期独立建国，到北宋时获得册封，成为安南王国。到蒙古崛起时，已经历经丁朝、前黎朝和李朝三个朝代，进入陈朝统治时期。忽必烈南征大理后，留下大将兀良合台经略云南，兀良合台要求紧邻云南的安南臣服，遭到拒绝，从而在1258年爆发了第一次战争。

兀良合台是蒙古名将速不台之子，和父亲一样骁勇善战，虽麾下仅有数千蒙古军和万余征调的云南蛮兵，却轻松击败了由陈朝太宗陈日煚率领的安南主力大军，攻陷其首都升龙(今越南河内)。

到1260年忽必烈登基建立元朝后，安南主动朝贡，获得“凡衣冠典礼风俗，一依本国旧制。已戒边将不得擅兴兵甲，侵尔疆域，乱尔人民。卿国官僚士庶，各宜安治如故”①的宣谕。可元朝对于藩属国的要求，有君主亲朝，太子入质，设置达鲁花赤的内容。陈朝无法接受，百般推托，这让忽必烈认为其仍有不臣之心，从而埋下了日后战争的种子。

1284年，在又被安南拒绝国王亲自朝觐的要求之后，忽必烈以自己第九子镇南王脱欢为统帅，兵分六路南征安南。元军虽然

① 宋濂等撰：《元史》卷二百零九《外夷二·安南》，中华书局2008年版，第4634—4635页。

势如破竹占领了安南首都升龙，但安南名将陈国峻将主力部队分散四方，以小股部队不停地袭扰元军，使元军在热带雨林中疲于奔命，终于在疲病交加之中退军。安南军随后追杀，使得元朝大将李恒、唆都先后战死。

败于小国安南，忽必烈自然不甘心。1287 年，再次以脱欢为统帅，水陆并进攻伐安南。

这一次，昔里吉获得了以戴罪之身参战的机会。因为，“按蒙古人的风俗，一个该当死刑的犯人，如果遇赦活命，那就去送他打仗。理由是：若他注定该死，他会死于战场”①。而如果没有战死，反而获得了战功，那么之前的罪过可以得到赦免。

出征之日，昔里吉应该是充满希望的。此次征讨安南，忽必烈征调了江淮、湖广、江西三行省的蒙古军、汉军、新附军七万人，云南蛮兵六千人，海南岛四州黎兵一万五千人，近十万人马，可以说是泰山压顶之势。自己在乌马儿、樊辑所率的水军中效力，水军足有战船四百艘，而安南连大型战船都没有。平灭安南，立功受赏，重新获得宗王的荣华富贵，应该是必然的事情。

可惜事与愿违，安南已经积累了丰富的对元作战经验，绝不主力决战，而是坚壁清野，分散袭扰，并袭击元军补给线。元军有力使不出，又被生生拖成疲病之师。而在退兵之际，安南军再次兜后追杀，元军大将阿八赤阵亡，陆军损失十之六七。

陆军惨败，而水军更惨，乌马儿、樊辑率水军沿白藤江入海撤退，在入海口遭到陈国峻伏击，安南军在河道钉了木桩，元军

---

① 志费尼著，何高济译：《世界征服者史》(上册)，内蒙古人民出版社 1980 年版，第 59 页。

水师被困在江面进退不得，四百艘战船全军覆没，乌马儿、樊楫两位主帅双双被俘，在军中服役的昔里吉也做了俘虏。

连续两次击退世界最强大的帝国，安南君臣百姓确实有足够的理由自傲，但连年战争让小小的安南遍地焦土，如果战争持续下去，即使不被打败，也会被拖垮。安南做出了明智的选择，遣使上表，献上国王的金制跪像，谢罪乞和。

1288 年，安南国王陈日烜给元朝上表，希望重申宗藩之礼，表示“伏望陛下德配乾坤，恩过父母，智可以烛幽显，辨可以识情伪，愿垂矜察，曲加宽宥，庶令微臣免于罪戾，得尽誓终事天之意”。为了表示诚意，还特意送还俘虏：“大军遗亡者殆千余人，臣已发令归了，或后别有见之，臣亦寻教回去。”尤其指出，“闻见百姓送到昔戾机大王一名，称系大国贵戚，臣于是日平礼相待极加尊重”①。

所谓“昔戾机大王”，其实就是昔里吉。他被俘后，亮出自己是忽必烈侄子的身份，从而获得了礼遇。而安南君臣也不知道昔里吉其实是戴罪之身，便特地在表文中指出，希望以此讨好忽必烈。

这可说是拍马屁拍到了马腿上，1289 年，忽必烈宣谕安南，措辞严厉地说道：“昔戾机忝为族属，以被遣还。彼乃有过谪戍之人，譬如以此饰情。合将乌马儿拔都军府官等发送回来，方表忠顺。”②意思是昔里吉是有罪之人，厚待他算不得讨好，得把被俘的水军统帅乌马儿、樊楫等人送还才能证明诚意。

---

① 徐明善：《安南行记》，《说郛三种》第二册，上海古籍出版社 1990 年版，第 812—814 页。

② 黎崱著，武尚清点校：《安南志略》卷十二，中华书局 1995 年版，第 51—52 页。

可是，乌马儿、樊辑等人在安南国境中，曾有战争暴行，“尽捕海道边民，大者杀之小者虏去”，民愤极大。被俘之后，安南做了手脚，先是在送乌马儿回国之时，故意使得“舟为水漏”，将其溺死。后又在饭菜中下毒，毒死了樊辑，并谎称其是“忽遭热病，微臣尽其所有药物，购彼部下医人疗之，不可渐，致身亡”①。原以为只要厚待昔里吉便能获得忽必烈欢心，结果却是无用功，而忽必烈真正在意的人却被自己害死，合约还能成吗？

安南送还昔里吉而杀乌、樊二将，在忽必烈眼中简直是故意挑衅，按他自己的话说，“此事犹痒在心，岂诸人爬搔所及”。1293年，已经在病榻上的忽必烈任命湖广行省右丞刘国杰为湖广安南行省平章政事，与宗王亦吉里带、江西行省枢密院副使彻里蛮调集五万六千大军准备再征安南。可老皇帝已经风烛残年，没等到大军出发便驾崩于大都。元成宗铁穆耳继位，下诏罢征安南，战火才没有再次燃起。

而昔里吉，虽然受到安南优待，毫发无伤地回国，可自己不但是戴罪之身，而且还成为元朝败于安南的耻辱标志，岂能有何好结局？他由元朝战俘唐兀歹等人陪同回国，可唐兀歹等人都受到忽必烈亲自召见，而他却被拒见，继续“谪居于一座空气十分恶劣的岛上”，从此再无出头之日，“他在那里度过残生，最后死掉了”。

而随着昔里吉消失于历史之中，元朝也告别了四处征战的时代，开始了安心守成，以“天下无事”为最高追求了。

---

① 徐明善：《安南行记》，《说郛三种》第二册，上海古籍出版社 1990 年版，第 812—814 页。

慵懒的“世界王”
——幸运的铁穆耳

朝代的第二代君主，被称为“龙颈”。所谓“龙颈”，也就标志着既不可能如龙头——开国君主一般那么声名显赫，也不如龙尾——末代君主一般让人记忆深刻，他们往往被前辈的光辉和后辈的黑暗所掩盖，很少被人注意。

当然，也有例外，比如唐太宗李世民，隋炀帝杨广。不过前者是名为龙颈实为龙头的代表，而后者则是王朝二世而亡的代表。可以说他们都没有完全发挥龙颈应有的作用，更多地做了龙头和龙尾该做的事。

什么是龙颈该起的作用呢？就如脖子是连通大脑和身体的重要器官，脖子情况的好坏，直接关系到身体的运转。所以，承上启下，变乱为治，便是龙颈的责任。可以说，第一代君主是要打好地基，而第二代君主则是要打牢地基。

那么，大元皇朝的第二代皇帝，元成宗铁穆耳是不是一个合格的龙颈呢？

戒酒与皇位

元至元三十一年（1294），既是蒙古帝国继承者，又开辟了一个新时代的元世祖、“薛禅汗”忽必烈驾崩于大都紫檀殿，享年八十岁，庞大帝国的心脏一时间停止了跳动。

忽必烈有十二个儿子，大皇后察必所生的嫡子有四人，长子朵儿只，次子真金，三子忙哥剌，四子那木罕。朵儿只早逝，因此忽必烈立真金为皇太子。可是因为忽必烈的寿命实在太长了，儿子们一个个都没能熬过父亲，真金、忙哥剌、那木罕都先于父亲离开人世。八个庶子中，也只有宁远王阔阔出、镇南王脱欢、平西王奥鲁赤死在父亲后面，然而首先他们或才能平庸或有过过失不可能被考虑，另一方面接受了礼法制度的忽必烈也不会选择庶子继承皇位。第二代既然无法指望，也就只好寄希望于第三代了。

真金是正式册立的皇太子，那么第三代中自然是他的儿子为首选。真金有三个儿子，分别是长子甘麻剌、次子答剌麻八剌、三子铁穆耳。答剌麻八剌早逝，因此最有资格问鼎皇位的，便是甘麻剌和铁穆耳了。

甘麻剌才能平平，且在与窝阔台汗国交战时吃过败仗，对以军功为立身之本的蒙古贵族来说这是大忌。铁穆耳倒是在镇戍漠北之时颇有战功，马可·波罗称赞他“生性善良，智勇双全，曾在几次大战中表现了自己的勇敢”。[①] 而且，真金太子的太子妃，铁

① 梁生智译：《马可·波罗游记》，中国文史出版社1998年版，第112页。

穆耳的母亲阔阔真，深得忽必烈和察必这对老夫妻的喜爱，公公婆婆疼儿媳妇，自然爱屋及乌对儿媳妇所喜爱的孩子也另眼看待。甘麻剌虽然也是阔阔真所生，但自幼由忽必烈夫妇抚养，和母亲感情比较淡漠，远不如铁穆耳。阔阔真对铁穆耳的偏袒，自然会对忽必烈产生影响。

本来铁穆耳已经胜出自己的大哥了，可他却也有一个要命的缺点——酗酒，“铁穆耳合罕是一个酒鬼。无论合罕(忽必烈)怎样规劝和责备他，都没有用。以至于合罕用棍子打过他三次并派一些护卫盯着他，让他们不给他酒喝的地步”①。

正是因为这样的毛病，铁穆耳虽然比哥哥强过很多，已经处于无竞争对手的地位，可“皇太孙”的名分却迟迟定不下来。直到至元三十年(1293)，忽必烈才把原本真金太子的“皇太子宝”印授予铁穆耳，但也没有正式颁诏确定他的太子地位。

于是，在忽必烈驾崩之后，宗王、贵族、重臣不得不在上都举行“库里勒台”来选定皇位继承人。

在大会上，甘麻剌仗着自己是真金太子长子，想和铁穆耳竞争，史称“亲王有违言”。此时，忽必烈去世时留下的两位顾命大臣发挥了作用。这二人一位是灭宋功臣伯颜，另一位则是忽必烈朝任御史大夫的玉昔帖木儿。他们在忽必烈弥留之际接受遗诏，有着遵照忽必烈遗愿扶立继承人的责任。于是，伯颜首先站出来，“握剑立殿陛，陈祖宗宝训，宣扬顾命，述所以立成宗之意，辞色俱厉”②。而玉昔帖木儿也劝导甘麻剌：“宫车晏驾，已逾三月，

---

① 拉施特著，余大钧、周建奇译：《史集》第二卷，商务印书馆2014年版，第368页。
② 宋濂等撰：《元史》卷一百二十七《伯颜传》，中华书局2008年版，第3115页。

神器不可久虚，宗祧不可乏主。畴昔储闱符玺既有所归，王为宗盟之长，奚俟而不言。”①

两位重臣支持铁穆耳，使得甘麻剌已经难以相争，而母亲阔阔真这时也站了出来对铁穆耳和甘麻剌说道：“薛禅合罕，即忽必烈合罕曾经吩咐，让精通成吉思汗的必力克的人登位，现在就让你们每人来讲他的必力克，让在场的达官贵人们看看，谁更为精通必力克。”②

“必力克”也就是成吉思汗依据自己一生政治军事经验留下的“箴言”，对皇族来说即是“祖训”，皇室子弟都要牢记背诵。甘麻剌和铁穆耳自然都是精通必力克的，但甘麻剌“稍患口吃”，而铁穆耳“极有口才”，两相比较，铁穆耳自然胜出。

母亲和朝廷重臣都不支持自己，甘麻剌只好表示：“皇帝践祚，愿北面事之。”

大元朝第二任皇帝的人选终于确定了下来。当年四月十四日，铁穆耳登基为帝，是为元成宗，改年号元贞，以明年为元贞元年。

因为爱喝酒而让十拿九稳的事出现变数，铁穆耳痛下决心戒了酒，“现今当他做了合罕(可汗，即皇帝)之后，他自动地戒了酒，喝得稀少了，从前忽必烈合罕无论怎样要求和强制，都不能阻止他饮酒。当他成为最高权力的主宰之后，至高无上的神就从他心中把对酒的嗜好给驱逐出去了”③。

这段记载来自拉施特的《史集》，铁穆耳并非伊斯兰教徒，对

---

① 宋濂等撰：《元史》卷一百一十九《玉昔帖木儿传》，中华书局 2008 年版，第 2948 页。

② 拉施特著，余大钧、周建奇译：《史集》第二卷，商务印书馆 2014 年版，第 389 页。

③ 拉施特著，余大钧、周建奇译：《史集》第二卷，商务印书馆 2014 年版，第 368 页。

拉施特所言“至高无上的神”没有信仰，靠神戒酒不大可能。但能够戒掉酒瘾却是需要极强毅力的，要知道，除了毒瘾，酒瘾可说是最难戒除的。

慵懒的“无为而治”

做了皇帝，要诏告天下，既要对上一任皇帝做一个大概的评价，也要对自己今后的施政方针做一下说明，在颁布的即位诏中，成宗除了对祖父做一些“临御三十五年，薄海内外，罔不臣属，宏规远略，厚泽深仁，有以衍皇元万世无疆之祚”之类的颂扬，还要对自己的合法性做出明确，指出父亲“德盛功隆，天不假年”，所以自己才会“仰荷先皇帝殊眷”，得以“亲授皇太子宝，付以抚军之任”，祖父去世后，自己受到“宗藩昆弟之贤，戚畹官僚之旧”的推举，才名正言顺地继位。

继位之后，要怎么干呢？成宗在即位诏中提出了自己的施政方针，“尚念先朝庶政，悉有成规，惟慎奉行，罔敢失坠。更赖祖亲勋戚，左右忠良，各尽乃诚，以辅台德。布告远迩，咸使闻知”。也就是说，先帝的制度、规矩自己要奉行不悖，先帝重用的臣子自己要继续倚为干城①。

忽必烈称帝之时，指出要“祖述变通”，因为他要开创新的帝国框架，名为继承实则创业。而成宗最为紧要的问题就是要守成，保住爷爷留下的遗产，因此必须要对成规“罔敢失坠”，这是所有守成之君的必修课。

---

① 宋濂等撰：《元史》卷十八《成宗本纪一》，中华书局2008年版，第382页。

为政首在用人，想要“恪守成宪”，保持政策的一贯性，官僚系统便要尽可能地与前朝保持一致。同时，针对党争之类的情况，新皇帝也要有所调整。成宗一朝，所用宰辅重臣中，蒙古人、色目人、汉人基本上较为持平。

成宗一朝先后有四位丞相，均是蒙古人，但却大半为汉法儒臣，其中完泽秉政时间最长，最受信任。伯颜、玉昔帖木儿去世后，完泽被拜为太傅，成为三公之一。既是右丞相，又是太傅，施政理念几乎贯穿了成宗执政期。其人是坚定的“平和主义者”，讲究“恪守成宪”，于朝政能少动便少动，而且喜欢“与儒臣论定朝仪”，时人称“一荐完泽，天下享和平清静之乐余十五年”①。完泽去世后继任右丞相的哈剌哈孙虽为功勋贵族，却也坚持用儒家理念治国，“斥言利之徒，一以节用爱民为务。有大政事，必引儒臣杂议”②。倒是与哈剌哈孙并列朝堂的左丞相阿忽台是位伊斯兰教徒，颇有理财之臣的风范，可元朝以右为尊，左丞相的影响力相当有限。日后这位阿忽台在成宗去世后欲图协助安西王阿难答夺位，被哈剌哈孙轻易击败。

宰相领袖群臣，而平章政事作为“副宰相”，则更关乎朝政施行。成宗时中书省平章政事先后有不忽木、帖可、剌真、阿鲁浑萨理、赛典赤·伯颜、八都马辛、阿里、梁德珪、段那海等九人。不忽木是康里人，世祖朝末期汉法派领军人物，师从王恂、许衡两位大儒，被称为“纯儒”。阿鲁浑萨理是畏兀儿人，受业于国师

---

① 程钜夫：《资德大夫湖广等处行中书省右丞燕公神道碑》，《全元文》第十六册，江苏古籍出版社2005年版，第505页。

② 宋濂等撰：《元史》卷一百三十六《哈剌哈孙传》，中华书局2008年版，第3291—3293页。

八思巴，原本精通佛学，后“习中国之学，于是经、史、百家及阴阳、历数、图纬、方技之说皆通习之”，从而成为以“治天下必用儒术”①为根本理念的儒臣。与他相反，梁德珪虽为汉人，却信奉伊斯兰教，教名叫作“暗都剌”，意思为“真主的仆人”。段那海族属不详，其他六人均属于色目人。这几位色目大臣善于理财，而又并不擅权谋私，与完泽、哈剌哈孙共事并无抵牾，清理户籍、整顿税课等卓有成效，乃至“大德间颁赐倍于至元而赋不略加”。

平章政事是副宰相，而中书右丞、左丞则可算作是“助理宰相”，在成宗一朝任中书右丞、左丞时间较长者有五人，分别是何荣祖、杨炎龙、张九思、尚文、何玮，均是深谙儒学的汉人。

这样的宰辅班子，最大的特色便是持中、平和，没有哪个政治派系可以独大，政治稳定自是题中应有之义——成宗一朝没有出现世祖时期血腥的政坛风暴便是明证。但是，这样的行政安排若要让国家有大的起色，则需要一位思大有为而心思缜密的君主，否则便会流为“不痛不痒之天下”。不幸的是，成宗铁穆耳恰恰是一个粗心大意而较为慵懒的皇帝，作为宰辅之首的完泽又以恪守成宪作为最高施政要求，因此成宗一朝也就有了无所事事、人怀怠心、政令难行的低效作风。

世祖朝颁布的《至元新格》中要求官员限期五天处理一般公务，限期七天处理中等公务，限期十天处理重大公务，但是官员常用半年才能处理一件不重要的事务，要用整整一年处理一件重

---

① 宋濂等撰：《元史》卷一百三十《阿鲁浑萨理传》，中华书局2008年版，第3175页。

要公务。时人对官吏执行上司政令的低效，乃用“一紧二慢三休”①进行讽刺。成宗对此很有意见，大德三年他申斥六部官员说：“汝等事多稽误，朕昔未知其人为谁。今既阅视，且知姓名，其洗心涤虑，各钦乃职。复蹈前失，罪不汝贷。”②

这是在要求官员们提高行政效率，实心用事。可这句话也透露了一个重要的信息：皇帝在位已经六年，竟然连六部官员“昔未知其人为谁”，担任帝国最高统治者的职务，成宗这是否也算是“渎职”呢？长时间弄不清各部委长官的名字，那么对于地方官恐怕更是知之甚少，成宗想教育臣子好好工作，却先暴露了自己的不用心，教育的成效如何也就可想而知了。

懒惰的皇帝加上低效的行政机构，这样的组合来管理如此幅员辽阔的国家，本会大有问题。可历史上的算数总不是简单的正正得正，负负得负，成宗朝看起来不尽如人意的政府在其统治前期却大有承平气象——不那么积极进取的政府客观上促成了与民休息环境的形成。

元世祖忽必烈“定官制，立纪纲”，“留意治道，固属开国英主”，但“嗜利黩武之心则根于天性，终其身未尝稍变”③。和西北诸蒙古汗国交兵是为了维护宗主权威，平灭南宋是为了一统天下，这都无可非议，但征日本、安南、爪哇等等战役，全都是毫无意义的“面子工程”，且因为种种原因败多胜少，劳师糜饷，百姓也负担沉重。四处征战产生的繁重军务开支导致国库空虚，为了弥

① 郑介夫：《太平策》，《全元文》第三十九册，江苏古籍出版社2005年版，第46页。
② 宋濂等撰：《元史》卷二十《成宗本纪三》，中华书局2008年版，第426页。
③ 赵翼著，王树民校注：《廿二史札记校正》卷三十《元世祖嗜利黩武》，中华书局2013年版，第723页。

补空虚重用理财之臣又导致政争不断，这就不可避免地出现了政策变化频繁而百姓无所适从的情况。

成宗一继位，便停止了对安南的进攻，释放安南使节，同时又拒绝了大臣继续讨伐日本的建议，派使节出使日本。除了对窝阔台、察合台汗国的战争仍要继续之外，所有对外战争全部叫停，并颁布了一系列养民之法，终于实现了大元开国以来迟迟未能实现的“与民休息”。

中国自古便是以农立国，与民休息首在重农。成宗一朝对农业、农民多有爱护条令，指出“国用民财，皆本于农，所在官司钦奉先皇帝累降圣旨，岁时劝课，当耕作时不急之役一切停罢，无致妨农”①，“农民尽力耕桑之时，其敕有司非急之务慎勿生事烦扰”，禁止徭役“妨其农时”②。对于赋税，成宗朝坚持“不加赋”的政策，“大德间颁赐倍于至元而赋不略加”。

重农之外，成宗朝廷也较为注意社会救济，建立养济院和惠民药局——“鳏寡孤独，老弱残疾，不能自存，寄食养济院，不行收养者，重议其罪”③，“贫民疾病，失于救疗，坐待其毙，良可悯焉。宜准旧例，各路置惠民药局，择良医主之，庶使贫乏病疾之人不致失所”④。朝廷出钱赈济和赏赐百姓，也并不吝啬，“元贞以来，朝廷恪守成宪，诏书屡下散财发粟，不惜巨万，以颁赐

① 陈高华等点校：《元章典》圣政卷之一《劝农桑》，中华书局2011年版，第53页。
② 陈高华等点校：《元章典》圣政卷之二《息徭役》，中华书局2011年版，第88页。
③ 宋濂等撰：《元史》卷一百零三《刑法制二·户婚》，中华书局2008年版，第2641页。
④ 方龄贵点注：《通制条格》卷二十一《医药·惠民局》，中华书局2001年版，第598页。

百姓”①。

成宗执政时期，北方“京畿所储充足”，江南也摆脱了灭宋战争的创伤，“元贞、大德以后，世道清平，人获休息”②。成宗确有守成安民之功。

滥赏与“中买宝物”

在与民休息的同时，成宗也有很多弊政。而弊政主要和财政有关，也就是说国库缺钱。而缺钱的原因，则并非因为战争、宫殿建设之类史上常见的花钱项目，而是两个具有元朝特色的原因：其一，赏赐宗王皇亲耗费无度；其二，喜爱珍贵宝石，不惜巨资从海外采买。

打开《元史·成宗本纪》，粗略翻一下，便会看到一次又一次赏赐宗王皇亲的记载，而且每次出手阔绰。这里随便拿出几个例子，可见成宗不拿钱当钱之一斑：

“定西平王奥鲁赤、宁远王阔阔出、镇南王脱欢及也先帖木而大会赏赐例，金各五百两、银五千两、钞二千锭、币帛各二百匹；诸王帖木而不花、也只里不花等，金各四百两、银四千两、钞一千六百锭、币帛各一百六十匹。”“赐亦都护金五百五十两、银七千五百两，合迷里的斤帖林金五十两、银四百五十两。”

“赐雪雪的斤公主钞千锭，诸王伯答罕、末察合而部贫乏者三千锭，伯牙兀真、赤里、由柔伯牙伯剌麻、阔怯伦、忙哥真各金

① 宋濂等撰：《元史》卷一百三十《完泽传》，中华书局2008年版，第3174页。

② 吴澄：《故逸士游君建叔墓表》，《全元文》第十五册，江苏古籍出版社2005年版，第470页。

五十两，银、钞、币有差。”

“赐诸王不颜铁木而、阿八也不干金各五百两、银五千两、钞二千锭、币帛各二百匹，其幼王减五分之一。”

“赐诸王合班妃钞千二百锭、杂币帛千匹，驸马塔海铁木而钞三千锭。回纥不剌罕献狮、豹、药物，赐钞千三百余锭。”……

这样的赏赐分开来看，还不算惊人，但成宗几乎是大赏三六九，小赏月月有，绳锯木断，水滴石穿，加起来可就向天文数字迈进。世祖时代，财政危机往往是战争打出来的，到了成宗朝，基本是赏赐赏出来的。成宗刚一登基，赏赐就没完没了，中书省大臣不得不建言皇帝花钱注意点，量力而行：“朝会赐予之外，余钞止有二十七万锭。凡请钱粮者，乞量给之。”①到了第二年，中书省官员更进一步建言：“陛下自御极以来，所赐诸王、公主、驸马、勋臣，为数不轻，向之所储，散之殆尽。今继请者尚多，臣等乞甄别贫匮及赴边者赐之，其余宜悉止。”②成宗表面“从之”，可依然我行我素。

成宗这么大手大脚赏赐宗王皇亲，除了他性格原因外，也有着不得已的苦衷：毕竟自己并没有无可辩驳的继承人名位，爷爷忽必烈始终没有正式册封自己为“皇太孙”，是靠着“库里勒台”宗亲重臣推举才即位。可想而知，登上九五之尊的成宗并不像自己在即位诏书中所说的那么理直气壮。他必须用超过惯例额度和次数的赏赐才能安抚宗亲。

这样的情况就如魔咒一般，成宗之后皇位的传承，几乎每一

① 宋濂等撰：《元史》卷十八《成宗本纪一》，中华书局2008年版，第384页。
② 宋濂等撰：《元史》卷十九《成宗本纪二》，中华书局2008年版，第402页。

代都有着这样那样的问题，都不得不依靠“库里勒台”的贵族大会来选定皇位继承权。于是，宗室勋戚贵族的权势始终很大，皇帝不得不用制度性贿赂性的赏赐获得贵族们的支持，“滥赐”也就成为元代痼疾。

帝国时代，皇位是否稳固关乎国本，也关乎万千百姓的生存，能用钱解决的事情的确比流血解决要好，为了稳固皇位而拼命花钱也还情有可原。可成宗另一宗花钱大项目，就只能看作是奢侈和虚荣了。

这便是“中买宝物”的花销。

所谓中买宝物，就是从海外购买珍惜珠宝用来上贡给皇帝。皇帝是天下最有钱的财主，买些奢侈的宝石之类装饰自己的服饰，按说并不过分。但中买宝物的对象，是盛产宝石的中亚、波斯、印度等地，那么常年以经商为生，掌握与这些地区贸易路线的色目商人自然就会成为承包商。色目商人为了获取更大利益，便勾结朝中的色目大臣，以向皇帝呈献海外宝货的形式从政府那里取得数倍、百倍的赏值，而色目大臣用权力入股，自然要从中分取大利。

世祖忽必烈在打仗方面很舍得花钱，但在私生活上比较简朴，对于中买宝物并不重视，在位期间，一些色目商人经常拿些宝石珍珠之类在皇帝面前“促销”，总是被“帝以无用却之”①。而到了成宗朝，不但对促销的来者不拒，还经常组织采买。

皇帝喜欢稀罕宝物，也就不会问价钱，商人、权要又从中哄抬物价，这么一来，为买宝物而花销的银钱自然以骇人的速度从

① 宋濂等撰：《元史》卷十七《世祖本纪十三》，中华书局2008年版，第364页。

国库中流走。

这里只举一例，成宗曾经从“本土巨商中买红刺(红宝石)一块于官”，用来装嵌帽顶，竟然估价中统钞十四万锭①。光一个帽子的装饰就如此昂贵，皇帝、皇后、嫔妃、皇子、公主等每人的帽服何止千套，需要装饰的宝物要花多少钱，也就可想而知。在《史集》中，也记载了成宗买宝石的巨额费用及其中的贪污情状：“有一次，商人们带来了许多宝石和装饰品，并把它们卖给了合罕(指成宗)。异密们、宰相们和旧货商人来了，给珍宝定价为六十万巴里失，并从国库中取了钱。从这笔钱之中，商人大约用了十五万于异密和丞相们身上。”②

成宗自己喜欢宝物，而因为他的影响，“自后累朝皇帝相承宝重，凡正旦及天寿节大朝贺时则服用之”，其对于国家财政的危害，也就一直贯穿元朝始终。

滥赏和中买宝物已经使国库不堪重负，贪腐使得大量财富被吞没，而国家日常开支如官员俸禄、赈灾、修河等等也不能减少。终于，原本就不富裕的国库，出问题了。

大德二年(1298)二月，右丞相完泽在成宗询问财政状况时便提出：“岁入之数，金一万九千两，银六万两，钞三百六十万锭，然犹不足于用，又于至元钞本中借二十万锭，自今敢以节用为请。”③到大德三年(1299)，更是到了“比年公帑所费，动辄巨万，岁入之数，不支半岁”④的地步。每年的收入，都是不到半年便花

---

① 陶宗仪撰：《南村辍耕录》卷七《回回石头》，中华书局2008年版，第84页。
② 拉施特著，余大钧、周建奇译：《史集》第二卷，商务印书馆2014年版，第400页。
③ 宋濂等撰：《元史》卷十九《成宗本纪二》，中华书局2008年版，第417页。
④ 宋濂等撰：《元史》卷二十《成宗本纪三》，中华书局2008年版，第426页。

完了，那剩下的用度该怎么打发？成宗朝不肯增加税额，那么国用不足的部分便只能动用“钞本”，也就是发行纸币的储备金。如此一来，纸币的贬值就难以遏制。虽然看似不敛财于民，但通货膨胀的单还是要百姓来买，政府金融信誉便每况愈下。

成宗的幸运之处是在于经济问题最终的爆发需要积累，世祖时代遗留下来的较为健康的钞票发行制度和雄厚的钞本也不是一时半会可以破坏殆尽的，于是成宗朝的经济状况就在这看似无事实有忧患中维持着。

“众汗之汗”

朝政以守成好静为重，经济也看不出马上会有大麻烦。大元王朝一片晏然。元成宗铁穆耳这个龙颈似乎不会再有什么作为了。岂料，上天却硬生生将一件大礼塞给了他。

这份大礼来自西北。

大德五年(1301)，窝阔台汗国之汗海都、察合台汗国之汗笃哇统领大军越过阿尔泰山，猛攻元朝戍北大本营按台山，与元军爆发了“帖坚古山会战”。

此次会战，海都、笃哇动用了几乎全部主力，势在必得。元军虽在成宗大哥晋王甘麻剌、成宗侄子怀宁王海山的指挥下全力反击，但仍然只维持了不胜不败之局。尤其是会战行将结束时，海都趁元军后撤，全力东进，逼近蒙古故都、岭北行省省会哈剌和林。哈剌和林宣慰司官员惊慌失措，竟然烧毁府库撤退。所幸窝察联军也已到了强弩之末，未能再前进，哈剌和林才得以保全。

“帖坚古山会战”，元军动用兵马十余万，皇帝的兄弟、侄子等亲贵统兵，却打得很不光彩。再加上最后的哈剌和林大撤退，更是丢尽了脸面。成宗大怒，把不战而逃的官员、军士都发配云南谪征。

不过，成宗很快便转怒为喜——让世祖忽必烈都头疼不已的中亚枭雄海都在战后殒命。

海都是反元朝的急先锋和旗帜，他的死使得中亚局势急速变化。很快，原本被迫听命于海都的笃哇倚仗自己的实力控制了窝阔台汗国。并于大德七年(1303)与窝阔台之汗察八儿派使臣出使元朝，表示恭顺罢兵之意。

这样天上掉馅饼的好事让元成宗大喜过望，不但厚赐两国使臣以金币，并派出使臣和窝、察两国使臣一起前往西方面见伊儿汗和金帐汗，希望各国全部罢兵修好。随着使臣们的往来，到大德八年(1304)，金帐汗脱脱、伊儿汗完者都、察合台汗笃哇、窝阔台汗察八儿全部盟誓罢兵，并奉元成宗铁穆耳为合法“合罕”，众汗国之宗主。

正如伊儿汗完者都写给法国国王金发菲利普的信中所说：“我辈兄弟因信恶臣之谗言，以至失和，乃今铁穆耳合罕、脱脱、察八儿、笃哇和吾等其他成吉思汗诸后裔，皆赖上天之灵与福荫，结束迄今已有四十年之久的纷争，复和好如初。由是东起日出地南家之国，西抵 Talu 之海，已使驿路交会为一，我辈之国皆相沟通。”①

马可·波罗在他的游记中，曾经称赞忽必烈说：“大汗的御名

① 此信藏于法国巴黎国家档案馆，后有田清波、柯立甫翻译成法文，此段译文转引自刘迎胜所著《察合台汗国史研究》中的转译。

为忽必烈汗，最后这个字在我们的语言中是指众王之王。他的确配得上这个称号，因为就所统治的人民的数目、幅员的辽阔、收入的巨大，他已超过了世界上过去和现在的一切君王；并且也从没有一个君主具有他那样的权威，获得他所统治的人民的绝对的服从。”①这段话也许放在元成宗身上更为合适，至少在他统治期间，“众王之王”或者说“众汗之汗”是实至名归的。

作为大元皇朝的“龙颈”，元成宗无疑是幸运的。他继承了祖父丰厚的遗产，虽然自己较为慵懒，但反而促成了变乱为治，与民休息。他虽然奢侈铺张，喜好滥赏与宝物，但丰厚的家底和能干的理财之臣却使得危机未能爆发。而世祖忽必烈穷尽一生也未能完成的功业，他也并未费心便能获得，可算是那个时代最大的幸运儿。

然而，似乎也是元成宗铁穆耳耗尽了元朝的好运气，在他之后的皇帝们，都有自己的抱负，甚至没有一个如他一般慵懒，但要么年寿不永，要么遭遇不测，要么已经积重难返，幸运之神再没有降临。

元成宗在位十三年，大德十一年(1307)去世，享年四十二岁。他死后六十一年，元朝灭亡。

① 梁生智译：《马可·波罗游记》，中国文史出版社1998年版，第99页。

与文化无关
——元朝科举不盛的原因

元朝科举不盛，一向备受指摘，认为这是排斥汉化、儒化，甚至是拒绝文明乃至扼杀文化。再加上所谓“八娼九儒十丐”的传说，更坐实了元朝轻视知识、打压儒学的面目。

其实，元朝对于儒学是很重视的，对于儒生也有优待政策，所谓八娼九儒并不存在。而之所以长时间不开科举，开科举后规模也不甚大，则是有着更深层次的原因。

户计中的儒户

元朝对儒家是十分尊重的，历代皇帝都尊孔祭孔。不但在孔子原有的“至圣文宣王”之上加“大成”二字，将孔子的地位尊到极致，而且将历代大儒赐以封号——“加封孔子父齐国公叔梁纥为启圣王，母鲁国太夫人颜氏为启圣王夫人，颜子兖国复圣公，曾子郕国宗圣公，子思沂国述圣公，孟子邹国亚圣公，河南伯程颢豫国公，伊阳伯程颐洛国公”①。

如此尊奉孔子，就不该对空门弟子过多凌辱，就如尊崇佛教的帝王不会虐待僧侣，那又为何会有“九儒十丐”的传说呢?

此话的来源，是两位南宋遗民：谢枋得和郑思肖。

谢枋得在其所著《叠山集》卷六《送方伯载归三山序》中写道：“滑稽之雄，以儒为戏者曰：‘我大元典制，人有十等：一官二吏，先之者贵之也；七匠八娼，九儒十丐，后之者贱之也。’吾人品岂在娼之下、丐之上乎。”郑思肖在《心史》中的《大义略序》中也言：“鞑法：一官，二吏，三僧，四道，五医，六工，七猎，八民，九儒，十丐，各有所统辖。”

元朝设立户计制度，称为“诸色户计”，是将全国的人户以职业、民族、宗教信仰的不同而划分为数十种户计的制度，是为了更好地进行全国人户的管理，也是为了役使全国民力的方便，这算是用军事思维治理国家的表现。根据《元典章》和《通志条格》记载，诸色户计主要有民、军、站、匠、屯田、打捕、淘金、灶、矿、炉冶、运粮船、儒、医、僧、道、阴阳人、礼乐等几十种。各个户计并无专门规定高低上下，只是各有权利义务罢了。

例如民户，主要便是农民，其义务便是缴纳粮税，匠户是为官府服务制作各种器物，军户便是世代当兵，朝廷需要的时候要出而作战。

而儒者，或者说士大夫也要编户，这便是“儒户”。

儒户始于蒙古帝国时期。蒙古第二任大汗窝阔台时期，耶律楚材为保护在战乱中遭受身世家国之变的文人，以为国家储蓄人

---

① 宋濂等撰：《元史》卷三十四《文宗本纪三》，中华书局2008年版，第763页。

才为借口，仿照释、道，奏设儒户。儒户的选定是经过考试，凡是“不失文义，便可中选”，共有4030人中选。到忽必烈登基建立元朝时，北方的儒户共有3890户。

元军南下灭亡南宋后，江南地区的士人也被编为儒户。江南儒户的设立没有经过考试，而是根据江南户口调查时各儒户提供的手状，呈交尚书省鉴定然后入籍。凡登记在这次户籍上便永为儒户。条件是：在宋朝时，“登科、发解、真材、硕学、名卿、士大夫”皆可入籍。萧启庆先生以江南浙东道、庆元路、镇江府、松江府、建康路13893户儒籍为依据进行统计，认为整个江南儒户总数当在10万左右①。

儒户所要承担的义务主要是就学，政府要求儒户“选拣有余闲年少子弟之家，须要一名入府、州学，量其有无，自备束脩，从教授读书，修习儒业。若无余闲子弟可以读者，不得桩配责要”②，如果“在籍儒人，不遣子弟入学，别习他业，量事轻重，申各处提调官究治”③。可见，在籍儒户家中必须要有一名子弟从事学业，继承儒业，但是如果有余闲子弟而不让其进行儒业的话，则要根据情节轻重予以惩罚。

在履行义务的同时，儒户也享受权利。儒者可以获得类似于奖学金的廪给，同时还有着蠲免差役的特权：“在籍秀才，做买卖纳商税，种田纳地税，其余一切杂泛差役并行蠲免。”④

---

① 萧启庆：《元代的儒户：儒士地位演进史上的一章》，《内北国而外中国——蒙元史研究》上册，中华书局2007年版，第387页。

② 王颋点校：《庙学典礼》卷一《岁贡儒吏》，浙江古籍出版社1992年版，第18页。

③ 方龄贵点校：《通志条格》卷五《学令·庙学》，中华书局2001年版，第214页。

④ 陈高华等点校：《元典章》礼部卷之四《秀才免差役》，中华书局2011年版，第1091页。

谢枋得和郑思肖都是南宋遗民，对于元朝灭宋，有着山河破碎社稷沦亡的悲痛，因此自然满腹牢骚。但他们的说法并不可靠，清代便有学人考证“知其为不然”。及至近代，一些元史大家，如陈垣、姚从吾、邵循正等先生也都曾指出这一说法并不符合事实，陈垣先生更是在自己的名著《元西域人华化考》中直言：“九儒十丐之说，出于南宋人之诋词，不足为论据。”①

儒学的昌盛

儒生境遇并不凄惨，而儒学在元代也十分繁荣。

儒学的繁荣首先体现在书院的兴盛。

唐代官方创立的丽正修书院和集贤殿书院，是中国古代最早以“书院”命名的机构。但这两所书院并非教育机构。而是编书机构，就如清代学者袁枚总结的：“书院之名，起唐玄宗时，丽正书院、集贤书院皆建于朝省，为修书之地，非士子肄业之所也。”

自唐玄宗时期建立丽正修书院和集贤殿书院之后，民间的一些读书人借用这个名称自办书院，以作为个人读书治学、传授生徒的场所，从而产生了最早的作为教育机构的书院。

宋代讲究“与士大夫共天下”，因此书院创办达到高峰。而元朝继承其政策，在元初的中统二年（1261）六月，便有“宣圣庙及管内书院，有司岁时致祭，月朔释奠，禁诸官员使臣军马，毋得

① 陈垣著：《元西域人华化考》，上海古籍出版社 2000 年版，第 133 页。

侵扰亵渎，违者加罪”[①]的诏命。到至元二十八年(1291)，进一步有了“先儒过化之地，名贤经行之所，与好事之家出钱粟赡学者，并立为书院”的政策，要求“路府州书院，设直学以掌钱谷”，为书院提供经费支持[②]。

政府对书院创办大力扶持，使书院普及到全国的路、府和州县。《日下旧闻》曾记载：“书院之设莫盛于元，设山长以主之，给廪饩以养之，几遍天下。”

据统计，元代全国有书院四百所以上，《续文献通考·学校考》中便记载了当时主要的著名书院：“昌平有谏议书院，河间有毛公书院，景州有董子书院，京兆有鲁斋书院，开州有崇义书院，宣府有景贤书院，苏州有甫里书院、文正书院和石洞书院，常州有龟山书院，池州有齐山书院，婺源有明经书院，太原有冠山书院，济南有闵子书院，曲阜有洙泗书院和尼山书院，东河有野斋书院，凤翔有岐阳书院，郿县有横渠书院，湖州有安定书院和东湖书院，慈溪有慈湖书院，宁波有一山书院，处州有美化书院，台州有上蔡书院，南昌有宗濂书院，丰城有贞文书院，余干有南溪书院，安仁有锦江书院，永丰有阳丰书院，长沙有东冈书院、乔冈书院，益阳有庆州书院，常德有源阳书院，福州有勉斋书院，同安有大同书院，琼州有东坡书院。”

如此多的书院，只是一部分，《续文献通考》也说：“凡此，盖约略举之，不能尽载”。根据其他史料记载，还有宜宾的石室书院，潭州的石林书院，崇明的三沙书院，松江的西湖书院，饶州

① 宋濂等撰：《元史》卷四《世祖本纪一》，中华书局2008年版，第71页。
② 宋濂等撰：《元史》卷八十一《选举志一》，中华书局2008年版，第2032页。

的双溪书院和高节书院，信州的道一书院，当涂的采石书院，四明的宣公书院和稼轩书院，舒州的龙眠书院，弋阳的迭山书院，浏阳的文靖书院，慈溪的龟山书院和泽山书院，金华的说斋书院，济南的子思书院，衢州的明正书院，绍兴的和靖书院，兰溪的斋芳书院，都阳的玉溪书院，温州的岱山书院，道州的西山精舍，歙县的友陶书院和初山书院，无为县的秀溪书院，黟县的集成书院，合肥的三贤书院，绩溪的书翚阳书院，顺德的翠岩书院，遂溪的文明书院，潮州的韩山书院，信会县的古冈书院，海丰的海丰书院。

除此之外，在《元史》中还可以看到，歙县的师山书院，济南的历山书院，镇江的淮海书院，乐安的鳌溪书院，江浙行中书省的四贤书院，江州的景星书院，等等。

宋代的书院基本上都是民间自办，而元朝的书院基本上都是官方资助创办并进行管理。书院的资金由政府拨给“学田”，而资金的使用要由政府监督，“直学所掌本学田产、书籍、祭器，并现有钱粮，凡有支发并听提学教授公议区处，明立案验，不得擅自动支，违者从教官申覆，本处官司截日黜罢”。

书院的学官由朝廷官府统一任免，成为吃国家俸禄的政府官员，即“凡师儒之命于朝廷者，曰教授，路、府、上中州置之。命于礼部及行省及宣慰司者，曰学正、山长、学录、教授，路、州、县及书院置之。路设教授、学正、学录各一员，散府上中州设教授一员，下州设学正一员，县设教谕一员，书院设山长一员。中原州县学正、山长、学录、教谕，并受礼部付身。各省所属州县学正、山长、学录、教谕，并受行省及宣慰司札付”。

书院的学生毕业后，“守令举荐之，台宪考核之，或用为教官，或取为吏属”。[①]

这种书院官学化，曾被诟病为思想控制。其实，元朝将书院官学化，一方面是为了配合户计中儒户的管理，一方面也是为了对书院进行扶持，而对于书院的教学，其实并无过多干涉。例如书院的教学主要以程朱理学为主，就并非元朝政府主动规定，而是因为在元初书院讲学的主力军是有着程朱之学背景的宋代遗民，他们讲学内容本就大都是程朱理学。正如盛郎西在《中国书院制度》中所说：“足知元虽以蒙古入主中国，而教育之权，仍操之吾族儒者之手。”

元朝书院之盛，不仅令当时人十分自豪，如许有壬所言：“我皇元勘定伊始，即崇文教，南北既一，黉舍遂遍区宇，渐濡百年，而书院之辟，视前代百倍矣。”[②]黄溍也认为：“自京师至于偏州下邑，海瞰檄塞，四方万里之外，莫不有学。”[③]即使后世对元朝颇有偏见的钱穆，也承认，元代“书院之盛，上凌宋，下躐明。宋以下一千年来之书院林立，惟元最盛，莫与伦比”[④]。

教育兴盛，学术也自然繁荣。有元一代，黄东发、王厚斋、胡三省、马端临、吴澄、刘因、许谦、郑玉、蒙卿、柳贯、虞集等群星璀璨，经学、史学、文学乃至农学、天文、数学都有划时代的成就，以至于让陈垣先生发出“以论元朝，为时不过百年。……若由汉高、唐太论起，而截至汉唐得国之百年，以及由清世

---

① 宋濂等撰：《元史》卷八十一《选举志一》，中华书局 2008 年版，第 2033 页。
② 许有壬：《缑山书院记》，《全元文》第三十八册，江苏古籍出版社 2005 年版，第 255 页。
③ 黄溍：《邵氏义塾记》，《全元文》第二十九册，江苏古籍出版社 2005 年版，第 329 页。
④ 钱穆著：《再论中国社会演变》，《国史新论》，三联书店 2001 年版，第 50 页。

祖论起，而截至乾隆二十年以前，而不计乾隆二十年以后，则汉、唐、清学术之盛，岂过元时”[①]的感慨。

科举不兴的原因

重视儒家，提倡儒学，却对科举不甚热心，原因究竟何在？

首先，在于科举本身并不是儒家的选择，而是皇权集权的产物，且在宋代就已经饱受批评。其次，则在于元朝上层建筑仍有浓厚的贵族封建制遗存，要完全集权而大兴科举，力有不逮。

儒家虽然提倡秩序，与大一统皇权合作，为皇权赋予天命，并将维护皇权作为维护秩序的表现。但同时，儒家提倡的秩序是各司其职，皇帝自有其职责，并非权力无限，主张皇权要受到限制。虽然从汉武帝开始，集权皇权已经巩固，但儒家从未放弃限制皇权过分扩张的努力，两汉魏晋之际，儒家限制皇权的手段，是士族对朝廷官员的推举权的掌控，也就是官员“察举制”。

察举制的特色是，皇帝只有任命权，而举荐人才则是士族的权利。要想做官，要精通儒家经学，要谨遵儒家道德，然后由有名望的士大夫选拔推举，由皇帝任命为官员。察举制虽然后来演变为九品中正制，使得“上品无寒门，下品无士族”，限制了社会阶层的流动，但也客观上限制了皇权，因为皇帝无法完全掌握官员任免权，士族“横亘于君主与庶民之间，维系着相对独立的‘道统’，并构成了以独特机制约束政统的分力”[②]。两汉的皇帝不得

① 陈垣著：《元西域人华化考》，上海古籍出版社2000年版，第133页。
② 阎步克著：《士大夫政治演生史稿》，北京大学出版社2015年版，第440页。

不用外戚、宦官来作为集权的工具，不但名不正言不顺，而且使得皇室本身往往陷入危机。

而科举制，就是皇权针对察举制的改革。科举产生于隋朝，在唐朝大兴。唐朝兴科举，是将选任官员的权力完全收归皇帝。但毕竟士族尚未完全衰落，唐朝的科举并未完全实现“天下英雄入吾彀中”的设想，士族仍能很大程度把持官僚体系。直到宋朝，经过黄巢之乱与五代十国，士族彻底衰落，宋朝皇帝才真正用科举做到选官任官皆出自皇帝。

元朝从忽必烈开始，就希望改变大蒙古国时期的贵族封建制，尽可能实现皇权集权，但毕竟传统力量强大，不能一蹴而就。科举是打破贵族特权的重要手段，忽必烈并非不想使用，但在当时，科举的名声很差，使他心存芥蒂，不得不放弃。

科举从隋到宋，已经六百多年，弊端丛生，广大读书人潜心于科场学问，疲于仕途竞奔，可大部分却缺乏管理国家各种实际事务的经验及处理紧急事务的能力，更遑论统筹全局治国平天下了。无论西夏、金还是南宋，以经义诗赋录取的满腹经纶之士在蒙古大军的劲弩铁骑面前软弱无能，丧城失地以至于毁家亡国。这也使得科举蒙受污名。

宋元之际的儒者，鲜有对科举有好感。忽必烈曾为开科举之事咨询大儒许衡，许衡直截了当地回答：“不能！”忽必烈颇为赞同：“卿言务实，科举虚诞，朕所不取。”①

许衡是元臣，对于科举的态度还可能有迎合上意之嫌，而曾

① 苏天爵撰：《元朝名臣事略》卷八《左丞许文正公》，商务印书馆 1935 年版，第 135 页。

经和文天祥一起并肩作战，失散后隐居乡里的宋末词人赵文在其《学蜕记》中也认为没了科举实在是对读书人的大解放："四海一，科举毕。焉知非造物者为诸贤蜕其蜣螂之壳而使之浮游于尘埃之外乎？"①作为宋朝最重要遗民的谢枋得，也对科举大加批判，认为科举使得"文运不明，天下三十年无好文章"，并且"经存而道废，儒存而道残"。这"三十年"，是从宋理宗景定二年（1261），到元世祖至元二十七年（1290）。而刚刚入元第九年，谢枋得就断言"文运大明，今其时矣"，因为人们可以抛弃"场屋无用之文"而作"经天纬地"有用之文了②。

当然，科举作为选官制度，对于大一统帝国而言，虽不是最佳，却是最不坏的，也是皇权逐渐走向集权，淡化乃至消灭贵族影响的最好手段，因此元朝最终还是在第四代皇帝元仁宗时开了科举。但是，元朝的贵族封建制遗存过于强大，重根脚的选官制度短时间内难以撼动，因此科举虽开，规模却并不大，与前代和后世都不能相比。

不过，元朝科举明确规定："若稽三代以来，取士各有科目，要其本末，举人宜以德行为首，试艺则以经术为先，词章次之。浮华过实，朕所不取。"③最终废止了唐代以来实行了六百余年的诗赋取士之法，定为以经义取士，且经义必须以程朱理学的注释为评卷标准。这一规定又为明清两朝所沿用，乃至有了八股取士，这可算是元朝并不兴盛的科举对后世并不算太光明的贡献吧。

---

① 赵文：《学蜕记》，《全元文》第十册，江苏古籍出版社2005年版，第106页。
② 谢枋得：《送方伯载归三山序》，《叠山集》卷六。
③ 宋濂等撰：《元史》卷八十一《选举志一》，中华书局2008年版，第2018页。

过度美化的元英宗
——胸怀大志的乖戾少年

在元朝的十一位皇帝当中，甚至在中国历史上三百多位皇帝当中，元英宗硕德八剌应该是非常幸运的。

他在位三年，能够真正掌权不过一年，而在后世的评价中，却都是“刚明”“明断”“锐意改革”“思大有为”的誉美。他的谥号是英宗，而“英”在谥法上是指“出类拔萃、道德应物、德华茂著、明识大略”，可谓美谥。

可作为皇帝，一个年轻有志向，希望建功立业成为一代圣君的皇帝，他又是极为不幸的。

刚登基时，他不得不屈从于祖母和权臣对自己的无视，忍气吞声。而当他可以乾纲独断，开始描绘自己施政蓝图的时候，又在年仅二十岁的青春年华以极为惨烈的方式告别了政治和人生舞台。

他有着年轻人的热血、理想，敢于向自己所厌恶的，认为是陈旧的一切敌人宣战；但他也有着年轻人所常见的冲动、固执、多疑乃至冷酷，在遇到挫折时会想到堕落。

人们总是很难给一个年轻人定性，因为他还有很长的路要走，将来的无法预知。即使这个年轻人的生命戛然而止，也很难为他盖棺定论。

要评价元英宗，其实并不容易。

少年天子

元英宗硕德八剌成为大元朝皇帝时，年仅十七岁。

他的父亲元仁宗在位九年，虽然不乏政绩，但始终被自己的母亲答己太后的阴影所笼罩，任官做事多被掣肘，而答己太后的宠臣铁木迭儿更是肆意弄权。朝堂上有着太后一党与仁宗一派的激烈政争。

作为儿子的仁宗没有活过母亲，延祐七年(1320)正月，年仅三十六岁的元仁宗爱育黎拔力八达病逝于大都光天宫。仁宗死去不过三天，答己太后便强行任命铁木迭儿为中书右丞相，控制了朝政大权。

紧接着，铁木迭儿便开始对仁宗旧臣的大清洗。

仁宗朝右丞相伯答沙被调出了中央，以大宗正府达鲁花赤的官职出镇北方。中书参知政事萧拜住，御史大夫杨朵儿只更是被冠以莫须有的罪名杀害。连仁宗的老师，仁宗朝作为朝廷谋主的李孟，也被免去官职，削去爵位。至于其他异己者，铁木迭儿更不手软，“日诛大臣不附己者，中外汹汹”[①]。

父亲壮年病故，对于年仅十七岁的硕德八剌来说无疑是极大

---

① 宋濂等撰：《元史》卷一百七十七《张思明传》，中华书局2008年版，第4123页。

的打击，面对父亲的死，他“哀毁过礼，素服寝于地，日歠一粥”①。而当他从悲痛中解脱出来，准备接过父亲的皇位时，才发现自己已经“孑然宫中”②。

铁木迭儿的大清洗，使得朝中人人自危，连他自己的党羽都看不过去。中书左丞相张思明向铁木迭儿进谏道：“山陵甫毕，新君未立，丞相恣行杀戮，国人皆谓阴有不臣之心。万一诸王驸马疑而不至，将奈之何？不可不熟虑也。”铁木迭儿也感到自己需要皇帝来给自己做挡箭牌，于是言道：“非左丞言，几误吾事”③。暂时停止了清洗运动，开始准备新帝登基的事宜。

延祐七年三月，皇太子硕德八剌即帝位于大都，是为元英宗，改元至治，以明年为至治元年。

在登基大典上，看着龙椅上稚气未脱的皇帝，率领百官朝贺的铁木迭儿脸上一直挂着得意的微笑：仁宗壮年即位，身边又有着怀州藩邸旧臣，自己虽有太后撑腰，却几上几下，差点身首异处。而新皇帝年纪尚小，身边没有自己的班底辅助，仁宗旧臣又被自己杀流一空，今后的大元天下，自己不就可以随心所欲了吗？

可朝贺期间的一个插曲，让铁木迭儿的微笑僵在了脸上。

太后答己前来向孙子表示祝贺，年轻的英宗见到这位奶奶，却是“毅然见于色”，一点面子都不给，老太后羞愤交加，后退而悔曰：“我不拟养此儿耶！”④

---

① 宋濂等撰：《元史》卷二十七《英宗本纪一》，中华书局2008年版，第598页。
② 许有壬：《纠锁南疏》，《全元文》第三十八册，江苏古籍出版社2005年版，第53页。
③ 宋濂等撰：《元史》卷一百七十七《张思明传》，中华书局2008年版，第4123页。
④ 宋濂等撰：《元史》卷一百一十六《后妃二·答己传》，中华书局2008年版，第2902页。

铁木迭儿隐隐感到，新皇帝的性格并不像其父亲仁宗一般软弱，更像是个狠角色。

因此，虽然英宗登基之后，马上就下诏尊皇太后答己为太皇太后，进铁木迭儿开府仪同三司、上柱国、太师，并诏令天下“中外毋沮议铁木迭儿”。但答己和铁木迭儿仍然有着十二分的小心。

十七岁的年轻人正处在青春叛逆期，长辈的好心管教都会反感，何况答己本就持身不正。英宗早就看不惯奶奶及铁木迭儿的所作所为，做皇太子时，为了巩固自己的地位，表现得很低调，以至于给了奶奶“稍柔懦”的印象。即位之前，看到铁木迭儿大肆诛杀父亲的老臣，也听之任之，并不反抗。而一旦继位，立即表现出不甘为傀儡的强硬。

人要做事，必须要有帮手，做皇帝更要有帮手。因为自己并无藩邸幕府，父亲留下的老臣又都被奶奶清洗，英宗不得不提拔新人倚为心腹，他将眼光落在了时任金紫光禄大夫、开府仪同三司的拜住，以及自己的大舅哥——翰林学士承旨、宣徽院使铁失身上。

拜住是成吉思汗开国功臣木华黎的后裔，世祖朝宰相安童之孙。木华黎家族可算蒙古勋贵中最早自觉接受汉化的家族，木华黎时代便以汉法治理汉地，安童更是世祖朝推行汉法的中坚人物。拜住自幼接受系统的儒家教育，很小的时候便“宏远端亮有祖风”。因为家世显赫，武宗至大二年(1309)，年仅十一岁便任怯薛长，此后平步青云。延祐二年(1315)，十七岁时官拜资善大夫、太常礼仪院使。十九岁进荣禄大夫、大司徒。二十岁进金紫光禄大夫。二十一岁加开府仪同三司。

英宗即位，拜住刚二十二岁，他的才能和志向与小他五岁的皇帝极为契合，心心相印，立即便被任命为中书参知政事，五月，直接被提拔为中书左丞相，成为元朝开国以来除爷爷安童外，最年轻的宰相。

而铁失是英宗皇后速哥八剌的亲哥哥，英宗和皇后感情亲密，对大舅哥自然也多了一份信任亲近，一继位便卓拔为光禄大夫、御史大夫、忠翊侍卫亲军都指挥使，并命他掌管左右阿速卫军。

以英宗的安排，拜住在中书省牵制铁木迭儿，而铁失的任务则是“徽政虽隶太皇太后，朕视之与诸司同，凡簿书宜悉令御史检核”①。——以皇亲的身份监视太皇天后答己的专用衙门徽政院。

初露锋芒

皇帝的种种举措让答己和铁木迭儿感到了威胁，于是一次次向皇帝发出了试探。

这试探，仍是对仁宗老臣的清算。英宗刚正式即位，另一位仁宗旧臣，曾经的御史中丞，现任四川行省平章政事的赵世延被铁木迭儿锁定为下一目标。铁木迭儿怂恿赵世延的弟弟胥益儿哈呼对其诬告，并立即下令拘捕回京，要求英宗将之处死。可英宗以自己继位已经大赦天下为理由，不准。

杀赵世延不成，铁木迭儿又以在京仓库所贮粮食亏欠七十八万石为理由，要求诛杀中书平章政事王毅、中书右丞高昉二人，英宗仍是驳回。

---

① 宋濂等撰：《元史》卷二百零七《铁失传》，中华书局2008年版，第4599页。

连续两次碰了钉子，铁木迭儿并不灰心，到了是年五月，铁木迭儿又设计陷害上都留守贺胜，加以“便服迎诏为不敬”之罪。这回英宗没有强力抵制，贺胜含冤被杀。贺胜在上都为官，“通商贾，抑豪纵，出纳有法，裁量有度，供亿不匮，民赖以安”，他死后，上都百姓“争持纸钱，哭于尸傍甚哀”①。

英宗既然可以保护赵世延、王毅和高昉，为什么就偏偏不能救得贺胜一命？有些史家分析，认为铁木迭儿拿出的罪名是“便服迎诏为不敬”，迎合了英宗少年天子很爱面子的脾气，导致贺胜冤死。这看似有些道理，但英宗早就知道铁木迭儿是在利用自己有计划地铲除前朝旧臣和“不附己者”，要是准了铁木迭儿正好让其得逞，岂不是更没面子？

论者似乎只考虑了英宗作为少年人的一面，却没有考虑他作为皇帝、作为政治人物的一面。

就在贺胜被杀的同月，大元朝廷便爆发了一场由英宗主导，左丞相拜住一手操持的政潮，一大批官员因此掉了脑袋。而这次的人头落地者，恰恰都是铁木迭儿的党羽。

这和贺胜之案有什么关系吗？

应该有关。

在登基大典上，英宗的“毅然见于色”，已经让答己太后又恨又悔。而在继位之后两个月的屡屡试探，铁木迭儿也发现新皇帝难以摆布。于是，太后决定发动政变，废黜英宗，立英宗之弟——安王兀都思不花为帝。具体的执行人，则是原中书左丞相，现任岭北平章的合散，新任中书平章黑驴，御史大夫脱忒哈，徽

① 宋濂等撰：《元史》卷一百七十九《贺胜传》，中华书局2008年版，第4151页。

政使失列门与要束木妻亦列失八等人。

政变集团中其他人都是朝中重臣，而亦列失八却是个特异的存在。她是世祖朝权相桑哥的心腹，湖广行省平章要束木的妻子。要束木和桑哥一起被杀后，她却没有受到牵连，反而得以入宫侍候，遂成为答己的心腹，他的儿子黑驴也成为铁木迭儿一党的骨干。她的参与，可说是直接代表了此次行动的主谋便是太皇太后答己。

可要更换皇帝这么大的事，参与的人越少越好，这么多人掺和进来，自然难以保密，很快便有风声透漏到了英宗这里。

事关自己的地位性命，英宗不能等闲视之，立即与拜住商议诛除逆党。按拜住的意思，是要将一干人等抓获后详细审问定罪。可英宗却有不同的看法："彼若借太皇太后为词，奈何?"——若是公开审理，牵扯出太后，事情反而不好办。

于是，拜住奉英宗之命，立即差人四处行动，将一干人犯全部捉拿，并不经审讯立即诛杀。

失列门、黑驴等人罪有应得，但安王兀都思不花原本并不知道逆谋，却糊里糊涂成为"谋主"，也被降为顺阳王，不久便被赐死家中。此时英宗才十七岁，兀都思不花应该更小，真是可怜生于帝王家。

谋逆之事与铁木迭儿诬陷贺胜之事几乎同时发生，这不得不让人考虑，贺胜之死应为英宗为了稳住铁木迭儿而不得不使的丢卒保车之策。

同时，身为仁宗朝左丞相的合散，原本并非铁木迭儿一党，这次却也成为逆党成员而被杀，有史家便认为这是一起冤案，但英宗急于剪除铁木迭儿的党羽，未经审讯便尽数处死，真实情况如何也就无可查考了。

经此一役，铁木迭儿的党羽四去其三，元气大伤，为了避嫌他也不敢再肆意妄为。答己太后也失去了众多心腹，“后势焰顿息焉”。这是英宗的一次大胜利，他年纪虽轻，却也有了刚毅果断的手段。但贺胜、兀都思不花以及合散的死，却也隐隐露出了英宗冷酷、急躁的一面。

任性不羁

重创了奶奶在朝中的势力，英宗以为可以到了自己掌控天下，继续父亲未竟事业的时候了。

诛杀逆党后，英宗几乎是迫不及待地颁发了一系列诏令：

其一，由吏入官，秩止从七品，恢复了仁宗时曾经公布但又很快收回的规定，为开科取士奠定基础；

其二，命京师的豪门大户与百姓“均役”，也就是分摊徭役；

其三，部分废除了回族人不纳税的政策，要求散居在郡县的回族人每户每年交包银二两；

其四，停止对僧人、工匠、戏子的赐爵，停止兴建佛寺、豢养野兽的费用，并禁止僧人使用驿站；

其五，禁献珠宝，也就是停止了中买宝物；

其六，增加两淮、荆湖、江南东西道的田赋，每斗加二升。

除了最后一项属于增加人民负担，其余均是兴利除弊的政策。但推行政策不同于杀人，需要有人尽心地推动贯彻。英宗此时毕竟有着奶奶势力的掣肘，可用的人又不多，诏令发出的时候，动若雷霆，可收到的实效却是微乎其微，甚至在京城中，英宗的诏令都被敷衍塞责，长时间难以落实。京中尚且如此，全国范围内推行新政，就更是举步维艰了。

答己和铁木迭儿虽然不再明着和英宗对着干，但他们经营多年的关系网，仍如雾霭一般笼罩着整个帝国，英宗挥剑劈去，却如同砍向无物之阵。

还没有从铲除逆党的喜悦中走出来，便陷入有力无处使，人人尊奉自己，又人人不拿自己的话当回事的窘境。这对于一个只有十七岁的少年来说，实在太过残酷。

和大多数少年一样，这种沮丧和愤懑，英宗是用放纵自己堕落来宣泄的。他不停地酗酒，酒后迁怒身边侍从，甚至诛杀为自己表演的艺人。王逢《梧溪集》中曾记载，有一位很有名的艺人名叫史骡儿，因为才艺出众被英宗召入宫中。英宗总是“酒纵威福”，无人敢劝。一天，英宗在紫檀殿饮酒，命史骡儿“弦而歌之”，史骡儿于是“以‘殿前欢’曲应制，有‘酒神仙’之句”。英宗听到大怒，认为史骡儿嘲讽自己，下令将之处死。日后酒醒，英宗问起史骡儿，才知道被自己所杀，不禁悔曰：“骡以酒讽我也。”

可能是酒精的麻醉不足以让他平静，他甚至迷恋上了毒品。史载，英宗让“回回太医进药曰打里牙，给钞十五万贯”①。打里牙为波斯语，翻译过来便是鸦片。虽然鸦片也是药物，可以用来镇痛。但这个时间段并没有英宗得病的记载，何况若是寻常进献药物，绝不可能得到十五万贯的重赏。这鸦片应该是英宗自己吸食所用，只是不知道元朝是否有如清朝时那么精美的烟枪供他享用。

到了至治元年(1321)，英宗甚至做出了诛杀无辜大臣的错事。

---

① 宋濂等撰：《元史》卷二十七《英宗本纪一》，中华书局2008年版，第604页。

这年二月，监察御史观音保、锁咬儿哈的迷失、成珪、李谦亨上疏，谏止营造寿安山佛寺。英宗大发雷霆，下令将观音保、锁咬儿哈的迷失处死，将成珪、李谦亨施以杖责，流放于奴儿干地。不再过分营造佛寺本是英宗自己提出来的，四位御史的上疏也是出于节省耗费的好意。但寿安山佛寺是英宗下令建造的，四人建议停止，使得英宗政令不行的受挫感顿时爆发，也就成了年轻人使性子的牺牲品。

可怜之人必有可恨之处，在美酒的浸泡和鸦片烟雾的环绕下，志向难伸的英宗竟然用无辜者的鲜血为自己排解忧愁，其情可悯，其咎难辞。

拨云见日

当英宗因为无力挣脱祖母的罗网而一度自暴自弃的时候，中书左丞相拜住则竭力保持着朝政的平稳。但英宗的率性胡来，也让拜住十分紧张。他可不希望与自己志同道合的皇帝过早地因放纵而自蹈死路。于是，他总是利用各种时机向英宗进谏。

当英宗情绪正常时，便会恢复有为之君的做派，希望多听到有利于国计民生的建言，常问拜住："今亦有如唐魏征之敢谏者乎？"——现今还有犹如唐朝魏征那般直言敢谏的大臣吗？

拜住巧妙地回答："盘圆则水圆，盂方则水方。有太宗纳谏之君，则有魏征敢谏之臣。"——大臣敢不敢进谏，关键在于皇帝愿不愿意纳谏。皇帝本身的品格，则能影响大臣的作为。①

---

① 宋濂等撰：《元史》卷一百三十六《拜住传》，中华书局 2008 年版，第 3304 页。

拜住一席话抓住了古往今来君臣关系最核心的部分：皇帝总是要求大臣要“尽臣职”，做一面可以明得失的镜子。但首先得要皇帝懂得从善如流，愿意接受批评。如魏征一般的大臣哪朝哪代都有，可却很少有唐太宗那样的皇帝。这也是从侧面批评英宗的任性。英宗闻言“并善之”，对自己的行为确实有了收敛。

稳住年少气盛的天子，拜住还要对付铁木迭儿。铁木迭儿对拜住“谋中害之”，拜住表面上不动声色，还对提醒他“且请备之”的部属大放迂腐论调：“今以右相雠我，我求报之，非特吾二人之不幸，亦国家之不幸。吾知尽吾心，上不负君父，下不负士民而已。死生祸福，天实鉴之，汝辈毋复言。”但拜住话虽说得冠冕堂皇，暗地里的防范却丝毫没有放松，铁木迭儿想尽办法，“百计倾之，终不能遂”，怎么也动不了拜住分毫①。

皇帝立于朝堂急于建功而难遂己志，太皇太后在后宫愤悔交加而无计可施，右丞相百般倾轧左丞相而不能得逞，左丞相左右逢源而静待时机。

从延祐七年五月之后，大元的朝廷就在这吊诡之中，走过了两年零两个月的时光。

功夫不负有心人，付出了总有回报。到至治二年(1322)，右丞相铁木迭儿和太皇太后答己终于熬不过两个小辈，相继倒下了。

因为不能顺利扳倒拜住，铁木迭儿怕在朝中引起和英宗的正面冲突，遂称病不朝，只是安排自己的党羽“事必禀于其家”，随时向他汇报朝内动向。

可铁木迭儿聪明反被聪明误，这种以退为进，反而给了英宗

---

① 宋濂等撰：《元史》卷一百三十六《拜住传》，中华书局2008年版，第3303页。

和拜住重新布局，消除他在朝中影响的机会。

铁木迭儿装病不久，拜住奉旨去范阳，为祖父安童立“忠宪王”碑。铁木迭儿得到消息，便趁机想回中书省，可还没有到宫门，有人报于英宗。英宗派人等在宫门前，见到铁木迭儿，先以皇帝的名义赐酒，之后传旨：“卿年老宜自爱，待新年入朝未晚。”铁木迭儿不禁惊怒交加，可称病是自己提出来的，哑巴吃黄连有苦说不出，只好怏怏而还。

经此打击，铁木迭儿又恨又怕，回家后竟真的生起病来。是年八月，铁木迭儿一病不起，呜呼哀哉。而不过十余天后，太皇太后答己也随之病逝。

人生如魔术师一般，噩梦和好运总是在始料未及的时候突然降临。虽然英宗做过多番努力，但折磨自己两年多的障碍，仅十余天便全部消失，命运的金光大道迅速展现在自己面前，这无疑让他惊喜非常。

太皇太后答己死后刚一个月，至治二年十月，英宗便将拜住拔擢为中书右丞相，并且虚左丞相之位而不拜，建立了元朝从未有过的“独相”体制。

至治二年到三年之间，英宗和拜住这对君臣一路高歌猛进，大力推行新政。

首先，英宗继续仁宗所未能完成的法典的编纂。于至治三年二月，完成了《大元通制》并颁行天下，元王朝从此有了统一的政制法程。

之后，是改革税制，纾解民困。

此时帝国的环境已经相当不乐观，至治二年一月至九月，全国各地水旱频仍，加之霜、雹、蝗灾，遍及山东、河北、四川、湖北及江南，而因为灾荒而引起的抗税、抗粮民变也此起彼伏。再不进行整顿，民变的星星之火就可能会燎原。

至治三年四月，英宗下诏“行助役法”。规定要大田主按照百分之三的比例拿出一部分田地，用其每年的收入补贴一般农民的劳役负担。“助役法”推行后，极大地减轻了农民负担。

至治三年夏六月，拜住看到海运粮比世祖时增加数倍之多，虽然有运力增强的原因，却也存在加重江南百姓负担的情况，于是向英宗上书请求减免二十万石，英宗准奏，并将铁木迭儿主政时所增加的江淮粮也一并减免。

在短短一年当中，英宗和拜住这对君臣“振立纪纲，修举废坠，裁不急之务，杜侥幸之门，加惠兵民，轻徭薄敛”，以图“天下晏然，国富民足”①。尤其是“搜访山林隐逸之士”来充任朝廷官员更是不遗余力，例如寻访成宗朝老臣虞集时，“时集以忧还江南，拜住不知也。乃言于上，遣使求之于蜀，不见；求之江西，又不见；集方省墓吴中，使至，受命趋朝”②——追着虞集几乎跑遍了南中国才最终找到，比三顾茅庐还要艰苦执着了。

虞集字伯生，是南宋在采石矶大破金军的名相虞允文的五世孙，成宗朝为大都路儒学教授、国子学助教，仁宗朝任太常博士、集贤院修撰，其人学识渊博，精于理学，为元代“儒林四杰”之一，读书人的领军人物。对他的起用，可说是一个标志性事件，是英宗大规模起用儒臣的前兆。与他一起被召回的，还有大书法家袁桷、仁宗朝以敢谏闻名的马祖常等人。

---

① 宋濂等撰：《元史》卷一百三十六《拜住传》，中华书局2008年版，第3306页。
② 宋濂等撰：《元史》卷一百八十一《虞集传》，中华书局2008年版，第4176页。

然而，当虞集跟随使臣“受命趋朝”奔波于道之时，一场巨变已经降临在皇帝英宗和丞相拜住头上，这对求贤若渴的年轻人都没有能见到这位儒林领袖。

南坡之变

元世祖忽必烈确定立储制度，是为了停止“库里勒台”上贵族选举皇帝的祖制，从而从贵族封建走向集权皇权。但历史老人似乎要和他开玩笑，从他去世开始，立储制度就形同虚设。元成宗是靠“库里勒台”才得以登基，元武宗、元仁宗是靠政变才得以登基。宗王贵族因为有对皇帝的认证权，皇帝不但要用大量金银赏赐来贿赂他们，对于其封建权力不敢过于剥夺。例如仁宗不许宗王驸马等封地自行委派达鲁花赤、停止滥赐滥爵等一系列改革便最终流产。

英宗硕德八剌可说是元朝开国以来第一个不用宗王贵族支持，靠太子身份即位的皇帝。因此他对于宗王贵族不再客气，登基之时，赏赐诸王、百官的黄金只有仁宗时的八分之一，白银只有二分之一，钞票虽然增加了五倍，但此时钞票贬值得厉害，远不如真金白银。至治二年三月，甚至“以国用匮竭，停诸王赏赉”。

而为了推行新政，英宗充分展现了自己的“果于刑戮”，对于与自己行政难以和谐的宗王、官员屡屡处分，毫不留情面。时人记载，“英宗临朝，威严若神，廷臣懔懔畏惧”①。

---

① 苏天爵：《董忠肃公墓志铭》，《全元文》第四十册，江苏古籍出版社 2005 年版，第 404 页。

罚重赏轻，威压朝野。英宗的手段不可谓不强硬，他将中翊卫、宗仁卫以及左、右钦察卫和左、右阿速卫全部交给了最信任的拜住和铁失掌管，兵权高度集中，防范也不可谓不严密。

但他却万万没有想到，自己视之为亲人的铁失，偏偏是最危险的敌人。

铁失是皇后的哥哥，得到英宗重用，但奉行平衡术的他却脚踩两只船，和铁木迭儿过往甚密，甚至拜了干爹，所谓“名为义子，实其腹心”。

可平衡总有被打破的时候。铁木迭儿一党在英宗的打击下逐渐衰弱，更随着铁木迭儿及答己的死而土崩瓦解。铁失的处境开始不妙，所幸因为妹妹和皇帝感情很好，他才没有被牵连。

铁木迭儿及其一党已经灰飞烟灭，皇帝对自己仍然信任有加，按正常来说铁失应该心无旁骛。可世上最大的恐惧，是对恐惧本身的恐惧。皇帝信任，自身地位的崇高，并没有让铁失感到安全。自己曾经的作为，皇帝真的可以既往不咎吗？

本就被恐惧折磨得寝食难安的铁失，每当看到英宗决绝地处分宗王、大臣，心头的重负就会加重一分。恐惧到了极致，便演变成为失去理智的狂怒。这怒火将英宗对他的信任、知遇之恩、亲戚之情全部烧成了灰烬，剩下的只有不是你死就是我活的执拗。

仅他一人的怒火并不可怕，但英宗的“吝啬”，“果于刑戮”在众多宗王、大臣中已经积聚了太多的怒火，这些怒火已经足以形成一座蓄势喷发的火山。

高高在上的英宗并没有看到这座火山，但主持政务，事必躬亲的拜住则敏锐地感觉到不祥的预兆。

拜住开始筹谋铲除铁失。

至治三年(1323)三月，英宗巡幸上都。到了六月，随侍的拜住将铁木迭儿的罪状整理上奏，英宗下诏“夺其官，仆其碑”。此时，铁木迭儿的党羽、儿子已经杀、罢一空，朝堂之上只剩下曾经拜铁木迭儿为干爹的铁失一人，拜住的上奏看似是和死人过不去，实则将矛头指向了铁失。

可想而知，这一举动会给铁失带来何等的震动——一直恐惧的事情将要变成现实！

对铁失来说，现在只有等死和弑君两个选择了。在他身边，聚集了众多同谋者。

也许是有了某种预感，在上都的英宗一度感到心神难安，“夜寐不宁”，于是“命作佛事”。但被拜住以国用不足的理由谏止了。

铁失抱着最后的希望，让僧人们进言：“国当有厄，非作佛事而大赦无以禳之。”——只要皇帝答应做佛事，便会实行大赦，自己便会安全了，也就不会考虑弑君了。毕竟弑君是危险的赌博，无论成功与否，满盘皆输的可能性极大。

然而，拜住当面呵斥了请愿的僧人：“尔辈不过图得金帛而已，又欲庇有罪耶？”①

铁失彻底绝望，看来皇帝和丞相是必欲置自己于死地而后快了。那只好先下手为强。他将动手的时机选在了八月，皇帝将在这个月南回大都。而从上都回大都路上所要经过的南坡驿(上都西南三十里)，是最好的动手场所。

因为，铁失所掌管的阿速卫军，驻地是在潮河川(今北京密云东北)，正好护卫着皇帝南下的道路，而拜住掌管的钦察卫军，驻

① 宋濂等撰：《元史》卷一百三十六《拜住传》，中华书局2008年版，第3305页。

地则是在清州(今沧州市青县)，并不负责护卫銮驾。

弑君的计划布置得天衣无缝，甚至连接班人都已经选好。八月二日，铁失派心腹斡罗思赶到漠北，面见了英宗的堂叔、成宗的哥哥甘麻剌之子、镇守边关的晋王也孙铁木儿，明白无误地告知他："我与哈散、也先铁木儿、失秃儿谋已定，事成，推立王为皇帝。"①

罗网已经张开，懵然不知的英宗和拜住注定无法逃脱。

也许有人会说，拜住既然有了铲除铁失的想法，为何动手那么迟缓？

这不能怪拜住，他对付铁失走得是正常程序，揭露铁木迭儿的恶行，最后揪出铁失，让英宗施以惩罚。

毕竟铁失是英宗的大舅哥，是信任不疑的心腹，扳倒他不能一蹴而就。但只要布置得法，一步步来，铁失难逃一死。

拜住不是神仙，他不可能预料到铁失敢于铤而走险，弑君谋逆。

八月二十七日，英宗的车驾离开上都，向大都前进。当晚，皇帝一行驻跸南坡驿。

夜深人静之时，铁失开始了行动。

他先秘密命阿速卫兵守住行幄，然后率领同党手持利刃冲进拜住的帐房，先将拜住杀死，之后闯入英宗寝帐，将英宗弑杀。

这个血腥之夜，便是著名的"南坡之变"。年仅二十岁的英宗和年仅二十五岁的拜住，在毫无防范的情况下被逆臣所杀。

---

① 宋濂等撰：《元史》卷二十九《泰定帝本纪一》，中华书局 2008 年版，第 637—638 页。

盖棺难定论

英宗和拜住的遇害，后世有很多惋惜，认为："以先帝之刚明英断，丞相之公平秉直，使天假以年……则其规举施设将大有可观者。自古忠臣义士，欲除奸邪，率为小人所构，宁非天耶?！宁非天耶?！"①

不过，如前所述，元英宗虽然有锐意进取、治国安民的志向，但也是一个很情绪化，做事过于狠辣的人。如果他在位日久，元朝完成集权皇权的建设，是否真是好事，是不可定论的。

例如，他在生命结束前五个月做的一件事，便留下了十分丑恶的历史印迹——元朝唯一的一起文字狱。

这起文字狱的罹难者，是南宋的末代皇帝宋恭帝赵㬎。

赵㬎投降后，被北迁大都。世祖忽必烈封他为"瀛国公"，安置于大都居住。但在至元十九年(1282)，大都发生了中山人薛保住聚众数千人起事欲救出文天祥的事件。为了避免小皇帝被人利用，世祖忽必烈于至元二十五年(1288)十月将赵㬎送到吐蕃萨迦寺学习佛法。

赵㬎继承了赵宋皇族善于学习的基因，在高原苦寒之地竟然很快掌握了藏语、藏文，并对佛法有了精深的研究，翻译了《四明入证论》《百法明门论》等经典，还成为萨迦寺的"本波讲师"，也就是主持讲经的老师。藏人对这位皇族高僧很尊重，称之为"蛮子

---

① 苏天爵：《题丞相东平忠献王传》，《全元文》第四十册，江苏古籍出版社2005年版，第82页。

合尊”。蛮子是蒙古、吐蕃人对江南汉人的称呼，并无鄙视的意思，很多蒙古人自己起名就叫蛮子，而合尊是对于出家为僧的皇室子孙的尊称。

到至治三年时，赵㬎已经五十二岁了，他原本可以在雪域高原得享天年。可就在这年四月，英宗下诏将他处死。

赵㬎被杀的原因，一般都记载为“文字狱”，他曾经写过一首诗：“寄语林和靖，梅花几度开？黄金台下客，应是不归来！”这首诗表达了他怀念故国家乡的情怀，被英宗看到，认为有不臣之心，于是痛下杀手。

但是，“黄金台”是大都八景之一，陶宗仪的《南村辍耕录》也说“此宋幼主在京师所作也”①。此时赵㬎已经离开大都数十年，一篇旧作会让英宗起杀心，有些牵强。

还有种说法，是有占卜师向英宗提出西方有僧人反叛，英宗派人调查，发现在吐蕃有很多人跟随了蛮子合尊赵㬎，于是将他处死。在至治三年三月，确实有西番参卜郎(今四川理塘北)诸族叛乱，英宗敕镇西武靖王搠思班等发兵讨伐，正好可以印证这一说法。

不过，流传最为广泛的说法，还是英宗进行了元朝第一起，也是唯一的一起文字狱，并用赵㬎祭了刀。

文字狱对于文化以及世道人心的损害无须笔者多言。英宗如果能够活下去，会不会让元朝如清朝一样，大兴文字狱？从他杀赵㬎一事来看，答案并不乐观。也许包罗万象、胸怀宽广的元朝将不复存在，张养浩、马致远、萨都剌、贯云石、王实甫等等璀

---

①陶宗仪撰：《南村辍耕录》卷二十《宋幼主诗》，中华书局2008年版，第246页。

璨的名字，也许将是罹难于文字之祸的牺牲者。

史册之中的英宗是一位中道崩殂的英主，但纵观他三年的帝王生涯，优点和缺点一样醒目，天若假年，他会开创一个什么样的时代，委实难以定论。毕竟他太过年轻，作为皇帝又拥有过大的权力，而权力又往往能极大地扭曲一个人的性格，更何况，英宗本身也有乖张暴戾的基因呢。

大航海时代的牛人们
——元代海上奇人录

曾经和朋友们戏谈，如果真能穿越，都想穿越到哪个时代去？朋友中大部分想穿越去宋代，因为宋朝文人地位最高；有想穿越去唐朝的，领略一下大唐气象；也有对自己口才很自信的，想去春秋战国，靠着三寸之舌弄个出将入相。而到笔者时，朋友们则异口同声：你不必想了，一定是去元朝，因为你是蒙古人啊。

虽是戏谈，但笔者也不得不解释，蒙古人在元朝也不一定就过得好。元朝不像清朝，没有类似八旗制度那样将全民族供养起来的制度。蒙古人若不是达官显贵，日子过得未必多好，而且当兵首当其冲。笔者家世不是贵族，穿越到元朝弄不好就当炮灰了。

那么什么人适合穿越到元朝呢？

答案是，商人或有志于经商的人。

元朝可算是中国历朝历代中最为鼓励商业，而且经商环境最优越的朝代。对于百姓经商，讲究各从所欲，“征商之税，有住税而无过税”①，即货物在市场上交易成功才纳税，沿途运输过程不纳税。在北方，丝绸之路重新开辟，“从克里米亚到中国的道路完全畅通，没有危险”②，使得“波斯老贾度流沙，夜听驼铃识路赊。采玉河边青石子，收来东国易桑麻”。而在南方，因为海运比陆运更为便利，“厘头赤脚半蕃商，大舶高樯多海宝”的情形成为常态，宋代有海外贸易关系的国家和地区五十一个，而元代达到一百四十多个；宋代海外贸易最发达时，进口商品品种有二百多种，元代达二百五十种以上。

所以，元代是商人的黄金时代，“工商淫侈，游手众多，驱垄亩之业，就市井之末”。原本对商业嗤之以鼻的士大夫，也大加赞赏从事商业，认为是“具四德”的事业，“曰仁、曰智、曰勇、曰断”③。

黄金时代必有传奇人物，元代的商人群体，牛人辈出。亦官亦商的有泉州的蒲氏家族，三代人总管泉州市舶司，而且任福建行省参政高位，“显贵冠天下”。还有澉浦的杨氏家族，也是三代人管理庆元、上海、澉浦市舶司，财富称雄浙东，“筑室招商，世揽利权”。民间巨商——泉州的孙天富、陈宝生结为异姓兄弟，轮番出海外经商，行程数十万里，虽然“百货既集”，却互相“不私一钱”，连异国人都赞叹“彼兄若弟，非同胞者，吾同胞宜何如”，将他们称为“泉州两义士”。浙江宁波的夏荣达，本是赤贫之人，

---

① 黄溍：《正奉大夫江浙等处行中书参知政事王公墓志铭》，《全元文》第三十册，江苏古籍出版社2005年版，第419页。

② A. Evans, La Pratica della mercatura, Cambridge: The Medieval Academy of America, 1936, pp. 21-23.

③ 杨维桢：《鲍孝子志》，《全元文》第四十二册，江苏古籍出版社2005年版，第169页。

迁徙到定海后开始从事海外贸易，由小到大，数年后家财万贯，“定海之言富室者归夏氏”①。扬州人张文盛“北出燕齐，南抵闽广，龛迁络绎，资用丰沛”。定海人韩常，“由商贾致富，徙居郡城”。河南人姚仲实，元初迁居大都，去各地经商，“累资巨万”②。

以上众人虽然都很传奇，但要说这个时代传奇中的传奇，当属下面三位。

海盗万户侯

宋朝有句谚语：“欲得官，杀人放火受招安。”无论是啸聚山林的强盗，还是揭竿而起的义军，如果没有杀入京城“夺了鸟位”的志向和实力，又不甘心被朝廷剿灭，身首异处，那么，接收招安，“做贼却做官”是最好的出路。

宋元之际，海上贸易发达，东南各省百姓都“以海为田”，不过，有勤劳致富的，便会有打家劫舍的，与商队相伴的，总有强盗，于是海盗也蓬勃发展。

海盗以谋利为先，虽也有因官府豪强欺压“逼上梁山”的，但总体来说还是杀人越货，破坏社会安定的势力，自然被官府追剿，令百姓侧目。一时虽能“大块吃肉大碗喝酒”，最终的结局都不美好。

不过，有一位海盗却是对命运逆袭的标杆，做海盗时“官吏莫如何也”，后接收招安，竟然做到万户高位，繁荣了一座城市，并

① 戴良：《玄逸处士夏君墓志铭》，《全元文》第五十三册，江苏古籍出版社 2005 年版，第 525 页。
② 陈贤春：《试论元代商人的社会地位和历史作用》，《湖北大学学报》1993 年第 3 期。

成为中国海路漕运的开创者。

此人名叫朱清，字澄叔，崇明(今属上海)姚刘沙人。

朱清出身于赤贫人家，父亲早丧，和母亲捕鱼为业。捕鱼仅能糊口，无力置办产业，自然社会地位低下。而朱清其人又不是个因自己贫苦便逆来顺受之人，很有桀骜之气，因此乡人视之为“少年无赖”。

捕鱼难以发迹，朱清于是到富豪杨氏家里当帮佣。这种长工本就要忍受主人家的呼来喝去，再加上杨氏不是积善之家，对朱清百般折辱。愤恨之下，朱清干脆“夜杀杨氏，盗其妻子财货去”①，从此成为绿林好汉，组织一个团伙，一边贩私盐，一边做强盗，“亡命集党，为之渠魁，操舟贩鬻私盐，兼事于摽盗”②。

在贩私盐的过程中，朱清在嘉定新华镇，遇到了“丰姿魁岸，膂力过人，好饮博，乡里以恶少年目之”③的张瑄，两人意气相投，于是结为兄弟，一起做没本钱的买卖。

没多久，朱清团伙就被宋朝官方抓获了，朱清、张瑄都被捕判处死刑。然而，执行死刑的提刑洪起畏见他们相貌堂堂，气概不凡，于是言道：“今中原大乱，汝辈皆健儿，当为国家立恢复之功。”上奏请求释放他们。宋朝廷从其请，不但将之释放，还“以吏部侍郎左选七资最下一等授之，令部其徒属，为防海义民，隶提刑，节制水军”④。

---

① 胡长孺：《何长者传》，《全元文》第十三册，江苏古籍出版社 2005 年版，第 545 页。

② 屠寄：《蒙兀儿史记》卷一百一十三《朱清张瑄传》，《元史二种》下册，上海古籍出版社 2012 年版，第 695 页。

③ 柯劭忞撰：《新元史》卷一百八十二《朱清张瑄传》，上海古籍出版社 2018 年版，第 3702 页。

④ 陶宗仪：《南村辍耕录》卷五《朱张》，中华书局 2008 年版，第 64 页。

这位洪提刑和唐朝释放安禄山的张守珪类似，都属于有着半只慧眼的伯乐，他们都看出自己的刀下人有不凡之处，于是将之释放收为己用。可他们却看不出其人虽有才，却不会为自己乃至自己的朝廷所用。安禄山最终发起了毁灭盛唐的“安史之乱”。朱清在获释后，也没有安心为宋廷效力，和张瑄继续召集党羽，“仍摽掠为盗”。而且改变策略，不再在陆地上贩私盐，而是成为海盗，横行于沿海各地，“劫略商贩”。遇到官军水师围剿，便携老幼扬帆入海，南自通海，北至胶莱，往来飘忽。

随着日益壮大，朱清的船队已经拥众数千，战船五百艘，不再惧怕官军，“濒海沙民富家苦之，官吏莫如何也”。

就在朱清成为“海贼王”不可一世之际，天下大势已经变化，北方的大元朝崛起。元至元十一年(1274)，元朝丞相伯颜率三十万大军南下，南宋的末日来临，而朱清的机会却来了。

元军南下，虽是武力征服，也积极于招降纳叛，凡是愿意为自己效命者，不管是宋军将领还是江湖草莽，无不招揽。“有众数千，负海为横”的朱清自然也被元廷看重，至元十二年(1275)，元军大将董文炳命招讨使王世强和自己的儿子董士选前去招降，官方主动招降，所给予的官位好处自然十分优厚，朱清于是和张瑄一起接受元廷招安，被授予行军千户之职。

至元十三年(1276)正月，南宋朝廷向伯颜投降，南宋灭亡。元军需要将南宋的“库藏、礼乐器及诸图籍”北运，然而淮东地区仍为宋将把守，无法取道送入大都(今北京)，于是伯颜想到了朱清，派他和张瑄从崇明州由海路运至直沽(今天津境内)，然后由陆路转往大都。

朱清的船队常年在海上为盗，为了躲避官军，忽南忽北，几乎所有的航道都行驶过，即使遍布礁石的险滩都如履平地。这次运送很快就圆满完成，因为这个功劳，朱清被授予管军千户之职。

也就是这次海运，让元廷看到了海运的快捷，为日后大力推行海上漕运奠定了基础。

完成北运库藏任务后，朱清与张瑄继续跟随元军征战，无论是消灭南宋残余势力，还是远征日本，都有他们的身影。随着战功的积累，他们的官职也越来越高，朱清被授予武略将军之职，张瑄也被任命为招讨使。

至元十六年(1279)，南宋最后的抵抗力量覆灭于厓山，江南大体安定。元廷开始考虑南北方物资调运的问题了。

当时，元朝一年的粮食征收额为一千二百一十余万石，而江浙行省(今江苏、安徽两省的江南部分，江西的一部分以及浙江福建两省)即占四百四十九余万石，京都的粮食不得不“仰给于江南”。元朝之前，南方粮食运往北方往往通过运河漕运，可运河常因天旱水浅导致河道淤塞不通，致使漕船不能如期到达。而且运河毕竟是人工河，水深不够，漕船的规模不能很大，运输量也受到很大限制。

要解决大规模漕运的问题，最好的方法就是海运。毕竟海上船只可以更大，数量也可更多。但海运也有很多问题，大海水况更为复杂，风浪远非内河可比，对水手驾船技艺要求更高。虽然海运早在秦代就已有了，但直至唐代，海运主要是为了军事上的“边防之用”，都是短时间的应急，要说作为“用之以足国”的长时间大规模海运还没有先例。

至元十九年(1282)，丞相伯颜想起海道载运南宋图籍之事，于是乃奏请元世祖忽必烈用朱清、张瑄实行海上漕运。忽必烈诏准，命朱清、张瑄造平底海船六十艘，运粮四万六千余石从海路运往大都。

朱清、张瑄奉旨照办，于是年八月率船队起航北上。本来海路运输对他们来说驾轻就熟，但因“风泛失时”，北向南的寒流和东北信风都对航行不利，导致不得不在中途停靠等待风时，直到第二年，也就是至元二十年(1283)三月才抵达直沽。

虽然首次试航不算太成功，但海运一旦打通，就显得“疾且快”，比河运便利得多，元廷正式开始全力发展海漕。朱清、张瑄都举家迁往刘家港(今江苏省苏州太仓东浏河镇)，着力将之发展成为兼具海漕和海外贸易功能的港口。

经过勘测试航，海漕发展出稳定的航路：从刘家港出发，经崇明岛驶入黄海深处，经青水洋进入黑水洋，在黑水洋上借助“黑潮暖流”和西南信风到成山(今山东荣成市)，之后向西经过刘岛(刘公岛)、芝罘(烟台北)、沙门二岛(烟台北庙岛群岛)后，到达界河口(海河口)。按这条航路，最快十天便可到达，这是河运无论如何也达不到的。

海运之船装载量更远非河船可比，大船最多可装载八九千石，小船也有两千多石，在高峰期，元朝每年海漕运粮可达三百万石，使得元朝“国用所倚，海运为重”。而且，海运与河运相比，成本可以“省什三四”，与陆运相比，成本更是“省什七八”，确实是“民无挽输之劳，国有储蓄之富”的“一代良法”①。

开辟海漕的功劳，使得朱清、张瑄达到人生巅峰，朱清官升至海道中万户、大司户、江南行省左丞，张瑄为海道运粮万户、

① 宋濂等撰：《元史》卷九十三《食货志一·海运》，中华书局2008年版，第2364页。

江浙行省参知政事。到至元二十八年(1291)，朱清更是以骠骑上将军、江东道宣慰使的职衔专制海道都漕运万户府。而原本“古为斥堠之区，人文罕著”的刘家港，也因为海运业和对外商贸的发达迅速发展成为“漕运万艘，行商千舶，集如林木，高楼大宅，琳宫梵宇，列若鳞次，实为东南之富域矣”①的大都市。

数十年间，朱清、张瑄家族几乎成为元朝东南最为显贵的家族，不但都是万户高官，而且两家子弟“佩金符者百余人”，家中“蕃夷珍货、文犀、翠羽充斥于府库之内，富贵赫奕，为东南之冠”②。

当然，乐极生悲的故事总是在历史上不断重演。在元世祖忽必烈时代，朱清、张瑄稳如泰山。至元三十一年(1294)，忽必烈去世，其孙铁穆耳即位，是为元成宗。元成宗在位的前七年，朱、张两家仍是富贵冠东南。然而，到了成宗大德六年(1302)，灾难突然降临。

是年，有人状告朱清、张瑄“有逆谋”，原本凡事都主张“维和”“平允”的元成宗性情大变，下令拘押两家人京受审。朱清此时已经六十七岁，到京后不堪受辱，自尽而死。张瑄及其子张文虎以及朱清之子朱虎均被处死，两家其他人员都被流放。

朱、张一案的真相至今尚难弄清，具体罪状史籍都语焉不详，后世学者也难以定论。不过，因为他们的案子，元成宗一日之内罢免四位中书平章政事，两位中书左丞、右丞以及两位中书参知政事，几乎将宰辅班子罢免一空。连深受成宗信任的当朝首相，

① 陈伸：《太仓事迹自序》，《太仓州志》卷末《旧序》。

② 柯劭忞撰：《新元史》卷一百八十二《朱清张瑄传》，上海古籍出版社 2018 年版，第 3703 页。

中书右丞相完泽也因此事忧惧而死。而原因，便是这些宰辅都接受过朱、张的贿赂。也许可以推断，朱、张二人作为掌控海漕的地方大员，身系京城安危，却大肆贿赂朝中宰辅，形成了从中央到地方的关系网，这对元成宗来说是难以姑息的，于是便借着有人控告而痛下杀手。

朱、张的功成名就和荣华富贵都是元朝给予的，他们自然不会有什么“逆谋”，晚年家破人亡确实冤枉。因此元成宗死后，其侄子元武宗即位，便给他们平反，流放的家人也“悉返太仓，还其田宅”。

虽然晚节不保，但朱清、张瑄出身社会底层，以海盗的身份官至万户，开创海漕，富贵数十年，不但不枉此生，更是一代传奇。

跨国大豪商

马八儿国，本名为注辇，马八儿是阿拉伯人所起的阿拉伯文名字，又被称为“马八”“麻八而”。这是阿拉伯语的音译，意思是“渡”“滩头”“渡口”，宋元之交中国人称其为西洋国。其地在今天南印度东海岸科罗曼德尔海岸(Coromandel Coast)。《元史》中称其“足以纲领诸国”，“比余国最大”，从泉州出发至其国“约十万里”，其地出海至波斯湾，只需“十五日”。

马八儿在印度南部，挨近赤道，气候极为炎热。因此其居民“除了在腰部围一块布外，常常赤身裸体地出外行走。国王身上所围的布片也不比其他人多”。国王与百姓的区别，是“佩戴有各种装饰品，如价值连城的宝石、蓝宝石、绿宝石和红宝石等”①。虽然上下都几乎赤身裸体，但马八儿可不是未开化的落后之地。其国处在西亚和东亚水路贸易的咽喉，商贸极为繁盛，本地不仅出产象牙、犀牛角、珍珠、宝石之类，而且是棉纺业大国，纺织的棉布“绝细，莹洁如纸”，是各国趋之若骛的抢手货。

元朝建立后，元世祖忽必烈向海外诸国要求朝贡，但初期并不顺利，还出现了日本、安南这样打都打不服的强项。世祖失去耐心，打算干脆出兵征讨暹罗、马八儿等国。此时，“通天竺教及诸国语”的畏兀儿人迦鲁纳答思劝谏道：“此皆蕞尔小国，纵得之，何益？兴兵徒残民命，莫若遣使谕以祸福，不服而攻，未晚也。”于是世祖“纳其言”，派出使臣前往诏谕②。

这一诏谕，便诏谕出了一代奇人孛哈里。

孛哈里本是阿拉伯人，原名叫撒亦的，也就是阿拉伯人常见的名字赛义德。他家族“世为商贾”，其父也叫孛哈里，举家从阿拉伯半岛迁到马八儿居住。因为累世经商，对于南亚、西亚乃至东亚的商贸极为熟悉，因此得到马八儿国王的宠幸，不但任其为宰相，还将其收入王室，列为自己五个王子之后，称为“六王子”。从此，孛哈里家族在马八儿权倾一时，富贵无边，“总领诸部，益贵富，侍妾三百人，象床黄金饰称是”。马八儿是印度教国家，尊奉印度教诸神，“每日应对其偶像祷颂一百零四次”，但却可以让伊斯兰教徒孛哈里当宰相入王室，可见其开放包容。

老孛哈里当了多年宰相，寿终正寝。他的儿子撒亦的继承其

① 梁生智译：《马可·波罗游记》，中国文史出版社 1998 年版，第 245—246 页。

② 宋濂等撰：《元史》卷一百三十四《迦鲁纳答思传》，中华书局 2008 年版，第 3260 页。

位，国王“益宠”，让他继承其父亲的名字，仍称孛哈里，于是便以孛哈里王子之名行于世。孛哈里继承父亲事业，继续操持海商，忽必烈的弟弟旭烈兀在西亚建立的伊儿汗国，还未等一切安定，孛哈里的商船便已经成为伊儿汗国的常客。马八儿向西方通商，主要贸易伙伴是伊儿汗国，而东方主要贸易国便是南宋。在公元1276年(元至元十三年)，元朝灭亡南宋，接管了南宋的海上贸易。元世祖忽必烈得了宋地，在第一时间下诏：“诸蕃国列居东南岛屿者，皆有慕义之心，可因蕃舶诸人宣布朕意。诚能来朝，朕将宠礼之。其往来互市，各从所欲。”①

虽然马八儿远在万里之外，但这场改朝换代仍对孛哈里有着强烈震撼。他的商船东西航行范围极大，而现在无论东方西方，竟然都在蒙古皇室的统治之下，如此广大的帝国，是孛哈里从未听说过的，他不禁有“圣人混一区宇”的感叹。而这时，元朝的使臣前来诏谕，他立即以马八儿宰相的身份表示了“益往归之”的意愿，代表马八儿国王向元朝称臣纳贡。

从1279年(元至元十六年)开始，马八儿的贡使几乎不间断地前往元朝，大象、犀牛、珍珠、异宝、缣缎无所不贡，而且“凡朝廷二邸之使涉海道，恒预为具舟楫，必济乃已”，就是说凡是元朝和伊儿汗国的使臣到马八儿，孛哈里都免费为之提供船舶和一切给养。

这样的态度，自然让元世祖忽必烈极为满意，对于这位孛哈里王子深为宠信，专门派使臣“赐玺书”封其为官。而孛哈里家族也因此更上一层楼，生意做得更大，财富滚滚而来。

---

① 宋濂等撰：《元史》卷十《世祖本纪七》，中华书局2008年版，第204页。

但是，福兮祸所伏，孛哈里光想着如何和元朝搞好关系，却忽略了自己国王的感受。当初他通使元朝，本是背着国王干的，国王虽然不得不承认既成事实，可也对他大为不满，再加上孛哈里仗着有元朝撑腰，跋扈擅权之举恐怕也不会少，君臣之间的矛盾日益加深。

1281 年(至元十八年)，孛哈里和他的国王之间便爆发了严重冲突，孛哈里被国王没收“金银、田产、妻孥”，而且还要处死他。毕竟孛哈里在马八儿国树大根深，总算“诡辞得免”。但经此一难，孛哈里在马八儿国的处境便日益艰难了，他不得不谋划自己的退路。

到了十年后的 1291 年(至元二十八年)，孛哈里与马八儿国王的矛盾再次爆发。虽然史料没有明确记载，但肯定已经不是“诡辞”可以得免的了。不过，这么多年的经营，孛哈里已经让元朝“熟其诚款”，于是趁着元朝使团来访归国之机，“捐妻孥、宗戚、故业，独以百人自随”，跟着使团逃亡元朝。

十几年的交情，虽然孛哈里从国家权臣变成了流亡者，可元朝仍然对之很够意思。孛哈里到达元朝后，居住在福建的泉州，元世祖“大加慰谕，赐以锦衣及妻，廪之公馆，所以恩遇良渥”①。

孛哈里逃亡时，没能带走妻子，世祖则赐给他一个妻子蔡氏。这个蔡氏可是大有来头，她是高丽王国大臣蔡仁瞨的女儿，这位蔡仁瞨在高丽王国任右承宣、同知密直司事、都佥议中赞，也算得一位重臣。高丽国王是元世祖的女婿，高丽也是元朝最为亲近

① 刘敏中：《景义公不阿里神道碑铭》，《全元文》第十一册，江苏古籍出版社 2005 年版，第 550 页。

的藩属之一，其大臣宗室也经常会把自家女儿送到元朝，与元朝的达官显贵结亲。1287 年至 1291 年(至元二十四年至二十八年)之间，元朝最有权势的宰相是吐蕃人桑哥，蔡仁睽便将自己的女儿于 1289 年送到元朝，嫁给桑哥为妻。

岂料，桑哥为相，推行的各种政策得罪了几乎所有既得利益集团，终于在 1291 年遭到各派弹劾，罢官被杀。可怜的蔡氏才享受两年的宰相夫人的尊贵，便被丈夫连累，成为罪人之妻。

如果不是孛哈里逃亡，蔡氏的结局注定会很悲惨。桑哥倒台和孛哈里的到来几乎同时，蔡氏在监牢里没过多少日子，便被婚配给孛哈里。可能元世祖觉得，蔡氏是前宰相之妻，孛哈里也是马八儿国前宰相，两人正好般配。

在元朝重建家庭的孛哈里又过上了荣华富贵的生活，还生了一个儿子两个女儿。因为娶了蔡氏，孛哈里算是和高丽成了亲戚，还专门派人给高丽王送了不少礼物，按照《高丽史》记载，计有“银丝帽、金绣手箔、沉香五斤十三两，土布二匹”。

安居泉州的孛哈里继续发挥自己的商业能力，为元朝的海商贸易出力献策。元世祖去世后，元成宗铁穆耳即位，对这位大商人也极为宠信，“特授资德大夫、中书右丞、商议福建等处行中书省事”，各种赏赐“以矩万计”。1299 年(元大德三年)，成宗召孛哈里入朝，可能水土不服，来到大都的孛哈里一病不起，于是年病故，享年四十九岁。

孛哈里死后，元成宗“恻然久之”，感叹道：“彼远人，今若是，良可嗟悼”。下诏将之归葬泉州，赐钞两万五千缗治丧，并赠荣禄大夫、司空之衔，谥号为“景义公”。元代著名文学家，时任翰林直学士、国子祭酒的刘敏中奉旨撰写了《景义公不阿里(孛哈里）神道碑铭》。

自己是阿拉伯人，在印度国家当宰相，控制东西贸易十数年，逃亡元朝后，又得信宠，娶了高丽贵妇为妻，继续自己的海商事业，死后哀荣备至。孛哈里这位七百多年前的豪商，其人生经历即使放在今日地球村时代，也难有人能够做到。说其是传奇中的传奇，应该是不过分的吧。

书生航海家

说起中国的大航海时代，人们首先便会想到明朝初年的“郑和大航海”。三保太监郑和率领空前庞大的船队七下西洋，其威仪排场让各国瞠目结舌，那场面让国人至今都激动不已。而原本对认为大航海是自己专利的西方人，也对郑和十分痴迷，各种研究演绎层出不穷，甚至有郑和发现新大陆的宏论出现。

不过，实事求是地说，郑和大航海已经是古代中国航海事业的尾声，而且是一片凋敝中的一枝独秀。明太祖朱元璋实行严厉的海禁政策，不许民间海外通商，“片板不许下海”，明成祖朱棣虽然让郑和下西洋，却也坚持民间海禁，曾经笑傲世界的中国海商凋敝长达一百九十三年。郑和的航海，只是皇家对外展示财力武力的一场大秀，后人想象的百舸争流千帆竞的大航海时代，正是结束于斯。

中国真正的大航海时代，是在宋元时代。

商业繁荣，不仅世界各地的蕃商络绎不绝，中国本土的商人也纵横四海。宋代的海船制造水平已经十分高超，元代青出于蓝，“华船之构造、设备、载重皆冠绝千古”，海船的形状“殆为四角形，下侧渐狄尖如刃，以便破浪”，而且船体巨大，“船之大者，乘客可千人以上云”。为了应对海风，海船“普通四桅，时或五桅、六桅，多至十二桅云”。在宋代，从中国到故临(元代的俱蓝，印度西南部)都乘坐中国船，再往西去，就要换乘大食(阿拉伯人)的船只。到了元代，不再需要换乘，中国商船已成为波斯湾和非洲各大海港的常客了①。

大航海时代，畅通的商路上，除了富商巨贾，也会有大量旅行家、探险家不绝于途。元代西方有大量的旅行家来华，著名的如马可·波罗、伊本·白图泰、鲁布鲁克、拉班·扫马等等，他们的各种游记、行记让后人了解了那个神奇刺激的时代。可因为他们都太有名了，给人的印象似乎那时都是西方人周游世界，而中国本土却没有旅行家。

这当然是不对的，在元代，中国不但有很多商人乘桴浮于海，而且还有一位出身儒生的旅行家，一边经商一边旅行，环游当时的已知世界，并留下了精彩的游记。

他，就是汪大渊。

汪大渊，字焕章，江西南昌人。汪大渊的生年，史学界尚有争论，计有 1308 年、1309 年、1310 年、1311 年几种说法，现在普遍采用 1311 年。这一年，也就是元武宗至大四年，汪大渊出生于江西南昌。因为他的生平事迹大多遗失，只能推测其家庭应是书香世第之家。他的字“焕章”，便是取自《论语》中的“焕乎其有文章”。而且他在日后，能与当世大儒虞集有交往，诗词唱和，可见其家庭是书香门第。

---

① 桑原隲藏著，陈裕青译：《蒲寿庚考》，中华书局 2009 年版，第 75—79 页。

元朝设立户计制度，职业都要编户，比如匠户、猎户、军户等等，儒生也被编户，称为“儒户”。各个户计都有自己的权利和义务，儒户主要工作是“就学”，也就是在书院里教书学习，并且在国家遴选吏员的时候参与考试。而儒户履行就学备选的义务，便享有免除兵役、劳役以及领取奖学金性质的“廪金”的权利。

汪家是儒户，没有各种差役的烦扰，而且家中应该薄有资产，所以汪大渊的童年是在平静安逸中度过。他饱读诗书，“少负奇气”，希望能如司马迁一样，周游天下。

二十岁时，汪大渊来到了当时中国乃至世界上最大的商贸城市福建泉州。到泉州的目的，自然是如他自己所说，想从泉州出海“为司马子长之游”。不过，当时虽然出海容易，却没有如今日一般的旅游公司，汪大渊想要出海，应该是首先参与到经商活动中。

1330 年(元至顺元年)，汪大渊实现了自己童年的梦想，乘船出海，开始了第一次旅行。

这次航行，按照汪大渊的记录，船队从泉州出发，经海南岛，过占城，至马六甲、爪哇、苏门答腊、缅甸，然后到达印度、波斯、阿拉伯、埃及，之后又到达索马里，折向南到莫桑比克，再横渡印度洋回到斯里兰卡、苏门答腊、爪哇，再到加里曼丹岛，又经菲律宾群岛，于 1334 年(元元统二年)夏秋返回泉州。

这一次航行，时间长达五年之久，汪大渊不仅饱览各地风土人情，通过经商积累了财富，而且“所过之地，窃尝赋诗以记其山川、土俗、风景、物产之诡异，与夫可怪可愕可鄙可笑之事”。而作为有着史笔情节的文士，汪大渊的游记十分严谨，记录的都是自己亲身经历之事，“皆身所游焉，耳目所亲见，传说之事则不载焉”①。

第一次航海回国后，汪大渊休整了三年，一是要调理因为航海透支的身体，二则是将自己的游记整理。三年时间转瞬即过，已经养精蓄锐的汪大渊抑制不住再次航行的冲动，于1337年(元至元三年)冬再次从泉州出发，开始了第二次旅行。

这一次旅行，与第一次的航线相差不多。这是因为当时的航海还需要依靠信风，汪大渊不能随心所欲。所谓信风，是从副热带高压区吹向赤道低压区的风，北半球从东北吹来，南半球从东南吹来，在许多地方，信风极有规律，尤其在海上。元人航海，都是利用信风的这个特点，每年乘东北顺风下海远航，而航线也需要追随信风的。

第二次航行历时三年，1339年(元至元五年)夏秋，汪大渊再次回到泉州。

两次远航，前后八年之久，以一介平民身份，凭借一己之力，几乎航行了当时已知世界的沿海地区，这在今天来看，实在算是了不起的传奇。但在汪大渊生活的年代，如他一样远航世界的中国人不知凡几，但因为都仅是为了经商谋生，而没有文字传下来，所以都湮没无闻。

而汪大渊是个文士，对于自己的航行，他都付诸笔墨，予以详细记载。而在他回国之后，正赶上泉州路的达鲁花赤(监治官)偰玉立看到《清源前志》散失，决定编写《清源续志》。清源便是泉州，而泉州是市舶司的所在地，既然编写地方志，就需要把与泉

---

① 汪大渊著，苏继庼校译：《岛夷志略校释》，中华书局2009年版，第385页。

州有贸易往来的各个国家简介编写进去。偰玉立听闻汪大渊旅游海外，熟知“蕃情”，便请他将自己撰写的游记作为附录编入《清源续志》。有官方帮忙出版保存自己的著作，汪大渊自然求之不得，于是将自己的游记整理完成，名为《岛夷志略》，附于《清源续志》之后，于1349年(元至正九年)刊刻完毕。

《岛夷志略》是元代记载海外地理最详尽的汉文著作，全书共有一百个条目，记载二百多个地名。在《岛夷志略》之前，也有很多记录海外国家的著作，比如南宋周去非《岭外代答》、赵汝适《诸蕃志》等，不过周、赵的著作，都是在听闻的基础上编撰，属于“采访作品”。而汪大渊的《岛夷志略》则是自己的亲历，记载更为准确，少了很多道听途说。元代诗人张翥在为《岛夷志略》作序时写道：“汪君焕章，当冠年，尝两附舶东西洋，所过辄采录其山川、风土、物产之诡异，居室、饮食、衣服之好尚，与夫贸易贵用之所宜，非亲见不书，则信乎其可征也。”①

汪大渊第二次远航结束六十六年后，郑和开始了自己的远航，而远航的主要参考书便是《岛夷志略》。追随郑和下西洋的通事(翻译官)马欢著有一本记录航海经历的著作《瀛涯胜览》，在书中的序言中，马欢便言道：“余昔观书《岛夷志》，载天时气候之别，地理人物之异，慨然叹曰：普天下何若是之不同耶！……余以通译番书，忝被使末，随其所至，鲸波浩渺，不知其几千万里，历涉诸邦，其天时、气候、地理、人物、目击而身履，然后知《岛夷志》所著者不诬。”

到了近代，《岛夷志略》历经沈曾植、藤田丰八、柔克义、夏

① 汪大渊著，苏继庼校译：《岛夷志略校释》，中华书局2009年版，第1页。

德以及冯承钧、苏继庼等各史学大家的研究，到1981年苏继庼《岛夷志略校释》出版，书中多数地名业已可以与现实地名对照无误。

不过，各家在研究《岛夷志略》时，也有很多争论。比如有学者提出汪大渊并未到达书中所记载的很多地方，其远航并非如书中所记的那么遥远。有的学者还论定，汪大渊最远只到达了斯里兰卡，至于波斯、埃及以及东非等地，只是汪大渊通过传闻记载下来的。

如果这个论断准确，那么汪大渊所说"传说之事则不载焉"可就大有问题了。这不能不说是一个遗憾。

除了远航的范围学界有争论外，在汪大渊身上还有一个公案很有意思。那便是他是否到过澳大利亚。

在《岛夷志略》中，有"麻那里""罗婆斯"两条，被人认为便是今天的澳大利亚。"麻那里"条记载，其地"周围皆水"，便是达尔文港以东一大片沼泽地，而"有壕如山立"，则是指澳洲西北高峻的海岸附着很多牡蛎。其地有种"仙鹤"，"高六尺，以石为食，闻人拍掌，则耸翼而舞，其容仪可观，亦异物也"，被认为这就是澳洲特产鸸鹋。"罗婆斯"一条记载，其地"奇峰磊磊，如天马奔驰，形势临海"，被认为是澳洲北部海岸的安亨半岛和高达八百米的基培利台地。至于那里的人们"男女异形，不织不衣，以鸟羽掩身，食无烟火，惟有茹毛饮血，巢居穴处而已"，更符合澳洲没开化的情况。

汪大渊发现澳洲，比英国人库克船长早了近二百年，这个说法确实让人兴奋。可是，如果仔细看看《岛夷志略》，便可发现这说法大有问题。且不说以上证据有些似是而非，就是"麻那里"一条中，有“地产骆驼，高九尺，土人以之负重”的记载，便可看出“麻那里”绝不可能是澳洲。因为澳洲本地没有骆驼，骆驼是十九世纪英国人引进的。汪大渊的时代即使真的到过澳洲，也是见不到骆驼的。至于巨大的“仙鹤”被认为是鸸鹋，其实被认为是鸵鸟亦无不可。

据学者们考证，“麻那里”应该是在东非，具体是在布腊瓦和蒙巴萨之间的马林迪，也就是今天的肯尼亚。至于“罗婆斯”，则是尼科巴群岛，位于孟加拉湾与缅甸海之间的南部。

其实，汪大渊的航行是按照当时经商的路线，到达波斯、埃及乃至东非都是没有问题的，但走一条从没有走过的航线，去一个完全没开化的新大陆，这对于汪大渊来说，确实勉为其难了。在《岛夷志略》的后记中，汪大渊说过，自己的航海，是因为看到“中国之往复商贩于殊庭异域之中者，如东西州焉”，这才要亲身经历一番，真正感受一下“适千里者，如在户庭；之万里者，如出邻家”的感觉，这与日后西方开辟新航路的探险式航行，还是大有不同的。

撰写出版了《岛夷志略》后，汪大渊回到了故乡南昌。两次航海经商，让他积累了不菲的财富，于是买屋置产，购得宋末元初人王义山的东湖君子堂，从此安居下来。

完成夙愿，飘然隐居，汪大渊的人生算得完满。他后半生的经历无史可考，而在《岛夷志略》刊刻出版的 1349 年（元至正九年），元朝已经开始进入动乱，北方水灾泛滥，民变四起。仅三年后的 1352 年（至正十二年），红巾军风起云涌，大元皇朝再无宁日，而此时年仅四十岁出头的汪大渊，能够在自己的君子堂中安居吗？

如果汪大渊能够活到六十岁后，他会看到元明易代，会看到明朝的全面海禁。曾经畅游四海的他，听到“片板不许下海”的皇命，心中会有何等滋味？也许，他会怅然若失，感叹《岛夷志略》成为绝响吧。

大商港与商团军
——泉州和亦思巴奚军

元末乱世，在中国诸多的乱世中虽然持续时间不算最长，战乱规模不算最大，但要说混乱程度则首屈一指，无论大漠南北、黄河两岸、江淮各地乃至白山黑水、青藏雪域，几乎无处无战事。而在乱世中的各方势力，今日为友，明日为敌，你中有我，我中有你，错综复杂，纷繁不清，更让人眼花缭乱。

而在泉州，这个当时世界上当之无愧的第一商贸港，便发生了一场“亦思巴奚之乱”，波及惠安、仙游、莆田、福清和福州等地，持续十年之久。这场兵乱的主体，并非是揭竿而起的农民，亦非拥兵自重的官军，更非有着对元朝有取而代之之心的乱世豪杰，而是侨居泉州的穆斯林商人。商人是最忌讳乱世的，因为他们的立身之本便是安定的环境和契约的遵守，而远离故土在异国他乡做生意的商人，更应该趋利避害，面对乱世，走而避之才是上策，他们为什么会迎乱而上，积极参与到乱世之中？

要弄清这场兵乱的来龙去脉，就先要从元朝泉州的商贸说起。

世界第一大商港——泉州

元朝可算是中国历朝历代中最为鼓励商业，对于商人最为优厚的朝代。这种重商主义使得上至王公贵戚、士绅官宦，下至平民百姓均不以经商为耻，营商之风遍及全国，社会风气由原来的重视男耕女织和读书做官转变为重视贾利。

元朝建立之初，因为统治地域是在北方，因此对外商贸主要是依靠蒙古帝国时代三次西征凿通的丝绸之路。而到灭亡南宋后，海路商贸便成为元朝最为重视的对外贸易方式。

元朝政府先后在泉州、庆元、上海、澉浦、广州、温州、杭州七地设市舶司，管理海外贸易。在这些城市中，泉州独领风骚，成为当时世界上最大的商贸港口。

泉州濒临东海和南海，又扼晋江下游，是个优良的港湾，南北朝时就已经是有规模的商港。南宋时，泉州迅速崛起，成为与三十多个国家和地区贸易的大型港口城市。入元后，泉州港的海外贸易盛况空前。《马可·波罗游记》中将泉州和地中海商业城市亚历山大港进行比较，认为“假如有一艘胡椒船开到埃及的亚历山大港或其他基督教国家，那就会有一百多艘船开到刺桐港”。而摩洛哥大旅行家伊本·白图泰来到泉州时，看到“该城的港口是世界大港之一，甚至是最大的港口。我们看到港内停有大船约百艘，小船多得无数”①。

伊本·白图泰居住在泉州的穆斯林聚居区，他发现，“对商旅

① 马金鹏译：《伊本·白图泰游记》，宁夏人民出版社2000年版，第545页。

来说，中国地区是最安全最美好的地区。一个单身的旅客，虽携带大量财物，行程九个月也尽可放心”。有这样好的环境，大量的海外客商便在此定居下来，他们被称为“蕃商”。这些蕃商的居住区，被称为“蕃人巷”。

在新航路开辟之前，掌握世界贸易的，是穆斯林商人。伊斯兰教将经商视为高尚的职业，认为“商人犹如世界上的信使，是真主在大地上的可信赖的奴仆”。跨海来到泉州的“蕃商”也大多是穆斯林，他们来自阿拉伯、伊拉克、波斯、小亚细亚、中亚各地。在泉州，虽然也有基督徒、犹太人和摩尼教徒聚居区，但和穆斯林相比规模要小得多。

蕃商成了规模，需要有管理部门。宋代为了管理蕃人巷，“置蕃长一人”，由蕃商自己选出。蕃长的职责，其一是要负责将政府的各项法令下达给商人，其二是负责代替政府对蕃商征税，其三是承办政府采买海外商品的事宜，其四是行使司法权，如果蕃商之间发生争执，由蕃长处理，中国人和蕃商发生争执，小事由蕃长处理，大事则交付中国官府。元朝也沿用这一制度。

中国称之为“蕃长”，而穆斯林商人则将之称为“沙班达尔”或“亦思巴奚”。这个名称是波斯语，意为“港务长”。源于古代波斯商人行贾各地，形成许多波斯人聚居的社团，“每一个社团各有头人，在当地以及与当局的全部交涉中，都由头人代表团体成员”。后来成为各国商人团体的通例，早期的亦思巴奚是从不同宗教信仰的外国商人中遴选，但到十三世纪，因为穆斯林商人几乎垄断了各地贸易，因此各地的亦思巴奚都是由穆斯林商人担任，泉州也不例外。

而元末的“亦思巴奚之乱”，便是蕃商的蕃长率领的商团武装所造成的动乱。不过，蕃商们侨居异国，虽然财雄势大，但与本土人相比，毕竟是少数，他们之所以能够成事，还需要本土人士的参与。而在泉州，有元一代最为显赫的本土势力，便是从宋代开始发迹，到元代达到鼎盛的蒲氏家族。

元代第一官商——蒲氏家族

蒲氏家族是阿拉伯人后裔，其先世从阿拉伯地区到占城(今越南中南部)定居经商。北宋时，蒲氏家族迁居广州，但是时运不济，始终未能在广州打开一片天地，乃至于“家资益落”。

南宋嘉定(1208—1224年)初，蒲氏家族迁居泉州，终于时来运转。其掌门人蒲开宗通过外销泉州土特产和运入各种香料获得大利，得到南宋朝廷赐予“承节郎”的官衔。同时，他又通过捐资修桥建祠获得当地百姓的好感，家族遂融入当地成为土著。

蒲开宗去世后，其子蒲寿晟、蒲寿庚继承父业，“擅蕃舶利三十年”，努力经营，由小到大，乃至巨富，并且由商场入仕途。蒲寿晟一度出任梅州郡守，蒲寿庚也因平海寇有功，累官福建安抚沿海都制置使。

蒲寿晟虽是长子，但并不热衷于经商，而成为一代诗人，其诗文被后世誉为“在宋元之际犹属雅音”，卸任梅州郡守后，逐渐退出了家族管理，隐居乡野，家族重担便落在其二弟蒲寿庚身上。蒲寿庚精通官商两道，以商敛财，以财谋官，使家族总掌多半个东南沿海舶务。

而就在蒲氏家族蒸蒸日上之际，南宋朝廷却已经风雨飘摇。1276年，北方的元朝大举南下，临安的南宋恭帝投降。而以陈宜中、陆秀夫、张世杰为首的抵抗派大臣则在是年夏六月在福州拥立恭帝之弟益王赵昰为帝，是为端宗，改元景炎，建立了南宋流亡政府。为了笼络蒲氏家族，刚建立的政府授予蒲寿庚福建广东招抚使、总海舶之职。

宋廷给蒲氏家族加官晋爵，而早已知道其在泉州拥有巨大势力的元廷也采取了行动，元军南下灭宋的统帅伯颜在1276年二月便派使者到泉州招降蒲寿庚。

宋廷对蒲寿庚确实有知遇之恩，历来泉州提举市舶使都是赵宋宗室或者与当朝者关系亲厚的人担任，能够任命商人出身的蒲寿庚可算得特殊恩典。但是，此时南宋大势已去，元军所到之处，虽然也有守节之臣，但大部分宋臣都是望风而降。宋太皇太后谢道清曾经痛心疾首地指斥文臣武将："我国家三百年，待士大夫不薄。吾与嗣君遭家多难，尔小大臣不能出一策以救时艰，内则畔官离次，外则委印弃城，避难偷生，尚何人为？"[①]这话可算得上对当时南宋官员的真实写照。

既然饱读诗书、久食国禄的人都可降，只要元廷保护海外贸易，蒲氏家族又为何不降？

而且在泉州，名义上的地方行政最高长官知州田真子，以及名义上的军事最高长官殿前司左翼军统领夏璟都主张投降，至于和蒲家休戚与共的其他豪商家族，更是希望泉州避免战火。

于是，蒲寿庚准备降元。可有个问题却让他很犹豫：南宋在泉州设有南外宗正司，至宋末，赵家宗室在泉州者有数千人。他

---

① 脱脱等撰：《宋史》卷二百四十三《后妃传下·理宗谢皇后》，中华书局1977年版，第8659页。

们是地方一大势力，且绝不愿意降元。

正犹豫间，1276 年十一月，南宋流亡政府的船队来到了泉州。

毕竟蒲寿庚的福建广东招抚使、总海舶的官职是宋端宗封授的，因此初时还表现出忠贞。端宗一行到达泉州后，蒲寿庚前往谒见，并请端宗驻跸泉州，但遭到张世杰拒绝。不久，因为流亡政府的人员太多，舟船严重不足，张世杰下令掠取蒲寿庚的船只，并没收船上的金银财物。同时，泉州城内心向宋廷的宗室则聚集了千人的武装，打算里应外合，协助张世杰控制泉州。

被抢船还只是钱财损失，若是泉州被张世杰控制，则有性命之忧。蒲寿庚于是大施辣手，宣布叛宋降元，在泉州城内大杀赵宋宗室，并紧闭城门，驱逐宋廷流亡船队出海。

蒲寿庚屠杀赵宋宗室降元，从此成为诸多士大夫口诛笔伐的对象。作为豪商出身的地方权贵，蒲寿庚自然要以家族权利为谋，在大厦将倾之际，让他以家族的命运去为南宋守节，确实为难了他。至于屠杀赵宋宗室，倒不是蒲寿庚要以此为降元筹码，以他巨大的海上势力，足够获得高位，用不着这么一个投名状。之所以出手狠辣，是泉州宋宗室长久以来一直都与蒲寿庚代表的蕃商有矛盾。据朱熹《朱文公文集》卷八十九《范公神道碑》载："泉地濒海通商，民物繁移……南外宗官寄治郡中，挟势为暴，前守不敢诘。至夺贾胡浮海巨舰。其人诉于州诉于舶司者三年，不得直。"有此宿怨，趁机报私仇也就不奇怪了。

蒲寿庚降元后，受到极重恩赏。至元十四年(1277)，元廷在泉州设立行宣慰司兼领行征南元帅府事，并袭宋制在泉州设置市舶提举司。蒲寿庚被授以"闽广大都督兵马招讨使""并参知政事行江西省事"。至元十五年(1278)元廷改宣慰司为行中书省，升泉州路总管府，使泉州除领原七县之外，又增领南北二录事司，泉州地位又大大上升。是年三月，蒲寿庚被诏行中书省事于福州并镇抚濒海诸郡。

有元一代，蒲氏家族“显贵冠天下”，“熏炎”泉州“数十年”。蒲寿庚死后，其子蒲师文继承其位，官至行省平章政事，奉诏“通道外道，抚宣诸夷”。并且代表元廷祭祀妈祖，赐封妈祖为“护国明著天妃”，开创了中国册封航海女神为天妃的先例。蒲师文后，其子蒲崇谟于元仁宗皇庆二年(1313)中进士，仍任平章政事。

蒲氏家族三代皆出“平章”，地位显赫无比，加之长年垄断海舶，操控海上贸易，财势亦达顶峰。蒲氏的平章府富丽堂皇，规模宏大，仅花园便有一千五百亩，其中的棋盘园，相传是蒲家人在其中划地为棋盘，以美人为活动棋子，听口令在大棋盘上移动，以为娱乐。

不过，到蒲家第三代，如蒲崇谟已经应举入仕，家族管理市舶事务主要是蒲师文的女婿那兀纳，而这位那兀纳便是“亦思巴奚之乱”中的重要人物。

元末大乱与“亦思巴奚军”

元朝末年，朝廷内部斗争激烈，吏治腐败，且天灾连年。元廷出台补救措施，却又激发更大社会矛盾，乃至“开河变钞祸根源，引红巾万千”。乱世英雄起四方，到处都是兵戈战火。

元自立国以来，承平日久，武备废弛。尤其是驻于南方的元军，更是腐朽不堪，“世袭官军，善战者少”，甚至到了“军卒之单寡而无所于调，发钱粮虚匮而无所于征”的地步。如此局面之下，元廷只能下诏，“令郡县团结义民以自守”。元朝推崇程朱理学，读书人讲究“君臣大义”，加之各地起义军在有明确政治纲领之前，都不过是“抢钱、抢粮、抢娘们儿”的流寇，所过之处“焚城邑”“劫掠民财”“以焚荡屠洗”之类的暴行不胜枚举。因此各地士大夫高举“忠义”大旗，纷纷组织了“义兵”“义旅”等不同名目的地方武装，一面保卫乡里，一面协助官军抵抗农民起义。这些“义兵”，少者千数，多者上万，一度颇有声势，其中著名的便有日后被朱元璋赞为“吾之子房也”的刘伯温。

而泉州作为东南最富庶的城市，元朝海外贸易的核心区，自然也要自保。而泉州人数众多的蕃商便成为“义兵”的主力，他们以自己的“蕃长”也就是“亦思巴奚”赛甫丁、阿迷里丁为头领，组织了“亦思巴奚军”。起兵之后，因为蕃商集团的强大财力，亦思巴奚军成为一支很有战斗力的武装，成为元朝维持福建尤其是泉州安定的倚重力量，赛甫丁、阿迷里丁也被元廷任命为义兵万户。

然而，至正十四年(1354)底，元军与淮东张士诚的高邮之战，因为带兵的中书右丞相脱脱受谗遭贬，使“大军百万，一时四散”。元官军遭到毁灭性打击，从此“不复振矣”。而在这样的惨败之下，元廷对于各地起义军，逐渐采取招抚策略，授以高官显位，听凭其割地自雄。而对于各地的“义兵”，则不再有实际的支持，更无力给予恩赏，各地义兵或被起义军消灭，或归附起义军，或自行遣散，少数存留下来的也举步维艰。《草木子》的作者叶子奇就曾痛心疾首地评论道，地方士人“倾家募士，为官收捕。至兄弟子侄皆歼于盗手，卒不沾一命之及。屯膏吝赏至于此。其大盗一招再招，官已至极品矣。于是上下解体，人不向功，甘心为盗矣”①。

在各地义兵“其后或去为盗，或事元不终”的大环境下，亦思巴奚军选择了一条与众不同之路：割据泉州，仍打大元旗号，但听调不听宣。

于是，至正十七年（1357），“义兵万户赛甫丁、阿迷里丁叛据泉州”。其实这个“叛”字是比较冤枉的，亦思巴奚军并没有背叛元廷，不过是据城自保罢了。

若亦思巴奚军占据泉州后，保境安民，那后世也就不会将其行为称之为“兵乱”了。可就在割据泉州后一年，他们没有经受住诱惑，参与到了元朝权贵在福建的争权战争。

原来，至正十六年（1356），元廷委任原中书省参知政事普化帖木儿到福州任福建行省平章政事。普化帖木儿初来乍到，毫无根基，实权都在福建廉访佥事般若帖木儿手中。普化帖木儿不满大权旁落，四处联络般若帖木儿的反对者为自己所用。般若帖木儿在福建福威自操，本就不乏政敌，普化帖木儿很快便与在兴化路（治所在今福建莆田）训练团练的行宣政院使三旦八、兴化路总管安童等人结成同盟。而为了能够更快打倒般若帖木儿，普化帖木儿还于至正十八年（1358）邀请亦思巴奚军共同攻打福州。

亦思巴奚军是“义兵”，名义上受福建行省管辖，加之普化帖木儿贿以重利，亦思巴奚军欣然出动，赛甫丁率一部配合兴化团练攻打福州，阿迷里丁则留守泉州。亦思巴奚军果然战力不凡，两军联手势如破竹，于至正十九年（1359）二月占领福州，扶持普

---

① 叶子奇著：《草木子》，中华书局2006年版，第50页。

化帖木儿控制了省城福州的大权。

然而，正当赛甫丁帮助普化帖木儿拿下福州之时，留守兴化的亦思巴奚军却与安童的兴化部队发生了冲突，乃至仇杀。留守泉州的阿迷里丁闻讯，于是年三月率亦思巴奚军主力北上猛攻兴化。兴化团练主力都已前往福州，如何能抵挡亦思巴奚军的进袭，不过数日，兴化便被亦思巴奚军占领，阿迷里丁“纵兵杀掠，蹂躏郡境几一月”，兴化百姓惨遭荼毒。直到将财货人口抢掠殆尽后，才率兵返回泉州。

亦思巴奚军退出兴化后，兴化即陷入内战，林德隆与陈从仁两股豪族势力争斗不休。不久，林德隆被陈从仁所杀，其子出逃，向亦思巴奚军求助。为求控制兴化，亦思巴奚军帮助林家夺回兴化，逼死陈从仁。然而，此时兴化已经天下大乱，各路豪强纷纷起兵争夺政权，林家二子屡被驱逐，阿迷里丁不得不派遣亦思巴奚军主力在兴化南征北战，维持林家的统治。这么一来，泉州的守备便空虚了。

赛甫丁、阿迷里丁是蕃长，本应受市舶司管辖，但因有军权，反而喧宾夺主，将市舶司主管蒲氏家族晾在一边。如今泉州空虚，一直在冷眼旁观的蒲氏家族出手了。至正二十二年(1362)二月，蒲师文的女婿那兀纳发动兵变，袭杀阿迷里丁，掌控了泉州军政大权。这么一来，亦思巴奚军便分裂为福州的赛甫丁与泉州的那兀纳两股互相敌对的势力。

卷入福建地方豪族之争，已经是亦思巴奚军的失策，而紧接着，元廷最高权力的纷争也蔓延到福建，亦思巴奚军更是卷入其中无法自拔。

至正二十二年(1362)四月，元朝委任燕只不花接替普化帖木儿任福建行省平章政事。燕只不花属于元廷“太子派”，而普化帖木儿则是“帝派”，元太子爱猷识理达腊常年与父亲元惠宗妥懽帖睦尔政争，而各自的派系也分布全国。太子派燕只不花出任福建平章，帝派自然不满，而驻守福州的亦思巴奚军首领赛甫丁也算帝派人物，于是却紧闭城门，拒绝让燕只不花进入。燕只不花调江西等地重兵围福州，围城三个月后，赛甫丁无奈开城。

赛甫丁败亡后，泉州的那兀纳主动与燕只不花合作，一面协助燕只不花三次驱逐元廷派来的官员，一面继续参与兴化内部的豪族之争，派遣部下在兴化四处攻伐。兴化各地，涵江、江口、新岭、蒜岭、渔溪、宏路均被波及，亦思巴奚军所到之处焚掠甚惨，遭到各地百姓切齿痛恨。

那兀纳四处用兵，积累无数仇恨，而他在泉州的统治也残暴骄奢，不仅“炮烙州人，杀戮惨酷”，且“大意淫虐，选民间女儿充其室”，原本以保境安民为宗旨的亦思巴奚军沦落为土匪一般的武装，其末日已经不远。

亦思巴奚军的灭亡

正当那兀纳在泉州作威作福之际，福建政局又起了极大变化。燕只不花失势，而陈友定强势崛起。

陈友定，字安国，福州福清县人，驿卒出身，为人沉勇，喜游侠。元末红巾军起义，福建多有响应者。陈友定招募乡勇，以五百人大败红巾军万余众，被元廷授予明溪寨巡检之职。之后，率军每战克捷，官职屡屡升迁，从延平路总管、汀州路总管一路被提拔为福建行省参政，势力逐渐做大。

至正二十二年(1362)五月，陈友定占领汀州。此时，其所控制的地域已包括福建诸路及广东潮州，于是他威逼燕只不花，“所收郡县仓库，悉入为家资，收官僚以为臣妾，有不从者，必行诛窜，威镇闽中”。

至正二十五年(1365)五月，已经自立为吴王的朱元璋命大将朱亮祖、王溥、胡深率军进攻福建，被陈友定击退，朱元璋倚为“浙东一障”的儒将胡深也被陈友定俘杀。至此，福建除了兴化、泉州之外，已经全部为陈友定所控制。

而那兀纳对于福建局势的变化毫不留心，还乐此不疲地在兴化用兵。至正二十六年(1366)四月，那兀纳遣其将博拜、马合谋、金阿里等攻兴化。陈友定派遣其子陈宗海率军救援，在莆田城外大败亦思巴奚军。亦思巴奚军三名主将全部被俘杀，兵士战死数千人，逃回泉州的仅四人。亦思巴奚军主力损失殆尽，莫说再染指兴化，连泉州都无力据守了。

五月，陈宗海调发水陆大军数万将泉州包围。几乎无兵可用的那兀纳强征乡民为士卒守城。陈定海并不强攻，而是联络城中内应。那兀纳在泉州早已不得人心，千户金吉在城内打开城门放入陈军，那兀纳兵败被擒。

那兀纳被俘杀，标志着亦思巴奚兵乱的结束，陈友定最终统一了福建。虽然亦思巴奚军的覆灭是咎由自取，但陈定海进入泉州后，闭门三日，将“西域人尽歼之”，蕃商遭到大清洗，甚至有的汉人因“胡发高鼻”而被误杀。大量的蕃商携带银钱外逃，从宋朝时便形成的“蕃人巷”商人社区从而解体。

陈友定据有泉州不过两年，登基为帝建号大明的朱元璋便派兵袭取了福建，陈友定忠于元廷，被俘后不屈而死。而就在陈友定被杀的同月(1368年七月)，明军攻陷大都，元惠宗北逃，元朝灭亡。

大明王朝建立，历史掀开了新的一页，明太祖朱元璋实行严格的海禁，从1374年(洪武七年)开始，直到隆庆元年(1567)才重新开放对外贸易，海外贸易断绝一百九十三年之久，其间虽有郑和七下西洋等官方外交，但是民间海外贸易一直被严格禁止。

而在隆庆年间重开贸易后，泉州也未能恢复往日的繁荣。十五世纪以后，欧洲新航路开辟，穆斯林商人主导海上交通规则的地位渐被代替，福建市舶司也从泉州迁出，泉州港的主要活动区域渐被局限于印度洋及其以东的南海各国。泉州港曾经“番货、远物、异宝、奇货之所渊薮，殊方别域富商巨贾之所窟宅，号为天下最”①的繁盛终于成为历史陈迹。

① 吴澄：《送姜曼卿赴泉州路录事序》，《全元文》第十四册，江苏古籍出版社2005年版，第155页。

北察罕与南完者
——元末朝廷的最后支柱

元至正十一年(1351)，是元末大乱的开始。

这一年，白莲教主韩山童在颍州颍上(今属安徽)发动起义，虽然起义刚一发动，韩山童便被捕身死，但其部下刘福通则统领其部，众至十余万。之后，彭莹玉起兵淮西，芝麻李占领徐州，邹普胜、徐寿辉起兵蕲州(今湖北蕲春南)，取“压倒大元”之意，建立天完政权，王权、张椿等攻占邓州、南阳，称“北琐红军”；孟海马等攻占襄阳(今湖北襄樊)，称“南琐红军”；定远人郭子兴等攻占濠州(今安徽凤阳东北)。

一般认为，从此时开始，元朝已经积重难返，难以收拾了。但其实各地起义军虽看似声势浩大，毕竟都是武装和训练都很差的乌合之众，并非元朝政府军的对手。随着元军的进剿，不过二三年，局势大为改观。

至正十二年(1352)五月，元军攻陷襄阳，北琐红军被镇压；至正十二年九月，脱脱亲自率军攻陷徐州，杀芝麻李；至正十三年(1353)十一月，江西行省右丞火你赤攻占瑞州，杀彭莹玉等；

至正十三年十二月，元军合攻天完政权，攻占蕲州，擒杀天完官员四百余人，随后夺取武昌、汉阳，徐寿辉“遁去”；至正十四年(1354)正月，元军攻陷峡州，南琐红军被镇压，而与此同时，濠州郭子兴与部将不和，所部分裂，势力大衰。

然而，也就在至正十四年(1354)，正当各地红巾军暂时失败之时，泰州白驹场(今属江苏东台)盐商张士诚占据高邮，自称诚王，国号大周，改元天佑。

之前的各地起义军，除了天完政权外，无人称王称帝。如今张士诚称王改元，遂成为元廷的主要打击目标。

是年九月，元朝丞相脱脱几乎将元朝可用之兵征调一空，不但诸王、诸省各翼军马齐备，而且连西域、西藩诸兵也抽调集结，准备一举歼灭张士诚。

张士诚屡败于脱脱，只能困守高邮。而就在脱脱将高邮包围即将破城时，元朝内部党争再起，太子因为脱脱不肯帮助自己逼父退位而指使佞臣诬告脱脱，说其“倾国家之财以为己用，半朝廷之官以为自随”，脱脱被罢官流放。而元军失去统帅，士气大衰，张士诚趁势反攻，元军“大军百万，一时四散”。

高邮之战，是元末农民大起义的转折点，经此一役，元朝政府的权威丧失殆尽，可直接受朝廷控制的军队也所剩无几，“兵机不振从此始，钱粮之耗从此始，盗贼纵横从此始”①。

不过，此次大败之后，元朝仍能坚持十四年之久，并非如新莽一般，在主力尽失的昆阳大败的同年便身死国灭。原因是各地的“义兵”承担起了原政府军的职责，苦苦支撑了大元江山。所谓

---

① 宋濂等撰：《元史》卷一百三十八《脱脱传》，中华书局2008年版，第3349页。

义兵，也就是民间人士组织的忠于元朝的武装。面对风起云涌的各地起义，元廷一面调集官军镇压，一面“募土人为军，免其差役，令讨贼自效”①，从而出现大量“义兵”。

大多数“义兵”都以保卫乡土为宗旨，作战范围不出本乡本土，因此只能作为官军的助力，并不能在官军覆灭后接过重担。只有其中少量的佼佼者，有着纵横天下再造乾坤的雄心，从一开始便不以“乡土自卫团”自居，不断扩充实力，才在元末的“群英会”中大放异彩。

有两支“义兵”，对元朝的存亡至关重要。在北方，是察罕帖木儿军团；在南方，则是杨完者军团。

擎天一柱李察罕

察罕帖木儿的身世，比较复杂。

《元史·察罕帖木儿传》中记载：“察罕帖木儿字廷瑞，系出北庭。曾祖阔阔台，元初随大军收河南，至祖乃蛮台、父阿鲁温，皆家河南，为颍川沈丘人。”也就是说，他的祖上本是“北庭”人，元初随军来到河南，到他这一代，籍贯便是河南颍川。但其族属却没有交代，学界曾以“北庭”的记载推论他是畏兀儿人，因为北庭即元代的别失八里，也就是今天的新疆吉木萨尔。

不过，随着新史料的发现，畏兀儿人的结论已经被推翻，察罕帖木儿其实是乃蛮人。

1990年，在洛阳东郊邙山南麓帽郭村附近，考古人员发掘了

---

① 宋濂等撰：《元史》卷九十二《百官志八》，中华书局2008年版，第2342页。

元末大将赛因赤答忽的墓地，发现了赛因赤答忽的墓志铭。赛因赤答忽是察罕帖木儿的部下，也是他的妹夫。墓志铭上明确记载，赛因赤答忽的妻子是乃蛮人：“佛儿，乃蛮氏，性严有法，闺门咸则，先公五年卒于洛阳。”而且他们的长子扩廓帖木儿因为“生而敏悟，才器异常”被察罕帖木儿“视之如己子，遂养于家”。这与《元史·察罕帖木儿传》中“扩廓帖木儿本察罕帖木儿之甥，自幼养以为子”的记载正相吻合。

所谓孤证不立，《元史》的记载与新出土的墓志铭记载相同，也就可以证明，察罕帖木儿是乃蛮人。

乃蛮人属于突厥语系民族，是匈奴人余种，其先祖为唐代的吉嘎斯。其部原住在谦河流域，唐武宗时期(公元 841 年至 846 年之间)迁到阿尔泰山，改称“乃蛮”，意为“光明”。11 世纪末 12 世纪初，他们在阿尔泰山、哈剌和林、阿雷·昔剌思山、阔阔·也儿的石山一带以及也儿的石河流域建立国家，信仰基督教聂斯托利派(景教)。

乃蛮的文明水平在漠北诸族中是较高的，是回鹘文化的延续，他们有着游牧、农业和商业经济，使用畏兀儿文而且有着小型城市。蒙古崛起之时，乃蛮是其大敌，成吉思汗先后发动五次战争才将之吞并。

乃蛮国灭亡后，乃蛮人成为大蒙古国的臣民，但他们并没有融入蒙古人，而是保持着独立的族群。在元代，他们与哈剌鲁、钦察、阿速、康里、畏兀儿等民族一样被列为色目人。

虽是色目人，有着高鼻深目的外貌，但祖孙三代生活在中原，察罕帖木儿早已汉化，他的家族汉姓为李，因此他也被称为“李察罕”。察罕是蒙古语“白色”的意思，因此李察罕也可称为“李白”，可算是相当文雅的名字了。他自幼受儒学教育，长大后“尝应进士举”，虽然未能金榜题名，但其才学仍然闻名乡里。

如果不是元末大乱，察罕帖木儿也许会继续参加科考，若能中举，也会如泰不华、萨都剌一般成为元代色目文化名人载入史册。而元末乱世，给了他更大的舞台，使他与生俱来的军事才能得到发挥，从而成为一代名将。

至正十一年(1351)，风云变色，各地义军揭竿而起。北方红巾军占领颍州(今安徽阜阳)、亳州(今属安徽)、罗山(今属河南)、汝宁(今属河南)等地。不数月，江淮诸郡皆被红巾军占领。

察罕帖木儿的家乡也被波及，作为“尝应进士举”的儒生，察罕帖木儿以忠君为最高道德，视起义军为贼，因此响应元廷“讨贼自效”。至正十二年(1352)，二十五岁的察罕帖木儿散家财招募乡勇，组织了一支数百人的“义兵”。

带兵打仗与读书作文完全不同，战场上随时面临生死，需要极强的意志力和快速的判断力，察罕帖木儿虽自幼学儒，但其家庭在元代户计中应属于“军户”，舞刀弄枪军事谋略之类的熏染是不缺的，再加上他很有天赋，初出茅庐便展现了极高的军事素养。他率部与罗山县典吏李思齐组织的“义兵”一起，设计攻破了罗山。

因为承平日久，元朝各地驻扎的官军大多腐朽不堪，再加上起义军各地纷起声势浩大，一时都束手无策，如今看到一支编外的“义兵”竟能收复城池，自然大喜过望，立即给予重赏。察罕帖木儿被授予中顺大夫、汝宁府达鲁花赤官职，李思齐被授予汝宁府知府之职。

应该说，察罕帖木儿的运气很好，虽然首战告捷，但这功劳还不算很大，元廷授予他的官职是物超所值的。尤其是“汝宁府达鲁花赤”一职，“达鲁花赤”意为“监治官”，是元朝特有的官职，历来只有蒙古人才能担任。察罕帖木儿作为色目人被任命，足见元朝对他的重视。察罕帖木儿从此更对元廷忠心耿耿。

不过，随着元廷从开始的措手不及缓过劲来，各地起义军纷纷陷入溃败，似乎察罕帖木儿不会有太多用武之地了。但元廷的内讧再次给了他机会，丞相脱脱在高邮城下被贬，元朝政府军最精锐的主力“一时四散”，而且很多散兵干脆投降了起义军，使得起义军迅速正规化，战斗力暴涨，而元政府军却一蹶不振，“义兵”的时代到来了。

至正十五年(1355)二月，红巾军统帅刘福通在亳州(今安徽亳州市)拥立韩林儿为“小明王”，国号大宋，建元龙凤。龙凤政权的建立，使北方红巾军有了一个统一的政权，汴梁(今河南开封)以南邓、许、嵩、洛诸府州皆为红巾军所有。

此时，察罕帖木儿已经将自己的“义兵”发展到一万余人，面对气势正盛的红巾军，他驻戍虎牢(今河南荥阳西北)，与之对峙。

是年十一月，红巾军北渡孟津，攻破怀庆(今河南沁阳)，察罕帖木儿率军进战，一举击退红巾军。元廷表彰他的功绩，升其职为中书刑部侍郎，阶中议大夫。

不久，察罕帖木儿驻扎于中牟。淮西红巾军趁他立足未稳，以三十万众来攻。察罕帖木儿率部力战，竭力反攻，红巾军大败而走，察罕帖木儿兜后追杀，红巾军损失惨重，伏尸十余里。经此大捷，察罕帖木儿又被升为中书兵部尚书，阶嘉议大夫。

至正十六年(1356)九月，红巾军破潼关，进克陕州(今河南三门峡西)、虢州(今河南灵宝东北)，扼崤函。元廷命察罕帖木儿、李思齐往攻。察罕帖木儿率军西行，乘夜取崤陵(今河南渑池西)，与红巾军在陕、晋交战多次，红巾军不敌败走，察罕帖木儿以功加中奉大夫、佥河北行枢密院事。

虽然察罕帖木儿屡战屡胜，但并不能阻遏红巾军的上升势头。至正十七年(1357)，龙凤政权以“虎贲三千，直抵幽燕之地；龙飞九五，重开大宋之天”为口号，开始了声势浩大的北伐。北伐军分为三路，东路由毛贵率领，经山东、河北进攻元大都；中路由关先生、破头潘率领，攻向山西、河北一带，经大同直捣元上都；西路由大刀敖、白不信、李喜喜率领，直趋关中。同时，刘福通率部攻克汴梁(今河南开封)，随之定为龙凤政权都城。

一时间，红巾军的势力已“东逾齐鲁，西出函秦，南过闽广，北抵幽燕”，达到了极盛，从而都有了“官府四散躲”，“红军府上坐”的民谣。

大厦将倾之时，察罕帖木儿担起了拯救危亡的重担。他首先领兵迎战西路红巾军，分兵入守凤翔城，然后诱红巾军围凤翔。红巾军不知是计，发重兵来围城，察罕帖木儿自率铁骑，昼夜急驰二百里，分左右两翼包抄，城中元军开门而出。内外合击之下，红巾军大溃，自相践踏，被杀者数以万计，伏尸百余里。西路红巾军从此一蹶不振。

之后，察罕帖木儿留一部驻守潼关，以防陕西红巾军再起。自率精骑急赴河北，以阻挡中路红巾军。他在太行山南山关隘设下伏兵重创红巾军，然后分兵屯泽州(今晋城)、塞硫子城(今晋城南)、上党、冀宁等地，截断了太行山通道。致使中路红巾军在山西无法活动，遂离开山西北上，攻打上都后进入辽东，再无法与其他红巾军联系。

西路、中路红巾军接连受挫，东路红巾军毛贵部虽然一度推进到大都附近的柳林(今北京市通州区南)，但因无其他几路配合，孤军深入之下被击败，不得不退回山东。

危如累卵的局势，竟然转危为安，元廷长出了一口气。虽然也有其他元军将领的功劳，但察罕帖木儿当居首功。他的官职也被一再加封，先是升为陕西行省右丞兼陕西行台侍御史，同知河南行枢密院事，后又拜陕西行省平章政事。

三路北伐功败垂成，红巾军势力由盛转衰，尤其是主力尽出，龙凤政权的都城汴梁便孤立无援了。至正十九年(1359)五月，察罕帖木儿开始调兵遣将进攻汴梁。各路元军会师汴梁城下，将城池围得水泄不通。

刘福通虽屡次出战解围，但均被察罕帖木儿击败。是年八月，汴梁外无援军，内无粮草，已如绝境。察罕帖木儿于是督率所部猛攻，汴梁城破，刘福通率数百骑护送小明王韩林儿突围逃走，龙凤政权皇后以及官员五千余人，将士家属数万人均被察罕帖木儿俘虏。

此消彼长，随着龙凤政权的崩溃，察罕帖木儿势力大振。此时的他官拜河南行省平章政事，兼知河南行枢密院事、陕西行台御史中丞。于是，察罕帖木儿以兵分镇关陕、荆襄、河洛、江淮，而重兵屯太行，“营垒旌旗相望数千里。乃日修车船，缮兵甲，务农积谷，训练士卒，谋大举以复山东”①。

此时的山东，红巾军首领毛贵被暗杀，陷入群龙无首自相攻杀的内讧。原元朝义兵万户，后投降红巾军的田丰，以及毛贵部

① 宋濂等撰：《元史》卷一百四十一《察罕帖木儿传》，中华书局2008年版，第3387页。

将王士诚是最大的两股势力，田丰称花马王，王士诚称扫地王，互相攻伐不已。这给了察罕帖木儿收复山东的机会。

至正二十一年(1361)六月，察罕帖木儿在洛阳召集各路将领，商定出师进攻山东战略部署，然后大举东进。

山东红巾军各自为战，根本无力抵挡察罕帖木儿的大军，势力最大的田丰、王士诚也先后投降。察罕帖木儿兵分三路收复山东各地，不过一年时间，除了益都(今山东青州)之外，山东全境都被察罕帖木儿所控制。

益都是龙凤政权益都行省的治所，原由毛贵任行省平章，毛贵被杀后，其部众拥立毛贵的儿子为平章，称小毛平章。小毛平章只是个招牌，年幼无威，无力驾驭部众。但在察罕帖木儿攻入山东后，各地败退的红巾军均会集益都，以小毛平章为首脑做拼死抵抗，使得益都成为难攻不落的坚城。

察罕帖木儿命诸军环城列营，打造各种攻城器械，百般攻打，甚至引南洋河水灌城，但益都守军防守得力，一连数月，仍然未能破城。

时间推进到至正二十二年(1362)六月，大都城中的太史观天象，发现“有白气如索，长五百余丈，起危宿，扫太微垣”，于是上奏元惠宗，认为山东可能会暴发洪水。而对天象也有所了解的元惠宗却认为，这预兆并非天灾，而是人祸：“山东必失一良将。”①

此时山东元朝第一良将，自然就是察罕帖木儿，元惠宗连忙

① 宋濂等撰：《元史》卷一百四十一《察罕帖木儿传》，中华书局2008年版，第3389页。

派出急使赴山东“戒察罕帖木儿勿轻举”。然而，使臣晚到一步，察罕帖木儿已经遇害。

原来，益都久久未能攻破，投降的田丰、王士诚起了异心，决定和益都城中联络，里应外合。但他们知道，只要察罕帖木儿还在，必然难以成功。于是二人密谋，趁察罕帖木儿巡视诸营时，将之请到自己营中，进行暗杀。

六月十五日，察罕帖木儿巡营，接到田丰邀请，欣然前往。临行前，麾下诸将都劝察罕帖木儿不要去，但察罕帖木儿认为：“吾推心待人，安得人人而防之。”①诸将又请他带精锐武士作为扈从，察罕帖木儿也没有听从，只带了十一名随从前往。结果，被田丰、王士诚所安排的杀手所杀。

一代名将，就此陨落，年仅三十五岁。消息传到大都，元廷上下“无不恸哭者”。元惠宗诏赠推诚定远宣忠亮节功臣、开府仪同三司、上柱国、河南行省左丞相，追封忠襄王，谥献武。后改赠宣忠兴运弘仁效节功臣，追封颍川王，改谥忠襄。

历史上有很多人物可称得上一人担天下安危，而在元末，这个评价给察罕帖木儿是最为当仁不让的。他以“义兵”起家，十年间战无不胜，几乎以一己之力击破百万红巾军，收复了元朝北方失地，可谓“坐歼红贼百万之众以安帝室”②。

他作为儒将，不但用兵得法，而且很有仁义之风。天下大乱之际，无论起义军还是官军“皆不知修法度以明军政”③，官军所

---

① 宋濂等撰：《元史》卷一百四十一《察罕帖木儿传》，中华书局 2008 年版，第 3389 页。

② 郑麟趾等撰：《高丽史》卷一百零四《金方庆传附金齐颜传》，西南师范大学出版社 2014 年版，第 3195 页。

③《明太祖实录》卷十四，甲辰年夏四月甲午。

到之处，抢掠百姓，强征粮秣，无所不用其极。以替天行道为口号的红巾军，也往往“每陷一城，以人为粮，食人既尽，复陷一处，故其所过，赤地千里”①，各地百姓惨遭荼毒。而察罕帖木儿所部算得一股清流，转战各地，颇重视安定地方，保护百姓。如收复汴梁时“军不敢私，市不易肆”，兵围益都时“收辑流亡，郡县户口再归职方”②。

而且，察罕帖木儿不但能收关保、貊高、虎林赤等勇冠三军的大将为左膀右臂，而且广招贤才，号称“大将之门三千客”③。各地饱学之士多愿为他所用，从而有“河南幕府聚群英，借著尤多国子生”的盛况。

可以想见，如果察罕帖木儿不是因轻信而突然遇害，其前途是不可限量的，很有可能平定乱世，再造元朝的中兴。

即使日后开创大明王朝，在江南“高筑墙、广积粮、缓称王”的朱元璋，麾下能人极多，自己也雄才大略，但面对察罕帖木儿，也不得不做低伏小。曾主动遣使修好——“遣使至汴梁，与察罕帖木儿通好”，而通好的内容，虽史无明载，但反观察罕帖木儿给他的回信，是“已奏朝廷，授以行省平章事”④，可见朱元璋是请求招安的。而在察罕帖木儿意外遇刺身亡后，朱元璋不禁感叹：“天下无人矣！”⑤从此再不考虑招安。

---

① 叶子奇著：《草木子》，中华书局2006年版，第51页。

② 宋濂等撰：《元史》卷一百四十一《察罕帖木儿传》，中华书局2008年版，第3386—3388页。

③ 杨维桢：《送张宪之汴梁序》，《全元文》第四十一册，江苏古籍出版社2005年版，第185页。

④《明太祖实录》卷十一，壬寅年五月乙巳。

⑤ 钱谦益撰：《国初群雄事略》卷一《宋小明王》，中华书局1982年版，第34页。

察罕帖木儿的义子扩廓帖木儿袭总其兵，攻破益都杀田丰、王士诚为父报仇。扩廓帖木儿虽然也是一代名将，但比起父亲来还有差距，再加上年纪尚轻，难以镇得住与察罕帖木儿一同起兵的各路宿将，因此无法复制乃父的辉煌，甚至卷入元廷内讧而无法自拔。

蚩尤后裔杨完者[①]

在中国的众多民族中，苗族绝对算是一个大族，历史悠久，分布极广，但在历史长河中，却少有能让人记忆深刻的名将。笔者曾与朋友列举各族名将，说到苗族时，竟一时语塞，最熟悉的只有上古时苗人的老祖宗，与炎黄争天下的蚩尤。

其实在元末，苗族中涌现出一位名将，其组建的苗军威震东南，可算得是与北方的察罕帖木儿为一时双璧，而他的结局也和察罕帖木儿类似，被宵小暗害，并因此改变了江南格局。

这位名将名叫杨完者，原名杨通贯，字世杰，今湖南城步苗族自治县蒋坊乡人，是五代宋初间“飞山蛮”首领杨再思的后裔。

杨再思是唐末五代靖州飞山蛮之王，人称“飞山公”。唐末藩镇割据，杨再思在叙州(今湖南会同、城步、绥宁、洪江等地)实行割据，建立了苗人政权，为地方土司。因为其保境安民，有功于地方，不但湘、桂、黔三省边民奉为神灵，而且屡次受到宋朝

---

① 本节所用杨完者史料均转引自王珽《杨完者与苗、僚武装》(《复旦学报》2001年第一期)、赵志刚《杨完者与元末苗军》(《中南民族学院学报》1990年第三期)、张雄《“苗帅”杨完者东征略考》(《中央民族学院学报》1988年第五期)等文，以下不再单独注引。

加封，先后为威远侯、英济侯、广惠侯和英惠侯。

杨再思曾把所辖之地分别赐给十子，第三子杨正修居赤水(今湖南城步苗族自治县境内)，杨通贯是杨正修的第十四世孙。

杨家世为土官，自杨再思受楚王马希范之封为诚州刺史，左仆射尚书开始，其后世代受加封。杨正修为邵州都统，银青光禄大夫；正修之子为检校太子宾客兼监察御史、上骑都尉，知辰州事。杨通贯的曾祖杨进时为元至元时绥宁副使，祖父再登为潭州路总管。再登有四子，即正立、正衡、正原、正仁，诸兄弟“皆齐家有道，子孙无不克肖”，是地方上一大豪族。

杨再登的次子杨正衡便是杨通贯的父亲，其人“犹明敏，时称为豪”。杨正衡有三个儿子，长子通昭，次子通溥，三子通贯。三兄弟都是“善骑射，能文章，有入相出将之鸿才”。老三杨通贯“性勇嗜杀，又多权计”，且知书能诗，十几岁时就组织附近地区的苗家少年，聚集溪峒，操兵练武，从而建成一支很有战斗力的苗族武装，“虽无尺籍伍符，而能以军法部勒其众，众惮之，呼为苗帅”。

元末天下大乱，杨家父子似乎又看到了祖先杨再思趁乱而起创立功业乃至割地封侯的机遇。于是，杨正衡以杨通贯当初所统率的苗军为基础，大肆招兵买马，组建了一支以苗族为主体，包括附近的瑶族、侗族在内的数万人的军队。

苗、瑶、侗等民族长期居住在山地，经常翻山越岭，极善于在水网纵横而山多林密的地区作战，且因生活环境艰苦，又都有着悍勇好斗的个性，再加上杨通贯“用法刻深”，练兵颇为得法，因此战斗力甚为可观。

至正十二年(1352)，天完政权的徐寿辉连克华中数城，在武昌附近的金刚台大败镇守武昌的元威顺王宽彻普化，俘虏了威顺王子，并进而攻陷武昌、岳州(今岳阳)。

武昌、岳州都是华中军事重镇，元廷连忙调集各路官军图谋收复。然而，虽然岳州很快克复，但武昌却屡攻不克。负责攻打武昌的万户陶梦祯于是想到了杨家苗军，“遣使往招之”。

杨氏父子早已做好起兵的准备，接到陶梦祯的邀请，立即“自备粮饷、衣装”，前往觐见。

苗军枕戈待旦已久，有了用武之地自然人人奋勇，经过激战一举收复武昌。元廷大喜，对杨家大加封赏，杨正衡被授为潭州路同知，旋升湖广右丞，其弟杨正仁被授为湖广都元帅副使，杨通贯被授为湖广副都元帅。其他叔侄，一并加封。

官职既是筹功也是鞭策，元廷希望苗军出省作战。杨家父子商议后，决定分兵。至正十二年秋，杨正衡率五万苗军进入粤西，而杨通贯则率五万苗军进入江浙。

杨家父子以为这是各自建立功业，一同光大家门的机会，却不料成为父子间的永诀。杨正衡在粤西作战，遭到元朝官员的忌惮，当“岁久乏粮”之时，当地官府却故意不发粮草，以致陷入困境。部下都劝杨正衡撤回湖南，不再遵朝廷号令，但杨正衡感念“皇恩特重”，不能“因粮暂缺，遂生异志”，反而率军死战。结果，饿着肚子的苗军被敌军包围全军覆没，杨正衡力战而死。

父亲之死，使杨通贯痛彻心扉，对元廷大为不满，虽没有反叛，却也不再出力作战，“徘徊江上，颇不受命”。这态度使得本就不太信任苗军的元廷更起疑心，乃至有了“苗蛮不当使之窥中国”的议论，甚至命人监视，倘发现“苗军有暴于境者，即收杀之”。

效法祖先建功立业的愿望眼看要成泡影，可元廷的内讧却给杨贯通重新带来了曙光。至正十四年(1354)的高邮之战，元政府军损失殆尽，而趁此大胜实力暴涨的张士诚四处攻城略地，“江淮群盗日炽”，日后建立大明的朱元璋也独立发展，迅速崛起。无奈之下，元廷只好解除对苗军的监视，重新起用他们。

至正十五年(1355)九月，朱元璋派郭子兴的儿子郭天叙、部将张天佑等进攻集庆(今南京)。杨通贯率苗军前往救援，大败郭、张所部，“郭天叙、张天佑二人皆战死”。

至正十六年(1356)正月，张士诚陷平江，并进而进攻嘉兴。嘉兴北连平江，南接杭州，“为藩镇咽喉”，一旦丢失，杭州不保，而杭州若失，元朝便彻底失去东南之地。

驻守杭州城的是元江浙行省丞相达识帖睦迩，有着“许以便宜行事”的诏命，是元朝在东南的最高军政长官。面对“告援急星火”，自己又兵少，“策无所出”的局面，达识帖睦迩求救于杨通贯，并许以参知政事的高位。

杨通贯于是率苗军驻守嘉兴，一天夜里，杨通贯率少量精兵偷袭敌营，接着苗军全体出击，张军措手不及，被打得大败，“其徒溺死者无算”。

兵败嘉兴的张士诚并不甘心，派其弟张士德率数万人马转攻杭州。达识帖睦迩弃城而逃，而杨贯通则率苗军反攻，经数日血战，“士德大溃，收拾残兵，十丧八九”，杭州城失而复得。

连续败于苗军之手，张士诚愤懑不已，休整兵马后，于是年八月派张士信、史文炳率水兵数万，沿运河北上，再次兵临嘉兴城。

此时的杨通贯，打张士诚军已经驾轻就熟。他伏大军于两岸，同时派小舟数十艘前去佯攻，边打边退，诱敌深入。张士信不知是计，令战船全部出动，追击苗军。待张军被诱至峡谷时，伏于两岸的苗军把早已准备好的火把投入敌船中，而当时南风大作，张军无法将大火扑灭，“大火焚烧至四十里不止，淮军死者甚众。”

见张军已乱，埋伏已久的苗军趁机杀出，张军全线崩溃，“斩首七千，俘虏数千，张士信以伏水遁还”。

连续三次击败张士诚，杨通贯和他的苗军威震东南，发展到二十万之众。至正十七年(1357)，元廷拜杨通贯为江浙行省右丞、骠骑将军，赐名“杨完者”，并授以“便宜行事”之权。

杨完者完成了夙愿，功成名就，成为元朝东南干城。但张士诚却很悲惨，连败于苗军使他损兵折将，而同时在与朱元璋的作战中也屡战屡败，无奈之下，只得向达识帖睦迩请求招安，归顺元廷。

达识帖睦迩原本认为张士诚反复无信，不想答应。但杨完者却认为，元朝最大的敌人是蒸蒸日上的朱元璋，张士诚是“适可共事”的，因此“固劝许之”。于是，达识帖睦迩上奏元廷，招安张士诚，授张士诚太尉，割浙西、淮东予之镇守。

张士诚招安，成为名义上的元朝官员，杨完者以为无后顾之忧，开始着力征讨朱元璋。

至正十七年七月，朱元璋连克徽州(今安徽歙县)、建德(今安徽东至)。杨完者出兵往攻，岂料遇到朱元璋麾下三员名将李文忠、邓愈、胡大海，苗军连战连败，丧兵数万，损失惨重。于是杨完者寄希望于和张士诚一同征讨朱元璋。

然而，杨完者没有想到，张士诚和自己的上司达识帖睦迩竟然都希望他败亡，身后的冷箭已经寒光闪闪。

张士诚不能独霸浙江，便是因为杨完者，自然对之恨之入骨，实无远略的他并不能明白与苗军联合击败朱元璋才是自己的长远之计。而达识帖睦迩颟顸无能，一向忌惮杨完者，见他兵势强盛，又有“便宜行事”之权，生怕其取代自己，反而想利用张士诚将之剪除，于是二人一拍即合，筹划了谋害杨完者的计划。

至正十八年(1358)，达识帖睦迩借口收复被朱元璋占领的江浙之地，命杨完者和张士诚分路出兵，杨完者出兵浙东，张士诚出兵淮南。

杨完者不知是计，将苗军主力尽数派出，分兵四路，开赴浙东，自己则坐镇杭州城。而张士诚则佯装率主力赴前线，其实却埋伏精兵于杭州城外伺机而动。

当苗军主力纷纷开拔，远离杭州之后，张士诚立即调兵回杭州，与达识帖睦迩里应外合，猛攻杨完者。杨完者身边只有少量护军，“婴城闭守，斩马享士卒，谕以大义，拒战十日”，但终究难以抵挡。见大势已去，杨完者自缢而死。

失去杨完者的苗军群龙无首，纷纷向朱元璋投降，这支元朝赖以维持东南统治的劲旅从此加入其掘墓人的麾下。而张士诚乘势据杭州，取嘉兴，江浙“方面之权，悉归张氏，达识帖睦迩徒存虚名而已”。

杨完者的苗军“英剽勇悍，所向多克”，是元朝在东南的支柱。虽然苗军军纪较差，经常有“所在肆暴”“恣肆检刮”的暴行，民间甚至有“死不怨泰州张，生不谢宝庆杨”的民谣。而且杨完者自己也福威自操，“虽阳尊丞相，生杀予夺于己是决，丞相仅得署成”。但毕竟杨完者对于元朝是忠诚的，有着“报皇恩，生受天爵，死当佑国庇民”的宗旨，但却在元朝正统官员的谋划下人死军灭，元朝之亡，足见定数。

脱脱死，“盗贼纵横”；察罕帖木儿死，“天下无人”；杨完者死，江南“元迹亡矣”。

终于，在至正二十八年(1368)，元朝灭亡了。

二十年的意义
——北元为何会与明朝共始终

公元 1368 年(元至正二十八年，明洪武元年)七月，明朝的北伐军逼近大都。元朝末代皇帝元惠宗妥懽帖睦尔决定“避兵北行”，率皇后、皇妃、皇子及朝臣百余人北走。五天后明军攻陷大都。

一般认为，元朝的历史至此结束。不过，正如《明史纪事本末》作者谷应泰所言，元朝的末代皇帝没有如宋朝末帝一样被俘虏，也没有如明朝末帝一样自尽殉国，而是带着皇室北逃，“北出渔阳，旋舆大漠，整复故都，不失旧物，元亡而实未始亡耳”①。

随着元惠宗的北逃，元朝灭亡，但北元的历史也与明朝同时开始，元惠宗是元朝的末代皇帝，却是北元的开国皇帝。“北元”是朝鲜史料的称呼，明朝称之为“残元”或“故元”，而现代史学界则以“明代蒙古”称呼。

---

① 谷应泰著：《明史纪事本末》卷十《故元遗兵》，上海古籍出版社 1977 年版，第 149 页。

这个政权，几乎与明朝相始终。

北元与明南北对峙，元朝的遗产被二者分治，北元占据草原，明朝占据中原江南。双方对峙了二百六十七年，直到又一股势力清朝兴起，元朝分裂的天下才被重新整合。

而北元能够几乎与明朝相始终，其建立初期的二十年，也就是前三代皇帝(惠宗、昭宗、天元帝)时期极为重要，对于北元蒙古历史有着承上启下的重要地位，既是与元朝衔接最为紧密，各方面深受元朝影响的时代，也是开启其后二百四十余年蒙古历史的时代。

北元前三朝政治格局

元至正二十八年(1368)七月二十八日，明朝北伐军兵临通州，镇守通州的知枢密院事卜颜帖木儿力战而死。通州陷落。

通州是大都城的东南门户，失守后，大都除了自身的城防之外，再也无险可倚。

元惠宗束手无措，召集百官朝议，决定“避兵北行”。

危急时刻，左丞相失列门、知枢密院事黑厮等大臣力主据城死守，宦官伯颜不花甚至痛哭道：“天下者，世祖之天下，陛下当以死守，奈何弃之！臣等愿率军民及诸怯薛歹出城拒战，愿陛下固守京城。”①

这样的血性虽然可贵，但在没有援军可盼的情况下固守京城无异于自杀。惠宗叹道：“今日岂可复作徽、钦!”命淮王帖木儿

---

① 宋濂等撰：《元史》卷四十七《顺帝本纪十》，中华书局2008年版，第986页。

不花监国，与中书左丞相庆童同守京城。自己率皇后、皇妃、皇子及朝臣百余人北走上都，主动放弃了自己的京城。

皇帝出走，大都城失去了最后抵抗的希望。五天后，徐达的大军轻而易举地攻入城内，被任命为监国的淮王帖木儿不花以及左丞相庆童、平章迭尔失、平章普赛因不花、左丞张伯、御史中丞满川等大臣战死，大都城陷落。

惠宗北走上都之际，跟随他的除“三宫后妃、皇太子、皇太子妃”之外，还有朝臣“百余人”。按《北巡私记》所载，跟随惠宗北遁和后来赶到的中书省官员有右丞相也速、左丞相失列门、平章政事臧家奴、右丞定住、参知政事哈海。

而在北遁不久，也速主要将兵在外，而失列门很快病卒。后又先后以李百家奴、鼎住、撒里蛮为平章政事，魏伯颜、兀鲁不花为参知政事，并遥封远在山陕的扩廓帖木儿为中书右丞相。形成了在上都时期的政府班子。

在这段时间，元惠宗因为出于“朕不出京师，安知外事如此”的愧悔，一度“昼夜焦劳，召见省臣或至夜分”，开始了图谋恢复的努力。平章政事李百家奴“上疏陈恢复大计，以兵力太弱，请征西北诸藩兵入援”，侍御史任忠敏“疏请速幸和林，召集东西部诸藩为恢复之计”，这些建言都被惠宗否决。知枢密院事哈剌章“吾当与西北诸藩共图此事耳”的谋划也只能停留在私下的议论①。

有学者认为惠宗不愿迁往和林，是因为苟安和唯恐受藩王们挟持的心态，笔者认为有待商榷。因为当时大都失守，明军积极

---

① 刘佶撰：《北巡私记》，《明代蒙古汉籍史料汇编》(第一辑)，内蒙古大学出版社2006年版。

进取，漠南岌岌可危，若真是苟安，恰恰应该迅速远赴漠北，离开明军越远越好，如北宋灭亡后，宋高宗闻警即逃，乃至浮于海上。而惠宗却始终想留在漠南，多次下令扩廓帖木儿、也速、脱列伯、孔兴、晃火帖木儿等人出兵反攻，他执意留在漠南，是做着能返回大都的准备。而若说担心被藩王挟持，以当时元朝所保有的军事实力来看，这种危险是不大的，否则如哈剌章、李百家奴、任忠敏这些忠诚的复兴派大臣不会有这样的谏言。日后昭宗在和林，实力已远不如惠宗时，但仍能使得诸藩团结于朝廷周围，并取得“岭北大捷”这样的胜利，可见惠宗的担心是多余的。

但惠宗的想法虽不是苟安，却是错误的。在大都失陷后，应该做的是迅速调整战略，重新整合资源，避免与风头正劲的明军进行盲目的战争。迁往和林，保存有生力量，等待时机以图恢复才是正确的选择。而惠宗正如明太祖朱元璋所言是“其志欲侥幸尺寸之利”①，结果使得大量有生力量白白丧失。经过一系列失败后，至元二十九年(1369)六月十七日，明军攻陷上都，北元朝廷迁往应昌。

到了应昌，惠宗已经处于“不豫”“疾瘳”的状态，无法主事，原本的中书省臣李百家奴、撒里蛮、鼎住或病卒或战死，扩廓帖木儿、也速则领兵在外，而魏伯颜、兀鲁不花等无史料记载其有何作为，应该是得过且过之辈。于是，原本无法发挥作用的哈剌章逐渐权重，先是“加开府仪同三司、封徐国公”，后又“拜太保之命”，成为朝中重臣②。

① 谷应泰撰：《明史纪事本末》卷十《故元遗兵》，中华书局1977年版，第127页。
② 刘佶撰：《北巡私记》，《明代蒙古汉籍史料汇编》(第一辑)，内蒙古大学出版社2006年版。

至正三十年（明洪武三年，1370年）四月二十八日，元惠宗妥懽帖睦尔崩于应昌，而在五月十六日，明军便在李文忠的率领下兵临应昌，但此时，“太尉完者、院使观音奴奉梓宫北葬”①，说明皇太子、哈剌章等已经做好了迁往和林的准备。可明军来得太快，使得皇孙买的里八剌及众多宫眷、大臣被俘。

几乎与应昌失陷的同时，在陕甘活动的扩廓帖木儿也遭到大败，被迫率残部前往和林。因为再无刘佶进行如《北巡私记》这样的记载，昭宗朝的政治格局没有详细的资料可循，但高丽史料中提道：“顷因兵乱，播迁于北，今以扩廓帖木儿为相，几于中兴”②，朱元璋曾有《谕元丞相哈剌章蛮子驴儿纳哈枢等诏》，言道“自有元多事，群臣有弃君亲而自生者，有抗朝命而自为者，目击耳闻实非一人，独卿等奋忠仗义，卫君深塞，岁月如流，倏经十有一年”③，可知其股肱之臣是扩廓帖木儿、哈剌章、蛮子、驴儿和纳哈出。不过，纳哈出领兵驻扎于辽东，虽然职爵很高，却并不是枢臣，掌握朝局的应是前四位。

另外，还有两位汉臣刘仲德和朱彦德，朱元璋曾专门致书二人：“人臣致身于君，贵有终始。至正之君，蒙尘而崩，幼主初立，朝之大臣无不叛去，独二生竭力事之，诚可嘉尚。今特遣使者谕君数事，且令取其子买的里八剌归。二生宜察之，毋教人以倔强绝父子之道，尔君宗祀不绝，二生家族亦可长保。如其不然，六军出讨，旌旗蔽塞于阴山，二生身膏草野，固奇男子事也，或

---

① 宋濂等撰：《元史》卷四十七《顺帝本纪十》，中华书局2008年版，第986页。
② 郑麟趾等撰：《高丽史》卷四十四《恭愍王世家七》，西南师范大学出版社2014年版，第1327页。
③ 朱元璋：《高皇帝御制文集卷第二》，《诏二·谕元丞相哈剌章蛮子驴儿纳哈枢等诏》。

不能殉国，偷生免死，何面目与朕相见！惟熟虑之。”[1]能够得到朱元璋如此的重视，可见二人在元廷地位很高。

北元宣光八年(明洪武十一年，1378年)四月，北元昭宗爱猷识理达腊崩。在三年前，扩廓帖木儿病逝于金山方面哈喇纳海的衙庭。而在北元天元九年(明洪武二十年，1387年)纳哈出出降，以及北元天元十年(明洪武二十一年，1388年)明军攻破捕鱼儿海的北元汗廷时，被俘和战死的官员中都没有驴儿、刘仲德和朱彦德的名字，可知其应已去世。继昭宗而成为北元皇帝的天元帝脱古思帖木儿的主要朝臣还有哈剌章、蛮子，以及知院捏怯来、丞相失列门、丞相咬住、太尉马尔哈咱等人。而在捕鱼儿海之战中与明军主要交手的人是哈剌章和蛮子，可知天元帝的朝廷是以此二人为股肱的。

北元前三朝重臣及其作为

北元前三朝时期，扩廓帖木儿、哈剌章、驴儿、蛮子、刘仲德、朱彦德等人是其政府核心，他们有着共同的特点，即均为儒臣或儒化者。

扩廓帖木儿是公认的惠宗、昭宗朝最重要的辅臣，惠宗时他驻兵西北，与驻兵辽东的纳哈出东西呼应，是北元朝廷的两大羽翼之一。昭宗朝更是“复任以国事”[2]，成为昭宗的“都总兵、河南

---

[1] 谷应泰撰：《明史纪事本末》卷十《故元遗兵》，中华书局1977年版，第135页。

[2] 张廷玉等撰：《明史》卷一百二十四《扩廓帖木儿传》，中华书局2007年版，第3712页。

王、中书右丞相"[①]。在北元宣光二年(明洪武五年，1372年)作为主力迎战明大将军徐达的十五万大军，取得了"岭北大捷"，可说是昭宗时期的北元擎天一柱，被明太祖朱元璋称为"天下奇男子"[②]。学界也比较注重他作为武将的事迹。但以家学渊源和作为来看，其人应是一位儒臣。扩廓帖木儿之父赛因赤答忽"喜读书，习吏事，有远略，能骑射，才力过人"[③]，而养父察罕帖木儿"幼笃学，尝应进士举，有时名"[④]，两位长辈如此，他自然会深受影响。观其一生，无论顺境逆境，都对元室忠贞不贰，儒家的忠义观服膺终身。而其幕府中，有元朝进士蔡子英，被明军俘虏后，虽然很受礼遇，但仍表示"思旧君耳"，朱元璋深受感动，而"命有司送出塞"[⑤]。如果扩廓帖木儿仅是一个粗鄙不文的武将，是难以获得蔡子英这样的汉人进士如此的忠诚与思念的。

哈剌章历经前三朝，都是最重要的辅臣，在岭北大捷中，与扩廓帖木儿各领一军，击败名将李文忠。在天元帝时期，他也率重兵驻屯于离皇帝大帐略远的地方。关于他的身世，萧启庆先生认为是"右丞相脱脱之子"，达力扎布先生亦持此说。但曹永年先生认为，按《元史·脱脱传》记载：至正十五年脱脱被谪，"长子哈剌章，肃州安置"，二十二年诏复脱脱官爵，召哈剌章还朝，

---

① 郑麟趾等撰：《高丽史》卷一百三十三《辛禑列传一》，西南师范大学出版社2014年版，第4002页。

② 张廷玉等撰：《明史》卷一百二十四《扩廓帖木儿传》，中华书局2007年版，第3713页。

③ 转引自赵振华《元〈赛因赤答忽墓志〉考》，《内蒙古社会科学》1994年第二期。

④ 宋濂等撰：《元史》卷一百四十一《察罕帖木儿传》，中华书局2008年版，第3384页。

⑤ 张廷玉等撰：《明史》卷一百二十四《蔡子英传》，中华书局2007年版，第3714页。

“授哈剌章中书平章政事，封申国公，分省大同”。而昭宗重臣哈剌章，据《北巡私记》，至正二十八年闰七月是知枢密院事，二十九年六月初九“加开府仪同三司、徐国公”。这两个哈剌章官职、爵位完全不同，且前后相差数年，倘无其他有力的证据，不能遽以为同一个人①。

笔者以为，哈剌章应该是惠宗朝著名“贤相”脱脱之子。原因有二：其一，哈剌章是昭宗儿时的陪侍，关系亲密，在父亲脱脱被贬死之时虽遭到流放，但回朝后即充任高官。如果北元时期的哈剌章不是其人，就无法解释在此之前并无第二个哈剌章在朝廷上地位显赫，为何会在大都陷落后突然出现一个重臣哈剌章。其二，至于官爵的问题，在元末因为局势动乱朝中党争频繁，官爵常有变动，一人兼多职的情况也很普遍，哈剌章先为平章政事，后因战事紧张而任知枢密院事并非不可能。至于爵位前为“申国公”后为“徐国公”，都是正二品之爵，似乎有所冲突。但受封前者时，官位是中书平章政事，从一品，而受封后者时官位是开府仪同三司，正一品，仍是提拔重用之意。《新元史》也指出从惠宗北行的哈剌章就是脱脱的儿子哈剌章，先是“以中书平章政事分省大同”，但未能成行，因为“明兵又逼”而“从帝北巡，拜枢密院事”②。

哈剌章的父亲脱脱师从大儒吴直方，是元朝著名的儒化宰相，而哈剌章自幼受教于浦江名儒郑深。至正七年(1347)，脱脱陪父亲马札儿台流放甘州时，曾将哈剌章托付给郑深，因此接受了系

---

① 曹永年：《〈北巡私记〉所见之北元政局》，《内蒙古大学学报》2001年第一期。
② 柯劭忞撰：《新元史》卷二百零九《哈剌章传》，上海古籍出版社2018年版，第4113页。

统的儒家教育。

另一位重臣是蛮子。元末有多位蛮子，分别有宣政院使、知枢密院、平章政事等，但据《北巡私记》所载，跟随惠宗北行的重臣中，并无一位蛮子。惠宗在上都时，也没有一位重臣名为蛮子。而在惠宗迁都应昌之后的至正三十年五月（明洪武三年，1370年），在应昌遭到李文忠所率明军的攻击时，却有一位太尉蛮子在“白海子之骆驼山”与之交战。之后，明朝史料中便有大量有关北元重臣蛮子的记载，朱元璋致书元廷时也仅将其列在哈剌章之后。在宣光七年（明洪武十年，1377年），高丽给北元的谢表中，提到给皇帝、皇后及重臣“献礼物”，其中太尉蛮子排在中书省太师阔阔帖木儿、太保哈剌章之后①。

那么，这位蛮子究竟是谁呢？元末的诸多名为蛮子的大臣中，最为显赫者是至正二十六年和二十七年任中书平章政事的蛮子。这位平章政事蛮子在至正二十七年分省保定，而在惠宗迁往上都的一个多月后，至正二十八年九月，明兵陷保定路，但并未记载有元朝重要的官员如分省保定的平章政事蛮子被俘或战死，其人很有可能北走。而在他到达之前，刘佶已经与观音奴一起赴陕西找扩廓帖木儿，《北巡私记》结束，因此没有对他的记载。这位蛮子在入觐后，一直保护着朝廷的安全，直到惠宗驾崩，明军逼近应昌之时，他率军与之在骆驼山交战。日后，他一直作为重臣护卫着元室，在岭北大捷中与哈剌章一起打败李文忠。最后在捕鱼儿海之战中战死。

① 郑麟趾等撰：《高丽史》卷一百三十三《辛禑列传一》，西南师范大学出版社2014年版，第4006页。

而蛮子是否是儒臣，则应从其家世中探寻。“文革”期间，在南京出土了吕原所撰《明故南宁伯追封南宁侯谥庄毅毛公夫人白氏合葬墓志铭》碑，其中记载明朝正统、景泰年间重要的军事将领毛胜的生平，在说到其家世时，碑中写道：“公讳胜，字用钦，姓毛氏，世为幽冀贵族，仕于元，曾祖教化封冀宁王，王有二子，长蛮子顺帝时太尉，于公为伯祖。次别卜花，文宗时右丞相，公之祖也。”①这其中提到了惠宗朝的太尉蛮子和文宗朝右丞相别不花是兄弟。查元朝诸王表，并无冀宁王的封号，而追封者，也只有惠宗朝任中书左丞相的铁木儿塔识，不可能是蛮子和别卜花的曾祖，应为所记有误。而文宗朝天历元年、二年确实有一位中书左丞相别不花，其人参与了燕帖木儿发动的拥立文宗的政变，在文宗朝初期任中书左丞相，并任知枢密院事，加太保，后因“与速速等潜呼日者推测圣算”而被罢黜，谪居集庆（今江苏南京）。根据程钜夫所撰追封别不花三代的制词，其曾祖父名为达实端多布，祖父名为达尔罕托恰勒，父亲名为布哈穆尔加，因为别不花的功绩，追封他们为“居延王”，其祖上确实被封王，但不是冀宁王而是居延王②。别不花的兄长蛮子没有更多记载，只知道他在惠宗时官至太尉，但这正与北元前三朝重臣蛮子的官位相同，因此可推定别不花之兄蛮子便是北元重臣太尉蛮子。别不花一族儒化很

① 贺云翱：《明故南宁伯追封南宁侯谥庄毅毛公夫人白氏合葬墓志铭考略》，《华夏考古》2002 年第四期。

② 程钜夫：《开府仪同三司上柱国江浙等处行中书省左丞相拜布哈故曾祖父某官达实端多布赠服勤济美功臣太保仪同三司追封居延王谥安敬制》《故祖父达尔罕托恰勒赠推诚保德功臣太傅开府仪同三司上柱国追封居延王谥庄敏制》《故父赠扬武守正功臣太保仪同三司追封延国公谥忠节布哈穆尔加赠扬武守正定远功臣太师开府仪同三司上柱国追封居延王仍谥忠节制》，《全元文》第十六册，江苏古籍出版社 2005 年版，第 71—73 页。

深，产生出不花帖木儿这样的诗人，那作为别不花的兄长蛮子，不太可能是家族的另类，应也是儒化者。

还有一位“故元丞相驴儿”。在史籍中，这位驴儿的事迹非常少，只有三条：至正二十七年(1367)十二月，惠宗“命右丞相也速，太尉知院脱火赤，中书平章政事忽林台，平章政事貊高，知枢密院事小章、典坚帖木儿、江文清、驴儿等会杨诚、陈秉直、伯颜不花、俞胜各部诸军同守御山东”①，其时驴儿的官职是知枢密院事，为保卫山东元军之一部。至正三十年(明洪武三年，1370年)，明将华云龙“至上都大石崖，攻克刘学士诸寨，驴儿国公奔漠北”②。宣光三年(明洪武六年，1373年)二月“故元国公驴儿等复引兵寇迁安县，掳掠人民，永平卫千户李智率步骑追之斩获甚众，余兵溃去”③，可以推断在防卫山东失败后，驴儿驻扎在上都附近，惠宗北行后，他也随之北上并经常率兵南下骚扰明朝边境。

而就是这位驴儿，却被明太祖朱元璋非常看重，先后四次专门致书于他：宣光元年(洪武四年，1371年)六月，希望能与他“通一介之使”，并提出“将军听朕所谕，幡然改悟，结我以善，后他日遇难来依，朕不食言”④。宣光八年(明洪武十一年，1378年)七月，朱元璋再次遣广东布政使赵孛坚赍诏谕驴儿，送去“御寒之衣”，再次劝他“作善降之百祥，作不善降之百殃，惟顺理则吉，卿宜审之”⑤。同年冬十月，因为驴儿麾下平章完者不花被明

① 宋濂等撰：《元史》卷四十七《顺帝十》，中华书局2008年版，第982页。
② 张廷玉等撰：《明史》卷一百三十《华云龙传》，中华书局2007年版，第3825页。
③《明太祖实录》卷七十九，洪武六年二月壬寅。
④《明太祖实录》卷六十六，洪武四年六月戊申。
⑤《明太祖实录》卷一百一十九，洪武十一年秋七月己亥。

朝边将所擒，朱元璋命令释归，并致书解释：“朕怒边将，以为方遣使通好，乃执其平章，岂不失信于卿？今特遣内臣送之，抵丞相营，宥之罪之放逐之，卿自为区处。”①天元元年(明洪武十二年，1379年)六月，听说驴儿患病，朱元璋派人赠药，并致书云：“迩者人自土河来言，今岁丞相微有疾，于事颇滞，朕闻之深为丞相忧，今特遣人赍药物赐丞相，其服之勿疑。”②

多次致书劝降，并放还俘虏，赐给衣物、药品，可谓用心良苦，无微不至。可见驴儿在北元朝廷中地位极为重要，只可惜史料太少，无法了解这位先后担任知枢密院事、丞相，受爵国公的人物更多的事迹。

以现有的史料而论，不能确定驴儿是否是儒臣，但从朱元璋对他的诏谕中，多次赞扬他“奋忠仗义”“忠臣之道”“坚贞之节”，而元朝灭亡之时，能够矢志不移，秉持忠义的，往往都是进士出身的文人和深受儒家思想熏陶的大臣，何况昭宗是儒化极深的帝王，即位之后建年号“宣光”，取意于杜甫《北征诗》“周汉获再兴，宣光果明哲”③，并且能“宽容待物，忘过记功，延揽四方忠义，以为恢复之计”④，扩廓帖木儿、哈剌章也是儒化很深的宰辅，能够与他们生死与共二十余年，不大可能是排斥儒化者。

除了上述四位蒙古人外，还有宣光二年(明洪武五年，1372年)十二月朱元璋专门致书招降的朱彦德、刘仲德两位汉臣。在《啸亭杂录》中有载：“元太子北遁后，史颇不详。有遗臣朱彦德、

①《明太祖实录》卷一百二十，洪武十一年冬十月。
②《明太祖实录》卷一百二十五，洪武十二年六月甲申。
③ 缪荃孙：《艺文堂文集》卷三，1901年刊本，第31页。
④ 郑麟趾等撰：《高丽史》卷一百三十三《辛禑列传一》，西南师范大学出版社2014年版，第4002页。

刘仲德二人者才俊，又受昭宗知遇，任为帷幄之助，二人亦感激用命。徐达出塞时，二人设伏兵以击之，达大败，仅以身免，元兵赖以复盛。明太祖高其谊，曾遗书招之，称为‘元二生’云。二人不降，答书有云‘固守赴海之节，耻蹈射钩之失’之语。”①

说岭北大捷是因为朱、刘二人的设计，无其他史料支持，但能够使朱元璋专门致书招降，至少说明二人很有可能被昭宗“任为帷幄之助”，是重要的谋臣。

北元前三朝对后世之影响

历史上每当一个王朝灭亡，都必有存亡续绝的君臣。但在大厦将倾之际，权威失坠，人心丧乱，往往不能有好的结果。如辽之亡，耶律大石率部西迁建立西辽，虽然得以延续国祚，但离本土太远，不但无力反攻且失去了原有的制度文化，契丹民族从历史上消失。如金、南宋、明之亡，虽有救亡政府，但始终未能有一次强力的反击，屡战屡败，终于王纲解纽，连保存半壁江山亦不可得。元朝虽然因为自身的腐败和内讧丧失了大部分国土，但却能回到祖先故地延续了国祚，保住了民族的生存，顶住了新兴明朝的军事征服，延续了二百六十余年的历史，这在历史上是空前绝后的。

在谈论北元的存续时，一般有几种论断：其一，蒙古人汉化不够，保有了本民族特征；其二，蒙古高原的祖宗龙兴之地也没有过多的开发，因此有所退路；其三，明朝“长城之外非我土也”

① 昭梿著：《啸亭杂录·续录》卷四《元二臣》，中华书局1997年版，第501页。

的政策，不热衷于向蒙古故地扩张，给了北元喘息之机。

但是，这三点均有不能自圆其说的问题。元朝确实坚持了很多“漠北旧制”，汉化并不彻底，但纵向而论，如同是游牧民族建立的辽、金，对于汉化也有很多保留，如辽朝有“官分南、北，以国制治契丹，以汉制待汉人”①的国策，并长期禁止北方游牧民族士人参加科举考试。金朝也“有兵权、钱谷，先用女真，次渤海，次契丹，次汉儿”②，民族分化的政策贯彻始终。若说保留退路，金朝在丧乱之际，丞相徒单镒也曾提出回归辽东的建议，“辽东根本之地，依山负海，其险足恃，备御一面，以为后图”③，但终究未能有所作为。而若论明太祖对于蒙古高原并无吞并之心，其实是在受到北元强力反击之后，在此之前，明军北伐的军事行动接连不断，惠宗、昭宗先后播迁各地，就是在明军不断的进攻下的无奈之举，昭宗即位后，明太祖还专门颁诏劝降，指出“若能敬顺天道，审度朕心，来抚妻子，朕当效古帝王之礼，俾作宾我朝”④，直到“岭北大捷”之后，才出现“自是明兵希出塞矣”⑤的情况。

因此，北元前三朝时期，扩廓帖木儿、哈剌章、蛮子、驴儿等大臣能够在屡屡战败的情况下，捐弃前嫌，团结一致，矢志不移，维持元室，且能审时度势，提出“幸和林，召集东西部诸藩为恢复之计”的策略，应是北元得以幸存的重要原因。而他们秉持忠

---

① 脱脱等撰：《辽史》卷四十五《百官志一》，中华书局 1974 年版，第 685 页。
② 徐梦莘撰：《三朝北盟会编》卷九十八。
③ 脱脱等撰：《金史》卷九十九《徒单镒传》，中华书局 2013 年版，第 2191 页。
④《明太祖实录》卷五十三，洪武三年六月丁丑。
⑤ 张廷玉等撰：《明史》卷一百二十四《扩廓帖木儿传》，中华书局 2007 年版，第 3712 页。

义之心，以君臣大义为号召，使得北元朝廷的核心力量未能丧失，在众多失败后，实现了团结西北诸王之兵的谋划，出现了“几于中兴”的局面。

虽然，在天元帝即位后，明军蚕食辽东、云南之后更一举摧毁了北元汗廷，导致也速迭儿趁势弑杀天元帝，使得北元大乱，初期所保存的元朝衣冠文物、典章制度扫地以尽，又恢复到了祖先的游牧政权状态。但因为北元前三朝二十年的稳固存在，使得“元”的国号一直为草原的蒙古人所尊崇，成为诸多建立霸业的人物得以获得号召力的资本。

例如在明成祖时期，先后拥立鬼力赤、本雅失里、阿台三位大汗的太师阿鲁台，就是北元前三朝时的旧臣。在《明太宗实录》中记载，“太师阿鲁台使臣彻里帖木儿等辞归。遣中官云祥，指挥岳山等，赍敕赐阿鲁台金织、文绮表里。并送其兄阿力台及其妹归。二人者，阿鲁台同产亲兄妹。洪武中，官军至捕鱼儿海，悉俘以来”①，可见阿鲁台是在捕鱼儿海之战中的幸存者，但其兄妹却被俘。而其家世，则与北元前三朝重臣蛮子关系密切，上文所引《明故南宁伯追封南宁侯谥庄毅毛公夫人白氏合葬墓志铭》中，提出毛胜是别不花后裔，而据《名山藏》所载，其人还是“和宁王阿鲁台之裔”②，可见阿鲁台与别不花应有亲缘，别不花并未前往漠北，那阿鲁台则应是跟随蛮子左右。蛮子战死，天元帝朝廷崩溃后，他与太尉马尔哈咱一起扶立了鬼力赤汗，继续北元国祚，后又先后扶立本雅失里、阿台两位可汗，执北元牛耳近三十年，

①《明太宗实录》，永乐九年十一月戊戌。

② 何乔远：《名山藏》卷四十二《勋封记二·景泰年封·南宁伯》。

是北元前三朝最直接的继承者。阿鲁台败亡后，继之而起的卫拉特贵族为了获得号召力，也不得不拥立元裔脱脱不花，其时曾敕书李氏朝鲜，本有年号，但朝鲜方面“年号则未得理会”①，因此没有记载，但至少说明，元朝的制度还在坚持着。而也先自立为汗，则自称“大元天圣可汗”，建年号“天元”。即使到达延汗中兴之时，也“自称大元大可汗”②。

蒙古在成吉思汗时确立了天授汗权的法统，这是建立在成吉思汗崇高威望与巨大功业的基础之上，亦即其法统是建立在英雄崇拜与国家意识的结合之上的。到忽必烈建立元朝时，将儒家正统观引入，形成了忽必烈一系乃至于其长子真金太子的子孙才是皇位正统继承人的法统。但英雄崇拜的意识仍在蒙古人的意识中根深蒂固，一个皇帝或可汗必须能够有强大的军事、经济实力才能被认可。而元朝在惠宗时，因为“怠于政事，荒于游宴”，使得“丑声秽行，著闻于外”，大失人心，又因为无力镇压各地起义军，国土沦丧，在皇族内部也丧失了权威，乃至于出现“祖宗以天下付汝，汝何故失其太半”③的指责。可以想象，如果没有诸多儒臣以儒家的忠义观为号召维系朝廷，在元室北迁后，必然会出现辽朝灭亡时“金兵一集，内难先作，废立之谋，叛亡之迹，相继蜂起，驯致土崩瓦解，不可复支”④的情形。

虽然北元蒙古二百六十余年的历史，前三朝仅二十余年，但

① 吴晗辑：《朝鲜李朝实录中的中国史料》卷六《世宗庄宪大王实录三》，中华书局1980年版，第429页。

② 叶向高撰：《四夷考》卷六，中华书局1991年版，第73页。

③ 宋濂等撰：《元史》二百零六《叛臣·阿鲁辉帖木儿传》，中华书局2008年版，第4597页。

④ 脱脱等撰：《辽史》卷三十《天祚皇帝纪四》，中华书局1974年版，第359页。

其影响却延续始终，在日后，“两《黄金史》一般不提蒙古诸汗的家系，是一种避讳法，《黄史》《蒙古源流》干脆把蒙古诸汗都说成忽必烈系后裔，则是对历史的篡改，给人一种北元蒙古汗统从未曾被非忽必烈系后裔篡夺过的错觉。应该说，17 世纪蒙古编年史的这种曲笔，反映了蒙古史家忽必烈系正统观”①。而这种正统观，不是源自成吉思汗，因为忽必烈后裔失去太半国土的责任使他们失去了英雄崇拜的资格，其根源应该是来自北元前三朝“延揽四方忠义，以为恢复之计”对忽必烈所建法统的维护。

① 希都日古：《论 17 世纪蒙古史家对北元汗系的篡改》，《内蒙古社会学科学》2003 年第一期。

并不仅为忠义
——元遗民的选择

中国历史悠久，王朝也多，虽然每个王朝建立之时都要标榜奉天承运，民心归附，但毕竟中国的改朝换代与西方不同，不是血统为上，“万世一系”，而是犁庭扫穴，易姓改号。因此，每当新旧王朝更替之际，都会涌现出一批缅怀故国，宁愿隐遁乡野，老死荒郊，为故国贞节自守，也不愿改事新朝的前朝之民，这些人被称之为遗民。这是中国朝代更迭时的惯例，是“世变时代不可或缺的政治、社会与文化现象”①。

总体来说，在传统社会，遗民总是被尊重和歌颂的，因为遗民秉承着忠义和坚守，忠义说明有道德，坚守则是有情怀。有道德而又有情怀的人，岂能不得到尊重？

不过凡事总有例外，有两个王朝的遗民却属于“异类”，他们的忠义和坚守并不逊于其他时代的遗民，但得到更多的是嘲讽和

---

① 萧启庆：《元明之际的蒙古色目遗民》，《内北国而外中国——蒙元史研究》(上册)，中华书局2007年版，第158页。

不解，乃至口诛笔伐。这便是元遗民和清遗民。

清遗民毕竟是在传统社会彻底崩溃之后产生的，在近代思想的冲击下，遭到抨击算得“情有可原”，不具有代表性。而元遗民则完全是传统社会的产物，前有继后有续，而其遭遇，却连清遗民还有所不如。

比如王夫之，自己本身就是遗民，按说应该有“同情之理解”，但对于元遗民则大为痛斥，认为他们“鬻道统于夷狄盗贼而使窃者”，为“败类之儒”“国之妖”①。另一位明遗民吕留良更是写诗叱骂“此曹岂云不读书，直是未明大义耳”。又如钱谦益，自己大节有亏，但骂起元遗民来也不嘴短，认为他们“鲜能深明于大义”。还有钱穆，在读元遗民诗文时，发现元遗民不忘故主，并无重光中华的欢欣之情，便抨击道：“明初诸臣之不忘胡元，真属不可思议之尤矣！”②

对攻击元遗民的人来说，原因既简单也符合道德，因为元朝是“异族入主”，而且是在朱元璋打着“驱逐胡虏，恢复中华”的旗号推翻的，元的遗民，怀念“异族”，不改事“中华”，自然也就活该被骂。

不过，王夫之、钱谦益和吕留良也生活在异族入主的战乱时代，而且遭遇了先前从来没有过的剃发改服的屈辱，评价元朝，难免有借他人酒杯浇心中块垒的问题。而钱穆生于清末长于民国，幼年时便深受革命党排满思想影响，元之蒙古与清之满洲都属该“排”之列，加之民国时外患日亟，也有着振奋民心的考虑。

① 王夫之著：《读通鉴论》卷十三，中华书局 1975 年版，第 480 页。
② 钱穆：《读明初开国诸臣诗文集》，《中国学术思想史论丛》第六册，东大图书有限公司 1978 年版，第 101 页。

所以，这些治史大家都忽略或者说自动屏蔽了一个问题：毕竟，元代与他们所处的时代大不同，元遗民的选择与他们的判断也不大同。

什么人会成为元遗民？

如果元朝的遗民都是蒙古、色目士人，也许就不会遭到后世的非议了。毕竟元朝有众所周知的所谓“人分四等”，蒙古、色目人属于特权阶层，元朝灭亡，他们没了特权，还念故国，做遗民是题中应有之义。

然而，元朝的遗民虽有不少蒙古、色目士大夫，著名的有伯颜子中、王翰、丁鹤年等人，但主体却绝对是汉人，而且是以江南士人为主。清末张其淦曾编有《元八百遗民诗咏》一书，其中存录元遗民达八百五十余人，相对于《古今图书集成》所载的宋遗民七百人，不但人数更多，而且蒙古、色目士人只占很小比例，汉族士人则洋洋大观，更集中于徽州、福建、江西、浙东等人文荟萃之地。曾有学者对江南各地遗民诗人群体的特点进行过归纳，虽然各有不同，比如吴中遗民诗人的作品忧伤悲愤，徽州遗民诗人的作品激烈忠贞，广东遗民诗人的作品闲适恬淡，但都对元朝的时光充满怀念，不愿意加入“建设大明王朝”的洪流当中去。

那么，是不是元遗民都是有过功名，当过官的呢？若是有功名，那是“天子门生”，不愿背弃给予自己功名的旧天子理所当然，若是当过官，那更是要讲究“君臣之义”，是要“忠臣不事二主”的。可是参看元遗民群体，却也不然。

元末大乱，为元朝奋战到死，破家毁身的忠臣不少，而且还大多都是进士出身的臣子。赵翼《廿二史札记》便提出“元末殉难者多进士”，列举为元朝殉难的进士十六人，其中十人是汉人。当然赵翼列举得太少，其实有史可查，自至正十一年(1351)元末兵乱到至正二十八年(1368)元朝灭亡，殉元的进士达四十二人。不过，遗民中虽然也有舒頔、李祁、戴良这样中过进士、当过官的士人，但大部分却既没有功名在身，也不曾做过官。比如著名的元遗民汪克宽、梁寅、张宪等，要么从未出仕，要么屡试不第，都只是声名很大，但完全算不上元朝“既得利益阶层”。

没有名分和利益上的羁绊，那是否元遗民都是不知变通、学无所成的腐儒？当然不是，他们可算是元末明初时最为精英的群体，大多出身于徽州的新安学系、福建的闽学、江西的草庐之学、浙东的金华学派等文脉绵长的学派。赵汸、汪克宽、华幼武、吴海等人都是著名的理学家，戴良是与宋濂齐名的江南才子，李祁是公认的元明之际湖湘第一诗人，张宪被誉为“磊落肮脏，豪气坌涌”，梁寅因为博学多才，淹贯经史而被称为“梁五经”等等。

这且不论，元遗民中还有一个特殊的群体，那便是虽然出仕于新兴的明朝，甚至已经是股肱之臣，却在功成名就之后仍然还念元朝，诗文中满是遗民思想。这个群体的代表人物便是刘基。

刘基在中国历史上与诸葛亮一样，是智慧的代名词。在元末大乱中，他原本全心全意为元朝效力，在浙东组织义兵，是反元群雄之一方国珍最头疼的敌手。可惜元朝并没有因此重用他，刘基只能闲居乡野。为朱元璋效力后，刘基为明王朝的建立居功至伟，被朱元璋誉为“吾之子房也”，受封诚意伯爵位。但是，刘基在入明后的大量诗文，却全然一派遗民风范，满篇均是“愁来重回首，涕泪下沾巾”的惆怅，以至于后人一眼便看出，他“佐命之后，诗篇寂寥”，实在是“其为遗民”①。

元遗民并非都是蒙古、色目人，也并非都是领过元朝功名利禄的人，而且人数众多，分布广泛，素质极高。这也难怪让王夫之、钱穆等先贤恼怒和不解。

要解开这些不解，我们就需要抛弃一些成见，看看元代读书人的生活。

元代儒生的生活

按照约定俗成的印象，元代士人，或者说儒生，过的是暗无天日苦不堪言的生活。所谓“八娼九儒十丐”，数千年来都是天之骄子的士人地位仅比乞丐高点，连娼妓都不如。再加上“人分四等”，江南地区的士人属于最低等的南人，那更是黄连水冲咖啡，苦中更苦了。

苦成这样，还做遗民，那只能是元朝刑法严苛，镇压酷烈，把读书人都管成了“斯德哥尔摩综合征”。

若真是这样，一切也就很好解释了，可惜却并不是事实。

首先说，“斯德哥尔摩综合征”是得不了的，因为元朝的刑法宽纵是出了名的，乃至“七八十年之中，老稚不曾观斩戮，及见一死人头，辄相惊骇”②，管理粗疏，崇尚放任是元朝的常态，朱元璋在总结元朝覆亡时，也认为“其失在于纵弛”。

而“人分四等”，看似蒙古人、色目人、汉人、南人等级森严，

---

① 周松芳：《论刘基的遗民心态》，《学术研究》2005 年第四期。

② 叶子奇著：《草木子》，中华书局 2006 年版，第 64 页。

其实这仅是在任官上的亲疏有别，若是放在整个社会，却并没有明显的区别。汉人、南人富甲一方，权势赫然的大有人在，而蒙古、色目平民因为穷苦卖身为奴者也比比皆是，元朝廷还需要经常拨钱赎买蒙古人为奴者。正如蒙思明在《元朝社会阶级制度》一书中所言，因为“元代政治之粗疏放任”，所以“汉人、南人之地主富商更易发展，财富之数量日增，潜在之势力日大”①。

至于“八娼九儒十丐”之说，是宋遗民对元朝的牢骚之言，清代便有学人考证“知其为不然”。及至近代，一些元史大家，如陈垣、姚从吾、邵循正等先生也都曾指出“九儒十丐”说出于南宋人诋词，不足为据。元朝设立户计制度，无论什么职业都要编户，比如匠户、猎户、娼户等等，士人也被编户，称为“儒户”。各个户计都有自己的权利和义务，儒户的义务是“就学”，也就是在书院里教书学习，并且在国家遴选吏员的时候参与考试。而儒户履行就学备选的义务，便享有免除兵役、劳役以及领取奖学金性质的“廪金”的权利。

宋朝“万般皆下品，唯有读书高”，士人地位的登峰造极，元代士人被拉到与其他宗教平等的地位，而且科举又不兴盛，也难怪会有今不如昔的牢骚。不过，士人们并没有因此边缘化，基层社会仍然是士人的天下，不当官不做吏，照样指点江山，造福桑梓。元代的地方官，因为是“空降干部”，很多又是蒙古、色目人，到任后总是两眼一抹黑，必须得靠当地有名望有能力的士人共治，这样的例子，在元代不胜枚举：

兰溪州人赵必璇，“来仕州者，赖君明达政体，谙熟物情，有

① 蒙思明著：《元代社会阶级制度》，上海世纪出版集团2006年版，第82页。

疑事必从君询访"[1]；吉安路庐陵县刘子清，"二县(庐陵、龙泉)之大夫以事询访，必为剖析赞决，俾有裨益"[2]；婺州人楼如浚，"县大夫有所询，则别白是非以告而无隐"[3]；临江路清江县人杨义成，每当官府"邑委括田"之时，别的地方"踏地出税租无孔遗，且加赢焉"，而杨义成则可出面相抗，"公独不媚，所行皆近厚，不尽人之情"，而官府也无可奈何[4]；宁国路宣城梅致和经常有地方官"咸来咨询治道"，官员们"每有疑难，必下礼质之"[5]；台州路宁海县方子野，"部使者每岁行县，必过府君门观风问政，相与成宾主礼而去"[6]；义乌王顺"实与钩较(核田)之任，积弊尽削，无敢上下其手者"[7]……

其中最传奇的，是松江府的周显。他不但能够依靠自己的威望使得官民在赋税缴纳问题上避免冲突，还能参与官府进行核田行动，"使者虽悍暴，亦啧啧称善不已"。在灾荒之年，周显还能越过胥吏，向官府呈报受灾情况，避免了"吏杂署灾状，无所证验"的弊病。除此之外，其余地方政务，如盐政、治河，周显无不

---

① 王祎：《赵君行状》，《全元文》第五十五册，江苏古籍出版社2005年版，第585页。
② 吴澄：《故居士刘子清墓碣铭》，《全元文》第十五册，江苏古籍出版社2005年版，第552页。
③ 黄溍：《楼文翁墓志铭》，《全元文》第三十册，江苏古籍出版社2005年版，第403页。
④ 王义山：《清江杨居士墓志铭》，《全元文》第三册，江苏古籍出版社2005年版，第188页。
⑤ 宋濂：《梅府君墓志铭》，《宋濂全集》，浙江古籍出版社1999年版，第1122页。
⑥ 宋濂：《元故西洲处士方公墓版文》，《宋濂全集》，浙江古籍出版社1999年版，第1965页。
⑦ 宋濂：《义乌王府君墓志铭》，《宋濂全集》，浙江古籍出版社1999年版，第1194页。

参与，甚至连地方官员内部有了矛盾，也要周显出面进行调解①。

元朝的主要财政收入依靠盐税和商税，对于土地税收取很少，史载，“江南在宋时，差徭为名七十有余，归附后一切未征”。因此士人们若是不想出仕为官，也不想与官共治，大可享受恬适的田园生活。李日华所著《紫桃轩杂缀》便说：“士君子不乐仕，而法网宽，田赋三十税一，故野处者，得以赀雄，而乐其志如此。”

因此，元朝士人的生活即使不能用幸福美好来形容，但也绝说不上苦，这也就是为什么宋遗民入元后，“前后不过二十余年”，便“不构成一个分隔而可见的社会群体”②。士人们的笔下，已经是“父老歌延祐，君臣忆至元”，“百年礼乐华夷主”这样的诗作了。

元遗民的精神支撑

士人或者说儒生，在中国古代是精神世界的王者，是有着“为天地立心，为生民立命”的天然职责，是肩负着道德操守的榜样作用。若只是不愁吃喝，生活无虞，绝对“收买”不了他们，他们是不会以自己的声名、道德乃至生命为代价，去做遗民的。因此，元遗民的产生，元代的物质环境仅是一方面，而精神的大环境才更为重要。

这个环境有两点互为支撑，其一为“华夷之辨”的淡化，其二

---

① 贡师泰：《义士周光远墓志铭》，《全元文》第四十五册，江苏古籍出版社2005年版，第335—336页。

② 萧启庆：《宋元之际的遗民与贰臣》，《内北国而外中国——蒙元史研究》(上册)，中华书局2007年版，第157页。

为理学的昌盛。

宋代是传统中原王朝边患最为严重的时代，这不仅是因为无论是契丹、党项，还是女真，都是武力强盛，更在于这些民族都建立了与宋朝文明礼乐不相上下的政权。契丹的辽朝“彬彬不逊于中华”，党项的西夏尊奉孔子为“文宣帝”，女真的金朝更是出现了金世宗这样被誉为“小尧舜”的皇帝。所以，虽然宋代君臣还要视他们为夷狄，但其实已经和汉唐时代看待匈奴、突厥等民族时大有不同，宋辽之间约为兄弟之国，宋金更是有着“叔侄之国”“伯侄之国”的国与国关系，那种似乎牢不可破，如冰炭不可同炉的夷狄华夏观，已经在潜移默化地发生了松动。而这种松动，也催化了另一种思潮的崛起，那便是忠君观念的绝对化——因为不如此，汉人士人在宋朝若不得志，是不会有去其他国家寻出路的障碍，毕竟都是遵行孔孟之道。

忠君观念的绝对化在宋代成为主流意识形态，既是对五代十国时期“皇帝轮流做，今年到我家”的乱世的教训总结，也是考量多朝并立、各称正统的现实结果。北宋司马光首倡尊君之论，认为君尊臣卑“犹天地之不可易也”。而到朱熹、二程的理学兴起，更是确定了“君臣父子，定位不移”，“天下之定理，无所逃于天地之间”的终极道德观。

华夷之辨松动，忠君观念绝对，使得到了元代，虽有郑思肖、谢枋得等宋遗民坚持华夷大防，但士人的主流都认为是否视为正统，不在于是否为中国之人，而在是否奉行“中国之道”，“能用士而能行中国之道，则中国之主”。人们拿古人进行类比，指出“舜生于东夷，文王生于西夷”，但“后世称圣贤焉”，只要“谙于中国之道”，那便不能“以夷狄外之”。元朝虽然是蒙古人做皇帝，但“以天数之正，华统之大，属之我元”。

元朝统一全国后，通过官方和民间的双向推动，理学不但成为最为显赫的哲学流派和思想体系，还成为官学，也就是官方认可的意识形态，进而成为书院的主修科目。元代的书院如钱穆所说，“宋以下一千年来之书院林立，惟元最盛，莫与伦比”，已经达到了“远州下邑，深山穷谷”都有书院的地步。书院的兴盛，也就使得理学的传播更为深远。待到元朝开始科举考试时，理学更成为主要考试科目。元朝科举，题目出自四书五经，但经义都要以朱熹、二程的注疏为标准。想要科举入仕的各族士子都必须精心研读，这更加强了理学的传播。

元代理学继承了宋代理学的基本原则，为遗民的产生提供了坚实的思想养料和心理基础。元遗民的核心价值为元尽君臣之义、不仕二姓正是理学思想的外化。就如著名元遗民赵汸所言：“即居官而食禄，则臣子之分已定，设有中外出入之异，远近劳逸之殊，君子岂复容心于其间哉？”①

所以，元末大乱之时，以汉人为主的士人们无不奋勇争先，为了忠于朝廷而与红巾军等队伍殊死作战。不但在任官员鲜有临难脱逃者，就算隐居乡野的士人，也认为自己有“散储蓄，聚丁壮”，以“绝奸恶滋蔓”的责任。元末乱世中，当旨在推翻元朝的起义军遍布天下之时，各地士人纷纷组织“义兵”“义旅”与起义军两军对垒。著名的“义兵”除了刘基，还有龙泉王毅义兵、徽州汪氏义兵、饶州张理兄弟“兴安义兵”、温州郭璞义兵、松江府吕良

① 赵汸：《送鲍翰林赴官陕右序》，《全元文》第五十四册，江苏古籍出版社 2005 年版，第 439 页。

佐义兵、婺州胡嘉祐义兵、太和州胡济川义兵、徽州路休宁县程国胜义兵等等。

元代的物质条件、精神条件如此，元遗民的产生也就不再是难解的问题了。不过，仅有这两点，证据还不够充分，就如前文所说，有功名的遗民有这些条件足够解释了，那么大量没有功名的遗民，乃至都做了明朝官的士人，为什么也那么怀念元朝呢？

这就得从明朝的开国皇帝朱元璋身上找原因了。

明初的“知识分子政策”

元代的汉族士人，固然生活上并无困苦之虞，精神上也早已认可了元朝的正统。不过，元朝给予他们仕途上的空间毕竟狭窄，而且蒙古上层在推行儒化的同时仍坚持自己的民族性，皇宫府衙中左衽髡头与峨冠博带交相辉映，也毕竟有显性的隔阂。再加上元末大乱，元朝廷要负很大责任，所以当以“恢复中华”为旗号的明朝建立后，虽有忠义观的障碍，但汉族士人尤其是没有功名官位的，投向新朝一展抱负本该是题中应有之义，而他们很多都自甘为遗民，就是不愿意为新朝效力。

原因就在于明朝开国太祖朱元璋的“知识分子政策”。

朱元璋认为元朝宽纵失天下，因此以严刑峻法治国，这对于扭转官场腐败、怠政确实立竿见影。但朱元璋的严已经到了酷的程度，为他效力的臣子，鲜有善终者，对功臣的大肆屠戮是前无古人后无来者，对元朝的降官也始用终弃。

据学者统计，明初入仕的元朝降官有一百余人，其中文职官员七十人，姓名官职可考者有五十三位，除了四位是蒙古人外，均是汉人。而在这五十三人中，非正常死亡的便有十二位。其中张昶、开济、李质、傅公让、曾坚是直接被处死，黄肃、陆聚被党祸牵连而死，刘基被暗杀，程国儒自尽。秦裕伯、危素、吴云遭到打击忧惧而死，虽然算不得横死，却也不是善终。除了这十二位外，邹奕、薛显、刘三吾等人则是被流放，有的熬到召归，有的则死在贬所。五十三人中，算是得了善终的，只有十七人。

功臣和降官本是朱元璋倚重的对象，尚不免落得个“白刃不相饶”的结局。一般官员在“无几时不变之法，无一日无罪之人”的氛围下，更是动辄得咎。洪武七年，大诗人高启被腰斩于市，被后世认为“拉开了明初众多文祸的序幕”，而其实在高启遇害之前，就有人指出“才能之士，数年来幸存者百之一二”了。陆容所著《寂园杂记》中，借永乐间一个老僧之言回顾洪武朝之事，便感叹道：“洪武间，秀才做官吃多少辛苦，受多少惊怕，与朝廷出多少心力。到头来，小有过犯，轻则充军，重则刑戮。善终者十二三耳。其时士大夫无负国家，国家负天下士大夫多矣。”

“一授官职，罕有善终”的可怖局面使天下士人发现，做官不但不能展抱负济时事，还动辄得咎破家毁身，那么不做官归隐田园如何？对不起，也不行。朱元璋的控制欲并不满足于朝堂官府，而是希望举国上下、镇店乡村都要被自己的威权所笼罩，在他的《大诰》中规定：寰中士大夫不为君用，则诛其身而没其家。元遗民中，伯颜子中、王翰、戴良等人都是因拒绝出仕而自杀，而如贵溪夏伯启叔侄断指不仕，苏州姚润、王谟被征不至，更是连自杀的机会都没有，皆满门抄斩。

至于名气不够大，可以避免被强征入仕的士人，乡间的生活也不再恬适了。明朝改变了元朝的税收制度，以农业税为主，农业税占政府总收入的81%，一般农户“或卖产以供税，产去而税存；或赔办以当役，役重而民困”①，负担极为沉重。即使富户日子也不好过，各种额外差发不断，用黄仁宇的话来说：“这种服役名目繁多，而且按累进税的原则分派，即家室愈是殷富，其负担也愈是繁重。”②

做官没有好下场，不做官也难逃一死，侥幸不被征召，又苦于差役赋税，士人们眼中的明朝，虽然号称恢复中华，生存环境还远不如元朝。那么以遗民自居，怀念故国，追悼元朝便不仅是道德的追求，也是感情的宣泄。

如果明太祖朱元璋的“恢复中华”是恢复唐宋的“中华”，也许元遗民即使有，也不会如此之多。就如明末，在“华夷之辨”达到顶峰的情况下，清兵南下，除了扬州史可法激烈抵抗之外，各地可算是传檄而定，日后被三屠才屈服的嘉定也是欣然归附。而“剃发令”一下，南明长达十八年的铁血抗争便拉开了帷幕。

虽说“历史由胜利者书写”，但胜利毕竟不等于正确，自会有人不屑于你的胜利。朱元璋在武力上胜利，道德上也要占据制高点，但那些当时不敢公开，日后也饱受诟病的元遗民，却默默地发出了自己的声音：“你赢了，但我们就是不服。”

---

① 张廷玉等撰：《明史》卷一百四十七《解缙传》，中华书局2007年版，第4118页。

② 黄仁宇著：《万历十五年》，三联书店2011年版，第171页。

蒙古历史年表

12 世纪初	蒙古各部在三河源头召开“库里勒台”，推举成吉思汗三世祖合不勒为汗，建立“蒙古汗国”，是为“第一蒙古汗国”。
1137 年	金熙宗派万户呼沙呼北攻蒙古，被合不勒汗击败。
1147 年	多次北征蒙古不胜，金朝被迫与蒙古议和，割让克鲁伦河以北的二十七个团寨于蒙古。
1148 年	合不勒汗去世。
1162 年	铁木真出生。
1170 年	铁木真的父亲，“第一蒙古汗国”最后一任首领也速该被塔塔儿部毒杀，汗国解体。
1179 年	铁木真与孛儿帖成婚，孛儿帖旋即被蔑儿乞部掳掠。铁木真联合克烈部、札答阑部击溃蔑儿乞部，夺回妻子。
1186 年	铁木真受部众拥戴，成为蒙古部之汗。
1189 年	札答阑部札木合组织十三部联军向铁木真发动“十三翼之战”，铁木真战败。
1196 年	塔塔儿部叛金，金丞相完颜襄招克烈、蒙古共同剿杀塔塔儿，塔塔儿遭重创。克烈部可汗脱斡邻勒被金朝封为王，之后称为王汗，铁木真被封为“札兀惕忽里”（三品官位的招讨使）。
1201 年	札木合被十一部拥戴为“古儿汗”（众汗之汗），再次向铁木真发动进攻，铁木真联合克烈部将之击败，札答阑部溃灭。
1202 年	铁木真征讨塔塔儿残部，灭塔塔儿。

1203 年	是年春，克烈部与铁木真反目，双方爆发“合阑真沙陀之战”，铁木真惨败，退往呼伦贝尔地区休整。是年 7 月，铁木真发动对克烈部的反攻，王汗父子败死，克烈部亡。
1204 年	铁木真灭亡南乃蛮部。
1205 年	铁木真灭亡北乃蛮部，完全统一蒙古高原。
1206 年	铁木真召集贵族及诸那颜在斡难河源举行“库里勒台”，竖起白纛，即大汗位，号“成吉思汗”。正式建立了“也客·忙豁勒·兀鲁思”，即“大蒙古国”，俗称“蒙古汗国”或“蒙古帝国”。
1207 年	成吉思汗攻伐西夏，因军粮匮乏退兵。
1209 年	成吉思汗再伐西夏，包围夏都中兴府，夏襄宗“纳女请和”，西夏成为蒙古藩属。
1211 年	成吉思汗誓师伐金，于野狐岭歼灭金军主力，扫荡金朝各州县。
1213 年	金帝允济被臣下弑杀，金宣宗即位，遣使求和，成吉思汗暂时退兵。
1214 年	金宣宗迁都南京(河南开封)。
1215 年	成吉思汗以金朝迁都为借口再次伐金，攻陷金中都(今北京)。
1216 年	成吉思汗返回漠北草原，临行前封木华黎为“太师国王”，把经略中原的权力交予木华黎。
1218 年	成吉思汗派出商队前往西方的花剌子模帝国贸易，商队在花剌子模边境城市讹答剌被守将屠杀。成吉思汗派使者前去交涉，使者被花剌子模苏丹摩诃末杀害，成吉思汗遂决定西征。
1219 年	成吉思汗兵分四路西征。西征军各路纷纷攻破花剌子模城池。
1220 年	蒙古四路大军会师花剌子模新都撒马尔罕，摩诃末弃城而逃，撒马尔罕陷落。摩诃末在逃亡中病死。
1221 年	摩诃末之子扎兰丁逃亡印度，花剌子模灭亡。

1224 年	成吉思汗在费纳客忒(今乌兹别克斯坦塔什干西南)河畔召开“库里勒台”，对这次西征的有功之臣进行封赏，划定了四个儿子的封地范围。长子术赤、次子察合台的封地便是日后金帐汗国、察合台汗国的雏形。
1225 年	成吉思汗率大军东返，结束第一次西征。
1226 年	成吉思汗因西夏背盟联金起兵攻打西夏。
1227 年	成吉思汗病逝，随即西夏灭亡。成吉思汗第四子拖雷为监国。
1229 年	成吉思汗第三子窝阔台在怯绿连河(今克鲁伦河)的曲雕阿兰之地召开了“库里勒台”，成为大蒙古国第二任大汗。
1230 年	窝阔台汗率军南下灭金。
1231 年	窝阔台汗派老将绰儿马罕西征，消灭复兴花剌子模帝国的扎兰丁。同年，忽必烈之父拖雷在三峰山(河南禹县)全歼金朝主力十余万人。
1232 年	蒙古军继续蚕食金朝所余领土。窝阔台汗返回草原，途中，拖雷病逝。
1234 年	金朝最后的都城蔡州被蒙宋联军攻陷，金朝灭亡。
1235 年	窝阔台汗在鄂尔浑河岸边建成了大蒙古国第一座都城哈剌和林城。同年，发动“长子西征”，西征欧洲。
1236 年	蒙古西征军击破保加尔王国。
1237 年	蒙古西征军攻破罗斯梁赞公国。
1238 年	蒙古西征军攻破罗斯弗拉基米尔公国。
1239 年	窝阔台汗次子阔端派大将多达那波进军西藏。
1240 年	蒙古西征军攻破佩列亚斯拉夫公国、基辅公国。

1241 年	蒙古西征军攻破加利西亚公国，彻底征服罗斯诸公国。之后，大军进入中欧，兵分三路攻略波兰、匈牙利。察合台第六子拜答儿在格列尼卡之战中歼灭波兰、日耳曼、条顿骑士团联军。拔都在撒岳河（今匈牙利东部蒂萨河）全歼匈牙利国王贝拉四世十万主力。 窝阔台汗病逝，窝阔台汗皇后脱列哥那摄政。
1242 年	蒙古西征军从欧洲撤军。拔都在伏尔加河下游建立拔都萨莱，奠定了日后金帐汗国的基础。
1244 年	西藏萨迦班智达起身前往凉州会见阔端，商谈西藏归附事宜。
1246 年	在哈剌和林附近的达兰达葩召开“库里勒台”，窝阔台汗长子贵由被推举为大蒙古国第三任大汗。 萨迦班智达到达凉州与阔端会谈，商定西藏归附各项条件，西藏正式归附蒙古。
1247 年	窝阔台汗皇后脱列哥那去世。
1248 年	贵由汗率军讨伐不服从自己的术赤之子拔都，于途中去世，其皇后海迷失摄政。
1251 年	拖雷长子蒙哥在诸王推戴下，成为大蒙古国第四任大汗。委任自己的弟弟忽必烈主管漠南汉地，驻帐于金莲川（内蒙古的正蓝旗境内）。忽必烈设立“金莲川幕府”，刘秉忠、姚枢、张德辉、郝经、窦默等贤才聚于麾下。
1252 年	蒙哥汗委派忽必烈率兵十万南征大理国。
1253 年	忽必烈攻陷大理国都大理城，消灭大理国实际掌权者高氏家族。 蒙哥汗委派旭烈兀为西征总指挥，发动了大蒙古国最后一次西征，目标是西亚和北非。
1254 年	忽必烈留大将兀良合台经略云南，自己率兵北返。因为此次功劳，获得蒙哥汗赐予关中地区为封地，并受命便宜治理黄河以南。自此开始“汉法治汉地”的尝试。
1256 年	旭烈兀的西征军灭亡亦思马因派宗教国，并进军阿拉伯阿拔斯王朝首都巴格达。

1257 年	因有人状告忽必烈不轨，蒙哥汗对忽必烈进行“钩考”，众多忽必烈属臣被捕，忽必烈被解除一切权力赋闲。
1258 年	蒙哥汗兵分东西两路南征南宋，忽必烈请求从征被拒，后因东路军迁延不进，委派忽必烈为东路军统帅。 旭烈兀攻陷巴格达，灭亡阿拔斯王朝。 兀良合台攻陷安南(今越南)首都升龙(今河内)。
1259 年	蒙哥汗暴崩于四川合川钓鱼城。忽必烈闻讯后没有退兵，继续包围南宋重镇鄂州(湖北武昌)。后听闻幼弟阿里不哥有争位之心，遂与南宋媾和，率军北返。 旭烈兀攻入叙利亚，攻陷阿勒颇。
1260 年	忽必烈在开平(今内蒙古正蓝旗)即位，改元中统。同年，阿里不哥在哈剌和林称汗。大蒙古国出现两位大汗，同时，金帐汗国、察合台汗国、旭烈兀均自行其是，窝阔台家族海都开始复兴家族，准备建立窝阔台汗国。大蒙古国实际分裂，元朝的历史从此时开始。 忽必烈仿汉制设立中书省，以王文统为中书平章政事，全权进行制度建设。 忽必烈在关陇、漠北击败阿里不哥，夺取哈剌和林。 旭烈兀占领叙利亚全境,并准备进军埃及,此时得知了蒙哥汗死讯,率兵返回伊朗,开始“自帝一方”,奠定伊儿汗国基础。
1261 年	阿里不哥偷袭哈剌和林得手，忽必烈御驾亲征，将之击败。阿里不哥退往中亚察合台汗国，因举措失当，部下大量叛逃，察合台汗国之汗阿鲁忽也与之为敌。 在王文统主持下，元朝完成了政治、经济制度的建设，史称“元之立国，其规模法度，世谓出于文统之功为多”。
1262 年	山东李璮对元朝掀起反旗，仅坚持五个月便兵败被杀。而王文统因与李璮通信，也被牵连遭到诛杀。 旭烈兀与金帐汗国之汗别儿哥在打耳班(今高加索地区)交战，双方互有胜负，拉开了蒙古各汗国内战的序幕。
1263 年	中亚人阿合马被任命为领中书左右部兼诸路都转运使，专管财赋之事。 忽必烈下诏扩建开平府，改为“上都”。

1264 年	忽必烈诏令金朝旧都燕京为中都，改中统五年为至元元年，实行两都制。 阿里不哥穷途末路，向忽必烈投降。 金帐汗国之汗别儿哥去世，其侄子忙哥帖木儿即位。 忽必烈遣使正式册封旭烈兀为伊儿汗国汗王。
1265 年	阿里不哥去世。 伊儿汗国开国汗王旭烈兀去世，其长子阿八哈即位。
1267 年	忽必烈接受重臣刘秉忠的建议，放弃中都旧城，在东北郊外以琼华岛为中心另建都城，仍称中都。 忽必烈开始发动针对南宋的“襄樊战役”。 忽必烈设立尚书省，以阿合马为平章尚书省事，从此开始阿合马的权臣时代。 察合台汗国之汗阿鲁忽去世，其继子木八剌沙即位。
1268 年	西藏地区最高行政官“萨迦本钦”贡噶桑布独断专行，被帝师大宝法王八思巴免职。贡噶桑布及其党羽不服，起兵叛乱。忽必烈派总制院使桑哥率兵入藏平乱，稳定局势，派兵镇戍并整治驿站。忽必烈遣使通好日本被拒。
1269 年	窝阔台汗国、察哈台汗国、金帐汗国三国在塔剌思河流域的塔剌思、肯切克草原会盟，形成“塔剌思联盟”，共同对抗忽必烈及支持忽必烈的伊儿汗国。
1270 年	史天泽取得襄樊战役决定性胜利，襄樊成为孤城。察合台汗国八剌入侵伊儿汗国，被伊儿汗阿八哈击败。
1271 年	忽必烈正式定国号为“元”。 忽必烈派嫡幼子、北平王那木罕与右丞相安童进军阿力麻里，设置大本营专门应对“塔剌思联盟”。 忽必烈以高丽经略使赵良弼为使臣出使日本，日本拒绝臣服，且扣留赵良弼。 察合台汗国之汗八剌因败于伊儿汗国而患病，窝阔台汗国之汗海都趁机控制察合台汗国，逼死八剌。
1272 年	忽必烈改中都为“大都”。同年，襄阳、樊城均被包围，援军断绝。

1273 年	忽必烈嫡长子真金被册立为皇太子。 襄阳、樊城相继陷落，南宋江淮防御体系崩溃。
1274 年	忽必烈任命伯颜为南征统帅，率三十万军队南征南宋。南宋江淮诸城纷纷投降。 忽必烈以忻都为都元帅，洪茶丘、刘复亨为左右元帅，率军四万远征日本，因日军的抵抗和遭遇飓风，元军仅剩一万三千人败回。窝阔台汗国之汗海都立八剌之子为察合台汗国之汗，彻底控制察合台汗国。
1275 年	南宋权相贾似道率南宋主力与元军决战于丁家洲，宋军惨败。 马可·波罗到达上都。
1276 年	大都完成大体施工。 伯颜兵临南宋首都临安城下，南宋谢太皇太后与宋恭帝出降，南宋灭亡。 陆秀夫、张世杰、陈宜中等人在福州拥立益王赵昰为帝，是为端宗，改元景炎，建立了南宋流亡政府。文天祥被拜为枢密使同都督，在南剑州(今福建南平)招募军队。 元朝西北发生变乱，蒙哥汗之子昔里吉，蒙哥汗之孙撒里蛮，忽必烈庶弟岁哥都之子脱黑帖木儿，阿里不哥之子明里帖木儿、玉木忽儿，察合台之子撒儿班突然叛乱，劫持那木罕和安童，并推举昔里吉为帝。忽必烈以伯颜为统帅，北上平乱，昔里吉等战败西撤。
1277 年	南宋流亡政府逃亡潮州(今广东潮安)。宰相陈宜中弃军流亡占城。文天祥从广东出兵江西，包围赣州。元军突袭文天祥所部，文天祥败退广东。
1278 年	忽必烈诏行中书省唆都、蒲寿庚等，允许蕃舶往来泉州互市。 南宋端宗赵昰因遭遇飓风惊悸而死，陆秀夫、张世杰拥立端宗之弟赵昺为帝，是为宋末帝，改元祥兴。 忽必烈命张弘范率兵南下追剿南宋流亡政府。张弘范数败宋军，并于广东五坡岭(今海丰以北)俘虏文天祥。 南宋流亡政府退守位于今天广东新会南端的厓山。

1279 年	元宋两军会战于厓山，宋军溃败，陆秀夫背负宋末帝跳海殉国。张世杰率残部退走后遭遇飓风，全军覆没。
1280 年	张弘范病逝。
1281 年	忽必烈正妻、真金太子生母察必皇后去世。 忽必烈派遣十四万大军再次征伐日本，又遭遇飓风，战船被毁，将领范文虎等临阵脱逃，元军再次惨败，十万军队被日军屠杀。
1282 年	权相阿合马被刺杀。 昔里吉集团发生内讧，昔里吉、玉木忽儿被撒儿班绑送元廷，昔里吉之乱历经六年终于平息。
1283 年	文天祥在大都柴市口就义。
1284 年	忽必烈启用卢世荣为中书右丞，进行理财。 忽必烈命第九子镇南王脱欢全权负责征讨安南。
1285 年	卢世荣被群臣弹劾，免职下狱，后被处死。 真金太子病逝。 因安南军民的抵抗和热带气候的原因，元军被迫从安南撤退。 窝阔台之汗海都率窝、察两国大军东征，占领元朝西域重镇哈剌火州(今吐鲁番东)。
1287 年	忽必烈再立尚书省，以桑哥为尚书右丞相。 忽必烈以第九子镇南王脱欢为统帅，再次起兵攻打安南。 元朝东道宗王之长、成吉思汗幼弟帖木格后裔乃颜发动叛乱，忽必烈御驾亲征，击败乃颜。
1288 年	元军再次败于安南军的游击战和热带雨林气候，损失惨重，被迫从安南撤军。
1289 年	窝阔台汗国之汗海都发兵进犯漠北，攻陷哈剌和林。忽必烈御驾亲征，复夺哈剌和林。忽必烈以伯颜出镇哈剌和林。
1291 年	群臣弹劾桑哥，桑哥被免职处死，尚书省被罢废。 元朝设立行省制度，全国分为十个行省。元朝第一部法典《至元新格》颁布施行。

1292 年	忽必烈以史弼为统帅，亦黑迷失、高兴为副帅，率兵二万、战船千艘进攻爪哇。元军被爪哇军阀欺骗，遭到突袭，损失三千人，被迫撤回。 窝阔台汗国之汗海都再次东进，被伯颜击退。 马可·波罗启程返回欧洲。
1294 年	元世祖忽必烈驾崩于大都紫檀殿，其孙铁穆耳继位，是为元成宗。 伯颜病逝。
1295 年	黄道婆从海南返回故乡松江府，用所学到的黎族纺织法改良了纺织技术，使得棉纺织业迅速发展。 伊儿汗国第七任可汗合赞汗即位，进行全面的伊斯兰化大改革，伊儿汗国成为伊斯兰国家。
1298 年	窝阔台汗国之汗海都率兵东进，元朝镇守西陲的宁远王阔阔出贪杯误事，元军惨败，驸马阔里吉思被俘杀。
1299 年	元成宗罢免阔阔出兵权，任命侄子海山出镇漠北，驻地为按台山，筹划反攻窝阔台汗国事宜。
1300 年	海山出兵西征中亚，与窝、察联军会战于阔别列之地，未能取得决定性胜利。元成宗派大哥晋王甘麻剌取代海山指挥元军。 缅甸蒲甘王朝国王被臣下弑杀，其子逃亡元朝诉冤。元成宗命云南行省平章政事薛超兀儿、左丞忙兀都鲁迷失等为统帅，宗王阔阔为监军，出兵入缅平乱。
1301 年	窝阔台、察合台两汗国发动了规模最大的东征，与元朝军队会战于帖坚古山(今蒙古巴彦乌列盖省德龙以西图格雷格)，双方互有胜败，窝阔台汗国之汗海都、察合台汗国之汗笃哇双双受伤退走。海都在途中病逝。 元成宗命云南行省左丞刘深率军征讨八百媳妇国，因行军不利，凌虐百姓，使得顺原路总管、彝族女首领蛇节起兵反叛，并迅速蔓延至整个云南。
1302 年	元成宗在大都修建孔庙。

1303 年	察合台汗国之汗笃哇扶持海都长子察八儿为窝阔台汗国之汗，控制窝阔台汗国，并开始向元朝请和。 元将刘国杰平定云南蛇节之乱。
1304 年	金帐汗脱脱、伊儿汗完者都、察合台汗笃哇、窝阔台汗察八儿全部盟誓罢兵，并奉元成宗铁穆耳为众汗国之宗主。
1305 年	元成宗立长子德寿为皇太子。
1306 年	元成宗派侄子海山率军西进，威胁窝阔台汗国。窝阔台汗国之汗察八儿率军十万阻击遭到惨败，所部全部归降海山。察八儿被迫依附察合台汗国。 元成宗太子德寿病逝。
1307 年	元成宗铁穆耳病逝。成宗二哥之子海山、爱育黎拔力八达发动政变，击败承宗皇后卜鲁罕，海山继承皇位，是为元武宗。武宗立其弟爱育黎拔力八达为太子，相约“兄终弟及，叔侄相传”。 察合台汗国之汗笃哇在阿力麻里附近的忽牙思草原召集“库里勒台”，废黜察八儿汗位，另立海都次子阳吉察儿为窝阔台汗国之汗。
1308 年	元武宗敕命在大都与上都之间驿道上的旺兀察都离宫修建新都“元中都”。
1309 年	元武宗复立尚书省。 窝阔台汗国之汗阳吉察儿与其兄察八儿率部投奔元朝，窝阔台汗国被察合台汗国灭亡。
1310 年	张养浩上书力陈武宗朝弊病，当国者不能容，罢其官。
1311 年	元武宗海山病逝，其弟爱育黎拔力八达即位，是为元仁宗。 元仁宗罢废尚书省，并停止中都城的建设。
1312 年	元仁宗设立回回司天监。 元仁宗将哈剌和林改名和宁，仍为岭北等处行中书省治所。 金帐汗国第九任汗月即别即位，加速伊斯兰化进程，金帐汗国成为伊斯兰国家。

1313 年	元仁宗废除诸王份地达鲁花赤由封主自己任命的旧制，而以朝廷委派流官担任。 元仁宗下诏复开科举。 察合台汗国之汗也先不花攻打元朝岭北行省，被元岭北丞相脱火赤击败。
1314 年	元朝举行开国以来第一次科举，共取进士五十六名。
1315 年	元仁宗进行“延祐经理”，对江南田土占有状况进行甄别，因官员操切不法，引起江西蔡九五起义。 蔡九五起义被镇压，元仁宗诏停经理。 元仁宗诏命西北诸军讨伐察合台汗国，元军占领察合台汗国之汗夏营地塔剌思和冬营地亦思宽。
1316 年	元仁宗废黜武宗之子和世㻋的太子之位，封为周王，安置于云南。和世㻋在途中与陕西官员合谋起兵，被击败后，逃亡察合台汗国。 元仁宗册封长子硕德八剌为皇太子。
1317 年	御史大夫杨朵儿只弹劾由太后答己支持的中书右丞相铁木迭儿，引起“省台之争”。
1320 年	元仁宗爱育黎拔力八达病逝，皇太子硕德八剌即位，是为元英宗。英宗以铁木迭儿为中书右丞相，拜住为中书左丞相。中书平章黑驴、御史大夫脱忒哈、徽政使失列门等人密谋废黜英宗，立英宗弟安王兀都思不花为帝。被英宗、拜住察觉扑灭。
1321 年	因谏止修造寿安山佛寺，元英宗下令斩杀监察御史观音保、锁咬儿哈的迷失，流放成珪、李谦亨于奴儿干都司。
1322 年	中书右丞相铁木迭儿、仁宗母后答己先后病逝。英宗拔擢拜住为中书右丞相，并且虚左丞相之位而不拜。君臣二人开始“至治新政”。察合台汗国之汗怯别请和，元英宗诏准。

1323 年	元英宗颁布《大元通制》。 元英宗下令处死宋恭帝赵㬎。 “南坡之变”爆发，元英宗、拜住被逆臣铁失等弑杀。真金太子长子、晋王甘麻剌之子也孙铁木儿即位，是为元泰定帝。 元泰定帝将铁失等逆臣诛杀。
1324 年	周德清完成戏曲(北曲)曲韵专著《中原音韵》，现代北方话的雏形出现。
1325 年	元泰定帝改革全国的行政区划，将全国分为十八道。 息州(今河南息县)人赵丑厮、郭菩萨倡言“弥勒佛当有天下”，号召民众起义。被镇压。
1328 年	元泰定帝也孙铁木儿病逝于上都。元武宗旧臣燕帖木儿在大都发动政变，拥立武宗次子图帖睦尔为帝，是为元文宗。 元文宗设立奎章阁学士院。 泰定帝旧臣在上都拥立泰定帝太子阿速吉八为帝，是为天顺帝，并出兵讨伐大都。两都之战爆发。上都方战败，天顺帝不知所终。 元文宗让位给身在察合台汗国的长兄和世㻋，迎请其回国即位。
1329 年	和世㻋一行回到哈剌和林，和世㻋在此即位，是为元明宗。 元明宗回到上都与大都之间的旺忽察都之地，暴崩。元文宗复位。
1330 年	元文宗下令编纂《皇朝经世大典》。
1331 年	元文宗封谥儒门列圣，封孔子父齐国公叔梁纥为启圣王，母鲁国太夫人颜氏为启圣王夫人，颜子兖国复圣公，曾子郕国宗圣公，子思沂国述圣公，孟子邹国亚圣公，河南伯程颢豫国公，伊阳伯程颐洛国公。
1332 年	元文宗图帖睦尔病逝，传位于元明宗次子懿璘质班，是为元宁宗。 元宁宗在位四十三天病逝。 燕帖木儿病逝。
1333 年	文宗皇后立明宗长子妥懽帖睦尔为帝，是为元惠宗。

1334 年	伊儿汗国之汗不赛因去世，汗国陷入内乱。
1335 年	中书右丞相伯颜奉元惠宗之命，以谋反罪诛除燕帖木儿家族。 伯颜罢废科举。
1336 年	广州增城县民硃光卿、汝宁信阳州棒胡聚众造反。
1337 年	伯颜以硃光卿、棒胡等聚众造反为借口，奏禁汉人、南人不得执兵器。 伯颜下令：“省、院、台、部、宣慰司、廉访司及部府幕官之长，并用蒙古、色目人。禁汉人、南人不得习学蒙古、色目文字。” 伯颜“请杀张、王、刘、李、赵五姓汉人”，元惠宗不从。
1338 年	元惠宗命中书平章政事阿吉剌根据《大元通制》编定条格，是为《至正条格》。
1339 年	河南省台掾史范孟端，因不满自己官位低下且久不得升迁，伙同平素与自己友善的霍八失等四人假冒钦差，将数十位河南官员杀死，自称“河南都元帅”，拘收行省内大小衙门印信，擅作威福达五日之久。后事败被杀。
1340 年	元惠宗与伯颜之侄脱脱发动政变，将伯颜免职流放。 元惠宗以脱脱为中书右丞相，总领朝廷政务，开启“旧政更化”。
1341 年	金帐汗国最鼎盛时期的可汗月即别去世，其子札尼别即位。
1342 年	摩洛哥大旅行家伊本·白图泰到达中国。
1343 年	元惠宗诏命，由脱脱为都总裁，编修《辽史》《宋史》《金史》。
1344 年	脱脱以“时有疾渐羸”为借口辞相。 北方遭遇罕见大洪水。
1345 年	《辽史》《宋史》《金史》编纂完成。 元惠宗下诏命奉使宣抚巡行天下。

1346 年	元惠宗颁布《至正条格》。 金帐汗国之汗札尼别包围热那亚在黑海的商业殖民地卡法，军中暴发瘟疫，传入城中后，被热那亚人传入欧洲，造成黑死病在欧洲肆虐。 察合台汗国之汗合赞算端被臣下弑杀，察合台汗国以锡尔河为界，分裂为东西两部分。
1348 年	黄河水又决，数省再成泽国，大运河有中断之虞。
1349 年	元惠宗召回脱脱，再次任命为中书右丞相。
1350 年	元廷决议“变钞”，即进行币制改革。
1351 年	元朝正式“变钞”，发行至正交钞和至正宝钱，导致物价飞涨。 元惠宗命贾鲁为工部尚书，进行治河。贾鲁用一百九十天完成了治河工程。 白莲教主韩山童在颍州颍上（今属安徽）发动起义，起义刚一发动韩山童便被捕身死，其部下刘福通统领其部，众至十余万。 彭莹玉起兵淮西。 芝麻李占领徐州。 邹普胜、徐寿辉起兵蕲州（今湖北蕲春南），取“压倒大元”之意，建立天完政权。 王权、张椿等攻占邓州、南阳，称“北琐红军”。 孟海马等攻占襄阳（今湖北襄樊），称“南琐红军”。 定远人郭子兴等攻占濠州（今安徽凤阳东北）。
1352 年	元军攻陷襄阳，南琐红军被镇压。 脱脱率军攻陷徐州，杀芝麻李。
1353 年	元惠宗立长子爱猷识理达腊为皇太子。 元江西行省右丞火你赤攻占瑞州，杀彭莹玉等。 元军合攻天完政权，攻占蕲州，擒杀天完官员四百余人，随后夺取武昌、汉阳，徐寿辉“遁去”。 泰州白驹场（今属江苏东台）盐贩张士诚起兵，攻破泰州、高邮。

1354 年	元军攻陷峡州，北琐红军被镇压。 张士诚据高邮，自称诚王，国号大周，改元天佑。 脱脱率兵包围高邮，城破之际，脱脱被免职流放，元军崩溃。
1355 年	刘福通将韩山童的儿子韩林儿迎至亳州称帝，国号大宋，改元龙凤。利用“明王出世”谶言，称韩林儿为“小明王”。 金帐汗国之汗札尼别占领伊儿汗国首都帖必利斯城(今天伊朗大布里士)，伊儿汗国灭亡。
1356 年	龙凤政权部将朱元璋攻陷集庆，改集庆为应天府。小明王韩林儿升朱元璋为枢密院同佥，不久又升为江南等处行中书省平章。朱元璋在应天设天兴建康翼大元帅府。 张士诚攻陷平江(今江苏苏州市)、湖州、松江及常州等路(均属江苏)。改平江(苏州)为隆平府，迁都于此。
1357 年	龙凤政权宰相刘福通分兵三路北伐。 金帐汗国可汗札尼别被其子弑杀，金帐汗国陷入内讧而衰落。
1358 年	龙凤政权北伐东路军被元军击退。中路军攻破上都，焚毁宫殿，并攻入高丽。西路军在凤翔被察罕帖木儿击败，主力丧尽。
1359 年	元军察罕帖木儿所部攻陷天完政权首都汴梁，刘福通保护韩林儿突围奔安丰(今安徽寿县)。 徐寿辉部将陈友谅杀天完将领赵普胜，挟持徐寿辉，迁都江州(今江西九江)，自立为汉王。
1360 年	元将孛罗帖木儿收复上都。 陈友谅杀徐寿辉，登基称帝，国号汉，改元大义。
1361 年	元阳翟王阿鲁辉帖木儿发动叛乱，旋被扑灭。 龙凤政权攻入高丽的北伐中路军覆灭。 东察合台汗国可汗秃黑鲁帖木儿西征，重新统一东西察合台汗国。
1362 年	元将察罕帖木儿被刺身亡，其继子扩廓帖木儿统率其军。

1363 年	中书右丞相搠思监在皇太子授意下，兴起大狱，原中书右丞相太平为首的一大批官员遇害。 朱元璋与陈友谅会战于鄱阳湖，陈友谅战死。 张士诚自立为吴王，史称东吴，趁安丰空虚之机进攻安丰，刘福通战死，韩林儿被朱元璋救出。 察合台汗国再次分裂。
1364 年	元将孛罗帖木儿因被太子解除兵权，率兵威胁大都，太子爱猷识理达腊出逃，太子派大臣搠思监、朴不花被杀。太子回京后，传召扩廓帖木儿攻打孛罗帖木儿。孛罗帖木儿再次率兵入京，太子再次出逃。 朱元璋被百官推举为吴王，建百官司属，仍以龙凤纪年，以“皇帝圣旨，吴王令旨”的名义发布命令，史称西吴。 朱元璋攻陷武昌，陈友谅之子陈理投降，汉政权灭亡。
1365 年	元太子爱猷识理达腊在扩廓帖木儿军中传令天下诸军共讨孛罗帖木儿。孛罗帖木儿作战失败，退回大都后被元惠宗派杀手暗杀，所部溃散。
1366 年	元廷封扩廓帖木儿为河南王，代太子出外总兵，攻略江淮。然关中李思齐、脱列伯、孔兴、张思道四家军阀不听扩廓帖木儿调遣，扩廓帖木儿攻打关中。
1367 年	元廷设立“大抚军院”，剥夺扩廓帖木儿兵权，并传召各军围攻扩廓帖木儿。扩廓帖木儿击败围攻诸军，迫使元廷罢废大抚军院。 朱元璋灭张士诚的东吴政权，并招降方国珍。 朱元璋杀小明王韩林儿，宣布不再以龙凤纪年，称 1367 年为吴元年。 朱元璋命徐达为大将军，常遇春为副将军，出兵北伐。
1368 年	朱元璋正式即皇帝位，定国号大明，建元洪武，定都南京。 明军兵临大都，元惠宗率皇后、皇妃、皇子及朝臣百余人北走上都，元朝灭亡。

世 系 表

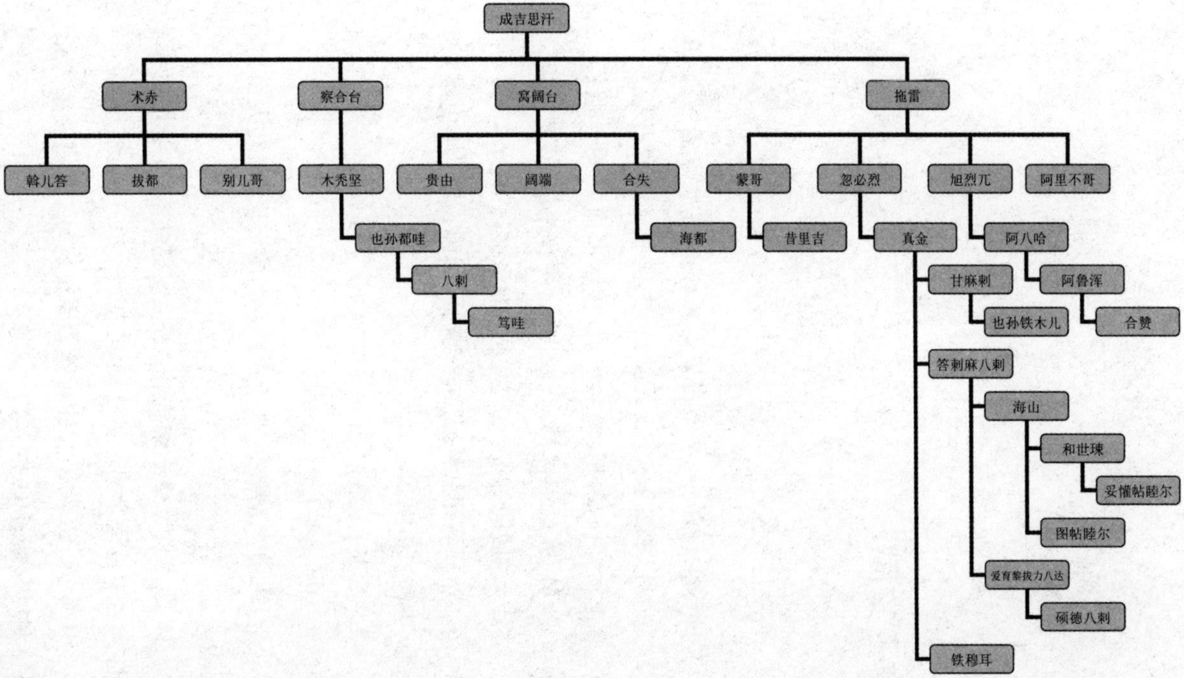

（本世系表并非蒙古世系全貌，只针对本书所涉及的人物，将相互间的关系予以展现）

参考文献

1. 余大钧译注：《蒙古秘史》，内蒙古大学出版社 2014 年版。

2.〔明〕宋濂等撰：《元史》，中华书局 2008 年版。

3.〔元〕脱脱等撰：《金史》，中华书局 1990 年版。

4.〔清〕张廷玉等撰：《明史》，中华书局 2007 年版。

5.〔元〕脱脱等撰：《辽史》，中华书局 1974 年版。

6. [波斯] 拉施特著，余大钧、周建奇译：《史集》第一、二、三卷，商务印书馆 2014 年版。

7. [波斯] 志费尼著，何高济译：《世界征服者史》(上下册)，内蒙古人民出版社 1980 年版。

8.〔元〕李志常著：《长春真人西游记》，河北人民出版社 2001 年版。

9. 余大钧、蔡志纯译：《普兰·迦儿宾行记鲁布鲁克东方行记》，内蒙古大学出版社 2009 年版。

10. [英] 道森著，吕浦译，周良霄注：《出使蒙古记》，中国社会科学出版社 1983 年版。

11. 马金鹏译：《伊本·白图泰游记》，宁夏人民出版社 2000 年版。

12. 李修生主编：《全元文》，江苏古籍出版社 1999 年版。

13. 陈高华等点校：《元章典》，中华书局 2011 年版。

14. 方龄贵点校：《通制条格》，中华书局 2001 年版。

15. 屠寄著：《蒙兀儿史记》，上海古籍出版社 2012 年版。

16. 张星烺编注：《中西交通史料汇编》，中华书局 1977 年版。

17.〔元〕尹志平著：《清和真人北游语录》，上海古籍出版社 1988 年版。

18.〔元〕陶宗仪著：《南村辍耕录》，中华书局 2008 年版。

19. [韩] 郑麟趾等撰：《高丽史》，西南师范大学出版社 2014 年版。

20.〔元〕陶宗仪等编：《说郛三种》，上海古籍出版社 1990 年版。

21. [越] 黎崱著，武尚清点校：《安南志略》，中华书局 1995 年版。

22. 梁生智译：《马可·波罗游记》，中国文史出版社 1998 年版。

23.〔元〕苏天爵撰：《元朝名臣事略》，中华书局 1990 年版。

24.〔元〕叶子奇著：《草木子》，中华书局 2006 年版。

25. 薄音湖等编：《明代蒙古汉籍史料汇编》，内蒙古大学出版社 2006 年版。

26. 罗月霞主编：《宋濂全集》，浙江古籍出版社 1999 年版。

27.〔清〕昭梿著：《啸亭杂录》，中华书局 1997 年版。

28.〔明〕叶向高撰：《四夷考》，中华书局 1991 年版。

29. 柯劭忞撰：《新元史》，上海古籍出版社 2018 年版。

30. 阿旺贡噶索南著，陈庆英等译注：《萨迦世系史》，西藏人民出版社 1989 年版。

31. 恰白·次旦平措等著，陈庆英等译：《西藏通史》，西藏藏文古籍出版社 2004 年版。

32.〔明〕王夫之著：《读通鉴论》，中华书局 1975 年版。

33.〔元〕汪大渊著，苏继庼校译：《岛夷志略校释》，中华书局 2009 年版。

34.〔明〕陈邦瞻：《元史纪事本末》，中华书局 1979 年版。

35.〔清〕谷应泰：《明史纪事本末》，上海古籍出版社 1994 年版。

36. 陈垣著：《道家金石略》，文物出版社 1988 年版。

37. 刘迎胜著：《察合台汗国史研究》，上海古籍出版社 2006 年版。

38.［俄］巴托尔德著，张锡彤、张广达译：《蒙古入侵时期的突厥斯坦》(上下册)，上海古籍出版社 2011 年版。

39.［美］托马斯·李普曼著，陆文、岳英珊译：《伊斯兰教与穆斯林世界》，新华出版社 1985 年版。

40.［法］勒内·格鲁塞著，龚钺译：《蒙古帝国史》，商务印书馆 1996 年版。

41.［伊朗］阿宝斯·艾克巴尔·奥希梯扬尼著，叶奕良译：《伊朗通史》，经济日报出版社 1997 年版。

42.［瑞典］多桑著，冯承钧译：《多桑蒙古史》，中华书局 2004 年版。

43. [埃及]艾哈迈德·爱敏著，纳忠译：《阿拉伯—伊斯兰文化史》，商务印书馆1982年版。

44. [德]加文·汉布里主编，吴玉贵译：《中亚史纲要》，商务印书馆1994年版。

45. [苏联]格列科夫、雅库博夫斯基著，余大钧译：《金帐汗国兴衰史》，商务印书馆1985年版。

46. [美]菲利普·希提著，马坚译：《阿拉伯通史》，新世界出版社2008年版。

47. [法]勒内·格鲁塞著，蓝琪译：《草原帝国》，商务印书馆1998年版。

48. [俄]瓦·奥·克柳切夫斯基著，张草纫等译：《俄国史教程》第1卷，商务印书馆1992年版。

49. [俄]拉夫连季编，朱寰、胡敦伟译：《往年纪事》，商务印书馆2011年版。

50. [韩]李基白著，厉帆译：《韩国史新论》，国际文化出版公司1994年版。

51. 萧启庆著：《内北国而外中国——蒙元史研究》(上下册)，中华书局2007年版。

52. 陈垣著：《元西域人华化考》，上海古籍出版社2000年版。

53. 钱穆著：《国史新论》，三联书店2001年版。

54. [日]桑原隲藏著，陈裕青译：《蒲寿庚考》，中华书局2009年版。

55. 阎步克著：《士大夫政治演生史稿》，北京大学出版社2015年版。

56. 蒙思明著：《元代社会阶级制度》，上海世纪出版集团 2006 年版。

57. 黄仁宇：《万历十五年》，三联书店 2011 年版。

58. 韩儒林主编：《元朝史》，人民出版社 2008 年版。

59. 田久川：《古代中日关系史》，大连工学院出版社 1987 年版。

60. 徐良利著：《伊儿汗国史研究》，人民出版社 2009 年版。

后　记

本书的文章很多是笔者在《凤凰周刊》等杂志还有“搜历史”“文史宴”等历史公众号上发表过的，也有在学术期刊上发表过的论文。虽然发表时并没有想到过结集出版，但写这些文章时都有一个念想，想对元朝及其所处时代的世界从不同侧面做一些介绍，对一些问题进行一些梳理，得到一些自认为尚可的结论，也扭转长久以来的一些误解。因此，将这些文章经过加工润色编为一书，并不显得突兀，尚可一观。

不过，因为全书由各种文章缀编而成，并非系统讲解元史，对于元史缺乏整体了解的读者在阅读时会有一定困难。为了弥补这一问题，在书后笔者做了比较详细的历史年表和世系表，方便读者对照阅读。

笔者学力有限，书中难免会有疏漏和瑕疵。希望方家和广大读者能够予以批评指正，以帮助笔者取得进步。笔者在此致以衷心的敬意和感谢。

班布尔汗

2020 年 8 月 6 日